現代クライン派
精神分析の臨床

その基礎と展開の探究　Contemporary Kleinian Psychoanalysis

福本 修　著
Osamu FUKUMOTO

Ψ
金剛出版

序

　このたび、1993年秋にタヴィストック・クリニックでの留学を始めて20年が経った機会に、以前からお話をいただいていた論文集を、この間に著わしたものの中から、主に臨床的な主題に即して選ぶ形でまとめる運びとなった。
　この20年あるいは30年の間に、精神科臨床・心理臨床のどちらの領域でも、その形態も日々接する問題の性質自体もかなりの変化を被っている。30年前とは1980年代初頭の、私が精神科医となった頃であり、精神病の理解と治療は基本のこととして、「境界性人格障害」というカテゴリーに入れられる病態が盛んに研究されており、その骨格としてOtto Kernbergらによる精神力動的な理解は不可欠に見えた。▼1 それが今日では、訳語が「境界性パーソナリティ障害」と改訂されたばかりでなく、Margaret Mahlerの発達図式を基盤にしようとする議論はほとんど行なわれない。また、過剰診断の問題はあるにせよ、広汎性発達障害の概念の拡張を経て、パーソナリティ障害の少なくない病理が自閉症スペクトラムの一端として見直されるようになった。それは生物学的な研究が進んだからというより、そういう傾向と問題を抱える人たちが実際に増えたためだろう。
　その間に、精神分析および精神分析的精神療法の意義はどうなったのだろうか。臨床の理解と実践で、力動的なアプローチよりも心理教育的・認知行動療法的なアプローチがますます取り上げられているのは、それらが平易で簡便なことを考えれば自然である。そして実際に役立つうえに、思弁的にならずに当事者の主体性を尊重して支援することができるならば、理念としても価値があるだろう。対照的に、精神分析的アプローチは複雑で、それを実践できる対象は限られて見える。しかも有効性に関して、それが他の治療法との比較検討に馴染まないことは弱点である。その適用の機会と意味が大き

く減少していると映っても不思議ではない。ただ、どのアプローチも基になった現場と方法論があり、それ特有の価値観とつながっている。ここで詳しくは述べないが、私は無意識あるいは知られざる次元を捉えようとする精神分析のアプローチには、他と根本的に異質なものがあると考えている。心に苦悩と憧れが伴う限り、無意識の交流を通じて理解しようとする精神分析のフロンティアがなくなるとは思えない。問題は、このアプローチの核心を掴んで離さず、医療や心理面接に含まれる形でその次元を提示できるかどうかにあると思われる。

　その意味では今日、精神療法に"向いた"状態にある患者が見出し難くなっている一方で、長らく日本では週1回の対面法が標準的だった精神分析的精神療法において、それより頻度が多く対面や90度法ではなくてカウチを、時には週1回でも初めから用いた臨床も報告されるようになっているのは示唆的である。それらの多くは個人的な経験であり、限られた数の中からの比較的成功した例を公表しているだろうから、系統的な研究はあまり見当たらない。精神分析的なアプローチについて実証研究を大規模に行なうことは、日本では目途が立たないし、諸外国でのCBTやIPT（対人関係療法）など他の治療モードとの比較では通常、期間を同様に限定した短期力動精神療法が吟味されている。しかしそれでは、期間無限定で始めるセラピーの長所（短所もだが）が反映されないだろう。ただし、そこで非劣性や独特な価値が認められるならば、より長期で多頻度＝集中的な（intensive）、無意識の過程を含み込むモードのものにも意義を見出しやすいかもしれない。

　ここでタヴィストックでの経験について少し触れておきたい。留学して一番最初に驚き印象的だったのは、分析的な理解の鋭さや深さ以上に、紹介される患者の重さだった。養子縁組、移民家族、異父母兄弟、虐待などの背景は当たり前のことであり、親の失踪、犯歴、殺害なども珍しくなかった。患者自身の生活歴も激しい内容が多くて、日本で行なってきたこと／戻ったときにすることと関係があるのだろうかと思ったほどである。もちろん、そうしたことがあっても交流が可能か、精神分析的アプローチを活かせるかどうかを見極めたうえで、実際の治療面接に入るので、アセスメントにおける理

解は非常に重視されていた。幸か不幸か、こうした重さは今や日本でも劣らないものになっているが、交流の可能性に関しては、医療経済や紹介ルートなどシステムの問題も含めて、探索する機会が乏しいと思われる（タヴィストック・クリニックは国民健康保険の一翼として、面接代は無料である。地区ごとの精神分析的精神療法の専門機関は限られているので、競合は他の治療モードとの間で起こる）。しかしそうした探索をするにも、何が本当に精神分析的な交流なのかを体験していなければ難しいだろう。

　私自身は1993年秋から2000年春まで滞在したタヴィストック・クリニックの成人部門で、個人面接に関しては、数十名のアセスメント面接のほかに、週1回の症例数名、週3回の症例3名との継続面接を行なった。カウチは、後者のみに使用している。それ以外に数倍、セミナーやグループスーパーヴィジョンで症例を共有しており、集団療法、カップル療法、GPセミナー、体験グループなどの研修をし、児童家族部門やコンサルテーション部門のセミナーのいくつかにも定期参加した。また、隣接のポートマン・クリニックでの司法精神療法のセミナーにも継続参加した。数は限られているが、そのような諸々の経験を踏まえて、私が今振り返って理解する範囲での、同クリニックでの頻度や治療構造を設定する基準や狙いを概説してみよう。

　タヴィストック・クリニックは精神分析的精神療法の訓練を行なう専門機関である一方で、NHSというイギリスの無料の皆保険システムに参加しているので、特別なwalk-inタイプのサービスを別にすると、アセスメントを行なってウェイティングリストに振り分けるという特殊性がある。また、精神分析インスティチュートと違って、精神分析の研修を行なうところではなく、精神分析的アプローチをベースに、より広い対象に治療を提供している。ただし、それも歴史的・経済的潮流があり、かつて盛んだった心理テストは全く用いられておらず、集団療法は活動が縮小していたし、2000年以降に、訓練の期間や必須項目が変わったと聞いている。週1回の精神療法の期間は、かつては最低でも2年間だったが、今では1年が上限とされているという。それから、理論的な基盤も、大まかにはイギリスの精神分析に共通するものがあるとはいえ、スーパーヴァイザーの個人差と時代的な傾向の違いがある。

私が直接知っているのは、現代クライン派を中心とした流れである。
　このように変化しても一貫して重視されていると思われるのは、「情動的接触（emotional contact）」と、そこでの「分析的な交わり（analytic intercourse）」である。接触（contact）は、すべての関わりの入口であり、精神分析的な訓練でも最も強調されることのひとつである。コンタクトの可能性は、患者が無意識的交流を求めて表していることを、治療者側が読み取るかどうかに掛かっている。通常アセスメントと言うと、患者の特徴や適性を評価する作業というイメージがあるだろうが、接触は二者が行なうことであり、ある意味で、両方に相対的である以上に、治療者には患者が機能していて交流の可能な水準を見出すという課題に応えることが要請される。だから、排泄的な投影同一化であれ行動化であれ、'here and now' での文脈で理解しなければならない。というのも、精神療法専門機関を受診していること自体が、何らかの動機とニーズに基づいているはずだからであり、それらを適切に理解することが務めだからである。アセスメントの結果として単に分析的精神療法への適不適だけを判断するのではなく、患者の内的・外的世界の在り方や課題とそれへの取り組みに示唆を与えられれば、それに越したことはない。ただし、海外から来たばかりの訓練生の立場では非常に困難なことである。また、実際のアセスメント面接の前に質問表を送るが、それを返却しなかったり、アポイントに来なかったり、2回目に来なかったり、ウェイティング中に意向が変わったりと、さまざまな過程で中断が起こった。
　また当然ながら、接触が成立することと臨床的な作業が継続可能であることは、別の話である。実際、ニーズが切迫している患者は多数いても、欲求不満に耐えて性急な解消を求めずにセラピーのプロセスに関心を持ち始めることができる者は限られている。そうした能力は、最初から求めても非現実的ではあり、また、それが育っていくだろうという見込みの適切な判断基準が確立しているわけでもない。アセスメント面接という限られた機会の中で実際的に判断を進めるには、治療者側が積極的に接触することにどう患者が応じるのか、つまりは解釈にどう反応するかを見る必要がある。それが、「分析的な交わり（analytic intercourse）」が可能な見込みがあるかどうかを判断す

るということである。

　そこにさらに、質的・実際的な判断が加わる。訓練機関である施設側の都合として、週3回の分析的精神療法に適した患者を確保する必要がある。その選別のための明文化された基準はない。障害の程度によるインテンシヴなセラピーの必要性と、その作業を支える本人の地力とのバランスが大きな決定因と思われるが、治療を継続する本人の意思と動機や治療者側の諸々の都合も大きく影響する。障害の程度の尺度・目安としてよく挙げられるのは、慢性度（chronicity）、重篤度（severity）、広汎度（pervasiveness）である。週3回以上、最低1年半以上来ることが前提のとき、かなり困っていないと始めようとしないし、具合が悪過ぎる人であれば始めたとしても続けることができない。「病理的組織化」という概念はそうした実情から生まれたものではないが、本来の成長を阻害する問題を抱えていることは、他の治療手段が豊富となった現代では、週3回以上という多頻度の面接を導入するひとつの目安となる。

　他の治療モードについては簡単に述べる。集団療法は、やや除外的に、つまり個人の一対一で会い続けるには（本人が沈黙ばかりでも詮索ばかりでも）治療者に負担が大き過ぎるとか、変化の見込みは不明でも本人が精神療法を強く希望するときに提供されるのを目にしたが、他のメンバーの存在によって醸成・促進されるものがあることは確かである。週1回の精神療法は、限られた資源の活用ということで、期間を限定して行なわれることが原則化していた。その場合は、治療にコミットすることができるのかどうかを見る、アセスメントの延長という性格がある。もちろん、もっと長期に面接が続けられることもあったし、そもそも最初から私費の面接を勧めるという選択もあった。その場合、タヴィストックの修了生が紹介されることが多かったようである。

　翻って日本では、相談の申し込みから構造設定に至るまでに多様性があり、最初から精神分析のための症例であることを基準にしている場合は別にして、場所と来談経路に応じて患者のニーズとポテンシャルを見たうえで設定されていると思われる。現実には、複数回カウチで行なえばより得るものが多い

印象があっても週1回で行なわれている症例もあれば、発達障害の症例であることを理解したうえで続けられているのかどうか不明の面接もある。

現在、心理士たちさえ週1回定期的に来る患者の確保に困難を感じている。医療経済の観点からすれば、長期の精神療法はもはや例外的だろう。精神療法は、目標自体を治療から生き方の問題へと変更することで成り立っているところがあるので、患者本人が了解しているのなら、どう設定し継続してもある意味で自由ではある。しかし回数を増やしたりカウチを導入したりするのは、週1対面での精神療法に限界が感じられるときだけでなく、それが必要であり有効であるという見立てを持っていることが求められるだろう。

本書は、以下のように構成している。

第1部では、週3回の精神分析的精神療法を行なった症例を素材に、現代クライン派による理解とアプローチについていくつかの切り口から論じる。Segal による臨床場面を素材にして、古典的クライン派と現代クライン派のアプローチについて考えている。第2章では、患者の内的世界における治療者の姿と位置を知ろうとする試みを扱っている。具体的には、逆転移とエディプス状況の理解をつなぐことである。これは一連の論文の中で最初のものであり、Britton の考えを参照している。次に第3章で取り上げた「抵抗」の概念は、クライン派で主題とされたことはほとんどなかった。ここでは、その代わりにどのような発想と捉え方があるのかを論じている。第4章で見る夢の理解は、Freud と対照的なクライン派の特徴がある。それに加えて、夢い解釈の基盤となるものは何かを検討した。第5章の'here and now'についての論は、逆説的なようだがそれが時間の幅を、それもかなりの長さを要することを見出したものである。

第2部では、精神分析の関連領野との関わりの総説から始めて、精神病圏、気分障害、パーソナリティ障害の一部、倒錯などの精神分析的な理解を論じている。Donald Meltzer の総説と特に『閉所』『こころの性愛状態』の紹介も収録した。第3部には、日本に戻ってから書いたものを収めた。「行動化」を論じた第1章では、Bion の「変形」概念のひとつを臨床に適用しようと

している。境界性パーソナリティ障害について第2章では、直接の精神分析的アプローチというより考え方の下敷きとして論述している。最後に、第3章では古典的な精神分析文献を取り上げて、今後の研究への示唆とした。

　以上のように、今回収録した論文はいくつかの総論のほかは、タヴィストック・クリニックで私が経験したうちの比較的限られた主題に関わっている。クライン派の代表的な臨床主題であるパーソナリティの精神病的部分、倒錯、ナルシシズム、摂食障害については概説的に触れた程度であり、アセスメントのような個別的な主題や、精神分析的臨床全般の特質を論じたものは、機会を改めることにした。今振り返って、タヴィストックでの経験は精神分析的な臨床としてはごく基本的なものだったことが分かるが、その後の基礎になっていることは確かである。

　2000年3月の送別会で他の何人かとともに送り出される側になった私は、同じ頃に所属した訓練生にこう声を掛けられた。"Tavistock training can nearly kill you, but you survived." これに触発され、私は挨拶で白瀬矗の南極探検の話を引き合いに出すことにした——おそらくイギリス・ヨーロッパの人たちは、90年ほど前、ノルウェー隊のアムンゼンと大英帝国隊のスコットが、南極点を目指して競ったことは御存知でしょう。探検家だったアムンゼンが装備の点でも現場での判断の点でも現実的で自由だったのに対して、スコットは国家の威信を背負う立場にあり、用意が万全ではなかったうえに学術調査も怠らずに進めたため、ノルウェー隊に先を越されたばかりか、失意の帰路は予想外の悪天候のため、悲劇の死を遂げたのでした。さてその二人の陰に、国民の義捐金ではるばる日本からやってきて、やはり南極点を目指した白瀬矗という冒険家がいたことは、それほど知られていないでしょう。アムンゼン隊は1911年12月に、そしてスコット隊は1912年1月半ばには南極に到着した中で、白瀬隊は1912年1月28日、前進困難を認めて、大陸の端に着いたことで満足することにして、撤退を決めて生還します。彼らはそこを「大和雪原」と名づけたのですが、実は氷が突出したところで、南極大陸にも届いてはいなかったのです。それは数十年後に始まった、昭和基地の建

設のような近代的アプローチとは直接関わりがない、原始的で個人的に近い試みでした。とはいえ、無事に帰国したのは何よりであり、その後の日本の南極での活動の、何らかの礎となったことでしょう——

タヴィストックでの訓練を、南極点到達のような一点踏破の探検に喩えるのが適切かどうかは今考えると疑問だが、似ているところはある。成果には個々人の諸事情があり、探検＝探究は留学生にとって終え難いものではあるし、その一方で、外国人にとって留学地は両極ほどではなくても簡単に生活を維持できる場ではない。だが文字通り末席にいたのみにしても、そこで経験して持ち帰ることができたものはあった。しかしそれに含まれる意味を十分に展開していくには時間を要することを知るのは、また別の経験だった。

ところで、白瀬という人についても全く知らないことがあったのだが、それは後で述べよう。

▶ 文献

(1) Kernberg, O.F., Selzer, M.A., Koenigsberg, H.W., Carr, A.C. and Applebaum, A.H.（1989）*Psychodynamic Psychotherapy of Borderline Patients.* New York : Basic Books.（松浪克文・福本 修＝訳（1993）境界例の力動的精神療法．金剛出版）

福本 修＝著 | 現代クライン派精神分析の臨床
その基礎と展開の探求

目次

序／001

● 第1部　現代クライン派の基本的臨床理解と技法——タヴィストック・クリニックでの経験を振り返って

第1章　クライン派の技法の80年　015

第2章　逆転移の経験とワークスルー　031

第3章　クライン派から見た抵抗と治療　051

第4章　夢の機能と夢解釈の技法　069

第5章　精神分析における理解と変化のための時間
　　　　——'here and now' と après-coup（Nachträglichkeit）　087

● 第2部　臨床的主題と考察

第1章　精神分析の動向——英米圏　119

第2章　重度の病態を有する患者の精神療法　137

第3章　精神分析から見た統合失調症の精神療法過程　148

第4章　気分障害——躁うつ病の精神分析　155

第5章	妄想性パーソナリティ障害	176
第6章	精神療法と倒錯の問題	198
第7章	メルツァーの発展	208
第8章	ドナルド・メルツァー『こころの性愛状態』	230
第9章	母親の秘密の小部屋の住人たち ──ドナルド・メルツァー『閉所──閉所恐怖現象の研究』	238

● 第3部　精神医療と精神分析

第1章	行動化について──「変形理論」(Bion)の観点から	249
第2章	境界性パーソナリティ障害の臨床	267
第3章	パーソナリティ障害と精神分析的精神療法	278

後書／290
索引／294
初出一覧／299
著者略歴／300

凡例
本文中で言及される文献は「▼1、▼2、▼3」と表し、
章末に一括している。

[第1部] 現代クライン派の基本的臨床理解と技法
タヴィストック・クリニックでの経験を振り返って

第1章
クライン派の技法の80年

1 はじめに

　本書第1部では、タヴィストック・クリニックでの一症例の治療を基にして、クライン派の現代的な臨床を論じていく。私がクライン派のスーパーヴィジョンや事例検討を受けたのは本例に限らず、それ以前にも以後にも継続的に機会があり、各章を書いたのは後からそれらと並行してのことだから、実際にはそこに複合的な経験の総体が反映している。ここでは前置きとして、精神分析的アプローチの研修におけるスーパーヴィジョンと理論的な理解との位置づけについて、そしてクライン派および現代クライン派の特徴について、少し考えてみたい。「現代クライン派」という呼称やその名を冠した論文集はあっても、それと「クライン派」との違いに明確で公的な定義があるわけではないので、それはかなり私的な印象に由来している。
　スーパーヴィジョンは、個人分析・系統講義・臨床セミナーと並んで、精神分析的なアプローチを研修する仕方のひとつとしてよく知られているが、後の3つがそれぞれ個人的問題・理論的問題・多様な症例の理解に関わるのに対して、スーパーヴィジョンは対話を通じて、個別の症例に対する臨床的な理解の課題を明らかにしていく過程である。百聞は一見に如かずと言うように、スーパーヴィジョンが普及したのは、そこで得られるものが文字からの情報と質的に大きな差があるからだろう。かつて私が精神分析の理論や技法についての成書を読んだ経験を振り返ってみると、それらしい雰囲気を何

となく感じても内実は漠然としていて、推測に満ちた、どこが不明確かも不明確な理解だったのではないかと思う。現実に、論文や本は、特定のアングルから特定の主題を限られたスペースの中で強調するために論じたものだから、内容的に誠実であったとしても、実践上の基本的なことについては必ずしも述べていない。また、読み手が疑問を質問することはできないし、理解の矛盾を正されることもない。そこにさらに、論述には筆者自身のバイアスもあるものなので、その通りに行なおうとすると、かえって奇妙なカリカチュアに陥る可能性がある。その意味では、本書に書いたことにも筆者のバイアスがあり、一方向的に読まれるという限界があるが、企図としては、改めて臨床の"自然な"基礎を、なかでも現代クライン派の特徴と思われるものを浮き彫りにしようとしている。それは、理論の強調の背景には、それの基礎となる実践上の自然な交流と基本的な理解があり、読む際に一見したところ理論が際立ったとしても、その基盤がなければ関係がそもそも成り立たないだろうという考えに基づく。

　ただスーパーヴィジョンを直接受けたことは、臨床の方法が分かるようになることに必ずしもつながらない。もともとその目的は、答えや模範の教示ではなくて、考えを広げ理解を深める姿勢を身につけていくための場となることにある。しかし、先ほど「対話を通じて」と書いたが、実際には圧倒的な力量の差がある中で始めることなので、少なくとも当初はあまり自分の考えを持つ余地を感じにくい。だから、スーパーヴァイザーの言葉を託宣のように受け取ってしまうのは仕方がなく、自分が思いつく範囲と全く違うものに触れてそれを受け入れるという点では、そうなるのも必要で必然的なことでもある。だがスーパーヴァイザーが臨床そのものを代わりに行なってくれるわけではないから、スーパーヴィジョンでの理解の責任は自分に返ってくるし、それについて意識的・無意識的に受けとめて考え直す機会があってその経験が身になっていく。以下の理解は、スーパーヴァイザーと直接間接の対話を積み重ねた結果でもある。しかしいずれにしても、正しい答えの確実な保証はどこにも永続していない。これは本や論文を読むときにも当てはまる。どんなに古典的価値があるとされるものでも逆に最新の考えでも、人によって感銘を受ける点・

疑問を持つ点はさまざまでありうる。それでも、そのどれが最も関連性が高くて説得力があるかには、意見の一致がありそうに見える。単なる読み物と違って臨床の場合、患者の心の動きに即することが基本原理となるからである。しかしそれでさえ、学派によって一致しないところがあるし、患者のその場の反応が心の多様な在り方を適確に反映しているとは限らない。この領域で専門家が専門家となることによって生じる変化は、自分がそのつど何に関わっているかが多少分かるようになるというところだろう。

2 Kleinの症例を読む

　以上はやや抽象的なので、補足の意味でMelanie Kleinの症例の一場面を取り上げて、私がただその著作を読み物のように読んでいたときからロンドンでの臨床経験を経て、理解の強調点がどう移動しているかを素描してみたい。

　「ディックが私のところへ初めてやってきたとき、前にも述べたように、保母が彼を私に受け渡しても、彼は何の情緒も示さなかった。私が用意していた玩具を見せたときも、彼は少しも興味を示さずにそれらを見た。私は大きな列車を取り上げて、小さい方の側に置き、それらを「お父さん列車」と「ディック列車」と呼んだ。すると彼は私が「ディック列車」と呼んだ列車を手に取り、窓のところまでそれを進めて、「駅」と言った。私は説明した。「駅はお母さんなの。ディックはお母さんの中へ入っていくの」。彼は列車を置いて、部屋の外と家のドアの間の空間へ駆け入って、その中に閉じこもり、「暗い」と言いながら一直線にまた走り出た。彼はこの手順で何度も繰り返した。私は彼に説明した。「お母さんの中は暗いのね。ディックは暗いお母さんの中にいるのね」。私がそう言っている間、彼はまた列車を手に取ったが、すぐにドアの間の空間にかけ戻った。私がディックは暗いお母さんの中に入っていっていると言う間に、彼は尋ねるような仕方で2回、「保母さんはNurse？」と言った。私は答えた。「保母さんは

すぐに来るわよ」。彼はこれを繰り返し、後の方ではこれらの言葉を心に保持しながら極めて正確に使った」[…]

　これは、Kleinが論文「自我の発達における象徴形成の重要性」（1930）の中で論じた4歳の症例ディックとの初回セッションの記録である。Kleinは最終的に彼の診断を、しっくり来ないまま統合失調症としているが、今日では彼女の詳細な臨床記述に基づいて、彼は自閉症の子供として理解されている。Kleinの症例提示の目的は、一連の理論を実証することにある。読み難いものが多いKleinの初期論文の中で、ここでの論旨は比較的明瞭である。それによれば、幼児の発達早期には口唇・肛門サディズムが重要であり、母親の身体とその内部の対象への攻撃が展開されるが、それに対する報復不安によって、対象は同一化を通じて別の対象へと置き換えられる。このように置き換えていくことがKleinの言う意味での象徴であり、空想生活の発展である。それに対して、不安に耐える自我の能力が欠けているとき、サディズムは過剰なものとなって制止され、それとともに象徴の形成が制止される。ディックの場合は自我が不安に耐えられないだけでなくさらに、早熟な性器性という「未熟な共感性」が、適切な破壊衝動の発現を排除していると考えられている。

　この時期のKleinの理論は、攻撃性と対象との関係を主題にしようとしているにもかかわらず、Freudの性欲動論の用語とAbrahamの精神－性発達図式の範囲で述べているので、元来の意味を拡張している一方で、後の革新的なアイデアを含んでいない。象徴は置き換えの連続によって形成されるかのように、性欲動の「昇華」の過程と重ねられている。それは性的色彩が薄れていくという点では似ているが、満足志向と迫害的不安への対処は異なるし、攻撃による対象喪失の認識が「償い」を促すという決定的な飛躍と転換を欠いている（この図式自体はFreudにも、たとえば『トーテムとタブー』（1913）の中にあった）。しかし、そうした大きな概念の整合性は措いておいて、ディックへの関わり方を見よう。

　するとまず目につくのは、Kleinが玩具の列車を「お父さん列車」「ディッ

ク列車」と名づけて、「駅はお母さんなの。ディックはお母さんの中に入っていくの」と解釈したことである。玩具に何の興味も示していないという子供に対して直ちに家族関係を導入し、しかも、「お母さんの中へ入っていく」と極めて具体的な描写をしたのは衝撃的である。Lacanによる詳解（『セミネールⅠ——フロイトの技法論』）を読んだことがあれば、彼がこの解釈の「全くの野蛮さ」に、Kleinはディックを大掛かりな解釈で叩くことから始めている、エディプス神話の野蛮な言語化で彼を叩いている、「お母さんと寝たいのね」と吐き気を催すことを言っているようなものだ、と反応したのが思い起こされる。いかにもKleinらしいこの大胆な解釈に圧倒されて、精神分析では無理にでも象徴的な関係を見出して、初めからこのようなエディプス・コンプレックスの解釈を言わないといけないのかと思ったら、途方に暮れてしまう。ディックはほとんどの玩具に関心がなく、その用途も意味も理解していなかったが、列車、駅、ドア、その取っ手やドアの開閉には興味を示したとある。それでKleinのように「ドアの取っ手は父親のペニス」と理解したとしても、子供に何をどう伝えたらよいのは決めることができない。そこには象徴関係があるというより、区別の能力が低くて同等に扱ってしまっているように見える。このような介入に強い感銘を受けてクライン派の解釈に深いものを感じても、実体はよく分からないままである。

　Lacanが抱いた印象は、早期のKlein全般に当てはまるものではある。彼女は幼い子供に両親間の性的関係を含む活発な性的空想を認めて描写しており、論文記述を読むと子供に対して原光景を直接に解釈するのを躊躇わなかったように映る。『子供の心的発達』（1921）で詳しく報告されたフリッツは、彼女から精神分析的志向の性教育を継続的に受けて、知的発達の制止が解除された例として挙げられている。彼の夢と、それへの彼女の論評を見よう。彼の夢には、自動車（motor）が大小2台、それから電気自動車が登場した。「2台の屋根は開いたり、雨のときには閉めたりできた。2台は走っていると、電気自動車とぶつかって、なぎ倒した。それから大きい自動車は電気自動車の上に乗って、その後ろに小さい自動車を引いた。電気自動車は、接続棒（connecting rod）を持っていた。大きな自動車には見事な銀色の鉄棒

があって、小さいのには小さいフックのようなものが2つあった。小さい自動車は、電気自動車と大きな自動車の間にいた……」。それに対して、Kleinはこう説明する。「大きな自動車はパパ、電気自動車はママで、小さい自動車はフリッツ。フリッツは、パパとママの間にいるのは、パパをすっかり追い払って、ママと二人きりになって、パパにだけ許されていることをママとしたいからなの」。フリッツは少し躊躇したあと賛成したが、すぐに、大小の自動車が出かけて、彼らの家の中に入ったと話を続けた。

　Kleinの解説は、明らかに原光景の理論を踏まえている。ただ、自動車相互の接続部の形状はそれに合わないし、少年ハンスの「キリン」空想とそっくり過ぎるので、どこまでフリッツの自発的な夢空想なのか、やや怪しい。また、観察事例と言っても実際にはKlein自身が母親であり、父親は不在という複雑な文脈がある。さらに言えば、Kleinが息子に性的啓蒙を施した動機のひとつには、「彼は2歳でしゃべり始めたが、3歳半を過ぎて、やっと思ったことを続けてしゃべれるようになったほどだった」という言葉の発達の遅れへの憂慮があったことだろう。そうは言っても、ディックとは異なり、フリッツには、Kleinが彼の欲望について語っていることが通じている。では、Kleinはディックに対して、大同小異のことをしているのだろうか。

　山の頂上だけを見上げるように解釈についてのみあれこれ考えるのではなくて、論文全体を落ち着いて読むと、Kleinの介入は子供全般についての理解とディック個人についての相当な知識に基づいていることが分かる。実際、伝記作者Grosskurthによると、彼はKleinの同僚の息子で、同じく彼女が治療し『児童の精神分析』(1932)で詳しく報告したリチャードの6歳年上の従兄弟だった。Kleinは彼の家庭の様子を知っていて、1930年の論文では「母親の彼に対する感情 (feeling) は、ごく最初から冷たかった (cold)」と批判的に述べている (著作集では、「母親の彼に対する態度 (attitude) は、ごく最初から不安過剰 (over-anxious) だった」と書き改めている)。そうすると「暗いお母さん」は、別の意味も帯びているかもしれない。彼が2歳のときに新たに来た保母 (nurse) は、彼に優しく接したと書かれている。そうした外的事実ばかりでなく、Kleinは多くの子供の内的世界の表出を知悉していて、

ディックの場合のその欠如に当惑しながら、通常の関わり方を変更することを選んでいる。自閉症についての理解が進んだ今日でも、読者が知らなければそれまでのことなので、今この論文を読む際には、環境因や素因を含めてディックの発達を総合的に評価するために、子供について経験があり自閉症の専門理解がある人と基本常識を共有することが必要条件となるだろう。

　今度は稜線を辿るように、論文に記載された範囲での言語的な交流を一連のものとして読むと、それも山頂だけを見た場合とは違う趣の光景が現れてくる。

　ディックは、2つの列車を父親と息子に見立てたKleinの最初の解釈を聞いて、自分の名前が付いた方を手に取る。これだけなら偶然かもしれないが、彼はそれを走らせて窓辺まで行って、自分から「駅」と言っている。これはかなり高度な、やりとりの流れに即した経過ではないだろうか。そこでKleinがさらに駅を「お母さん」と解釈するのは、それほど大きな飛躍ではない。だから彼女が大胆なのは、ディックはお母さんの「中へ入っていく（going into mummy）」と言ったところである。ディックは直ちにディック列車を置き去りにして、部屋の外に行くが、建物の中には留まっている。これは建物の構造として、部屋の外が即戸外ではなくて前室があるのだと思われる。そこが「暗い」と言って出てきたのも、ディック自身である。その後、彼は窓辺か、前室か、と落ち着くことができない。この二極は、「明るい」と「暗い」、「外」と「内」には対応しているだろうが、母親対象の二側面の表象として考えるのは、おそらく思弁的過ぎるだろう。

　では、ディックが落ち着きをなくしたのは、Kleinがことさら「中へ入っていく」と強調したせいだろうか。ここは専門家の意見を聞きたいところだが、「中へ入る」のは対象関係を持つうえで基本的なことであり、Kleinとしては、子供がみなそうしていることを知っていたからだけではなく、ディックがどれだけ関わり維持することができるのかを見たり、促したりしたかったのではないだろうか。Kleinが解釈に使った言葉を見ると、ただディックが誰と、どこにいて、何をしているのかを、つまり基本的な現実を即物的に、ディックに分かる言葉で叙述しているだけで、Lacanがそう思ったようには、

彼の性的関心を特に指摘してはいない。Klein は彼に対して、感情や欲望を問い質したり帰属させたりする、feel も want も用いずに語りかけている。それを体験する自我を想定し難いと感じたのだろうか。

　それでも結果的に、ディックは半パニックのジレンマ状態に陥ったようだが、往復を繰り返すうちに彼は、「保母さんは？」と聞く。それに対して Klein は「保母さんはすぐに来るわよ」と答え、彼もその言葉を繰り返して、心に留めている様子が窺われる。この Klein の答え方は、あまりクライン派のイメージ通りではない。普通なら、安心させる（reassuring）言葉として、非分析的と分類されるような表現である。しかし改めて読むと、ごく自然で適切な応答に見える。それは消極的に、何も言わなければ迫害感を強めるという理由ばかりでなく、彼が保母さんという良い対象を想起したのを肯定し、その対象を現実の時間構造（「すぐに」）の中に位置づけている点で、意味があるように思われる。こうした１回のやりとりが直ちに大きな変化をもたらすことはないが、Klein との情動的な接触は、続くセッションで増していっている。

　性交渉の象徴化を指摘するような解釈は、無意識の意味を劇的に暴露するかもしれないが、そこにいてまず経験している世界からは懸け離れている。その世界はディックのような子供だから特殊に見えるが、どの人にも固有の日常経験の仕方がある点では同じだろう。かつて私はやはりクライン派のあるスーパーヴァイザーから、「精神分析の交流は、特殊な設定の中で起きることではあるけれども、日常の関わりから懸け離れたものではないのよ」、と言われたことがある。何か劇的で別世界の出来事を取り扱うかのように、それらしい解釈を私が述べていたからだろうか。２つが別のことにならないような理解は、日常水準の経験を踏まえることで生まれると思われるが、それにはそれなりの時間が必要だった。

3　Segal の症例を読む

　では現代の、成人患者が対象の臨床はどうなっているだろうか。Melanie

Kleinによる精神分析的アプローチは、豊かな想像力と人間性への洞察によって、精神病理についての理解にも正常心理についての理解にも、鮮やかな印象を残してきた。それは主に、患者の無意識的な空想を、その時その場での相互交流に即して解釈することに基づいている。その源は、時々刻々と変化する子供との関わりを理解しようとするプレイ療法にある。それは成人との治療でも、かなり図式的に2つの技法として分ければ、無意識的空想の直観的把握はHanna Segalに、'here and now'での相互作用の緻密な分析はBetty Josephに引き継がれて展開されてきた。クライン派のさまざまな臨床概念と分析者たちによる研究については、R. Schafer＝編［福本 修＝訳］『現代クライン派の展開』（誠信書房［2004］）の訳者解題で概説したので、それを御参照いただきたい。ここでは、クライン派は初回セッションから大胆に無意識的空想を解釈するというイメージをつくるのに一役買ってきたと思われるSegalの症例素描を取り上げたい。

　「しかしながら、比較的健康な人でさえ、口唇的・肛門的不安が初回セッションの転移状況の中にはっきりと現れる可能性がある。たとえば、ある精神分析訓練の候補生はセッションを、最短時間で資格を取って、あらゆる分析を自分にできる可能な限りの短時間に押し込めたいという決意の表明によって始めた。そのセッションの後になって、彼は自分の消化器官の障害について、また別の文脈で乳牛について述べて、分析者との関係についての空想像を非常にはっきりと提示した。それで私はこう解釈することができた。私は乳牛で、彼に授乳した母親のようであること、そして彼は自分が貪欲に私を可能な限り素早く空にして、私のあらゆる分析つまりミルクを飲み干そうとしていると感じているのだと（that he felt that he was going to empty me greedily, as fast as possible, of all my analysis-milk）。この解釈は直ちに、母親を枯渇させて食い物にすることに関する彼の罪悪感についての素材をもたらした」（『メラニー・クラインの技法』（初出［1967］）

　Segalの意図は、初回セッションから動いている患者の無意識的空想を通

じて内的世界を理解するという、クライン派精神分析の技法を示すことにある。論文全体では彼女は、ポジションの概念によって Klein の発達論を概説し、クライン派の基本的な考え方を紹介している。この例が登場するのはこの数行だけで、続きはおそらく発表されたことがない。だからその後や詳しいことは分からず、私の主観的な印象を述べるに過ぎないけれども、無意識的空想のこうした解釈を初めて読んだならば、強烈さに驚かずにはいられないだろう。その鮮やかさというか禍々しさの由来は、面接での関係が母親と乳児の関係と見なされるのを超えて、魔女が棒を一振りしたかのように光景が一変し、乳牛という動物が飛び出していることにあるかと思われる。それは Segal による直観の表現だが、この候補生が内的に棲む世界である。それに加えてショッキングなのは、やはり、彼について「貪欲だ」とはっきり指摘しているところだろう。初回に「最短時間で資格を取りたい」と広言する能天気さは、普通に考えたらありえないことで、「比較的健康な人」というより、かなり厚顔なナルシシストではないかとも思わせる。しかしそれにしても、Segal の確信に満ちた断定は、彼の出過ぎた真似に対する懲罰のようにも聞こえる。これは古典的に定型的な厳しいクライン派、「闘うクライン派」（Hinshelwood の表現）のイメージがあるせいかもしれない。

　この症例素描には、Kernberg による論評がある。彼は 1930 年代から論議になってきた Klein の理論と技法について、自我心理学からの批判点と精神分析全体に貢献し取り入れられた点を整理し、クライン派からの応答とさらにそれへの再批判を論じた（Kernberg, O.F.（1969）A contribution to the ego-psychological critique of the kleinian school. *International Journal of Psycho-Analysis* 50 ; 317-333）。この非常に包括的な総説の中で指摘された対立や欠落の多くは、その後 40 年以上の発展の中で補足されているので、ここでは臨床的な討論のみを参照したい。彼は素描を紹介し、「患者の連想の中に、口唇的貪欲さが含まれていたという事実は、おそらく正しい」と述べたうえで、以下のように批判する。「しかしながら、この「熱心な」候補生＝患者が、どの程度までそのように「深い」解釈を、分析者の新しい魔術的言語を学びたいという自分の願望の一部として受け入れるのか、また、そのような「学ぶこと」

がどの程度まで、転移解釈の知的な受け入れを含めて、知性化と合理化と同類の防衛に注ぎ込むのか、疑問があるかもしれない。患者の貪欲さは、自己愛的な性格構造を反映している可能性もあり、どの程度そのような性格防衛がのちに転移を深めることを妨げるかが、その特徴の究極的な源かもしれないものの、「直接的解釈」によってまさに熱心さを満足させるよりむしろ、その防衛的組織をさらに探究することによって、明確にされるべきである。言い換えれば、防衛的組織、特に患者の性格構造のより深い水準は、このアプローチによって全く無視され、防衛的組織は「地下」に潜って分析の後の段階で深刻な合併症をもたらすかもしれない。表面から深層に進むことは、単に内容の深みに入っていくことではなく、防衛的組織の深みへと入っていくことである」。

Kerberg は Segal と違って、まずアセスメントをして、この例が自己愛的な性格構造を持っている可能性を指摘している。そしてそれを扱う技法に関して、「深い」解釈は知性化や欲望の満足に通じるかもしれず、自己愛的性格構造を扱い損ねる可能性があると述べている。たしかに、自己愛性パーソナリティの防衛のひとつには"換骨奪胎"があり、自分に向けられた批判や解釈を内容に感嘆して取り入れ、分析者に同一化して、あたかも自分が考えたかのように結局自分のものにしてしまうことがある。それによって自己愛的な心的均衡は保たれ、本当の心的変化にはつながらない。クライン派が自己愛の問題との関連で「防衛的組織」を主題的に論じるようになるのはもう少し後のことであり、Kernberg の批判はそれを促したのかもしれない。

ただ、解釈の順序という点に関しては、Klein 自身の著述からは明確ではないけれども、患者との交流や相互作用の中で決まっていくものであるという捉え方が、以前からクライン派の中で確立していると思われる。たとえば、Segal は Klein を解説した『メラニー・クライン入門』(岩崎学術出版社 [1977] 原書は 1964 年刊) の「技法についての補遺」(第 10 章) の中で、投影同一化の解釈として「空想の詳細」を取り上げるだけでなく、患者の投影したものを自動的に押し戻さないことが重要だと指摘している。そのようなやり方は、患者にとっては投影したものを迫害的に付き返されたと経験される。「解

釈はつねに、患者の動機や不安・投影の目的を考慮に入れて、関係全体の文脈の中でなされなければならない」。続いて Segal は、「頑固な沈黙」を続ける患者に、経過と場面に応じてさまざまな解釈を試みたことを紹介している。

だから Segal と Kernberg の理解の食い違いは、この例が重い自己愛の障害をもっているのかどうかにある。素描をもう一度見直すと、Segal の解釈に対して、患者は直ちに母親を食い物にしている罪悪感を示唆することを述べたという。これは解釈の妥当性を実証しているのだろうか。そうかもしれないが、それと同じくらい、この患者は強く叱責されたショックでしょげたことを言ったのかもしれないという気もする。その印象は、「彼は自分が貪欲に私を可能な限り素早く空にして、私のあらゆる分析つまりミルクを飲み干そうとしていると感じている」という解釈が、まさに彼に属している「貪欲さ」と、治療者を可能な限り素早く空にしようとする彼の意図を指摘し、その責任を問い質している印象を与えるからだろう。実際には、Segal は「彼は～と感じている (he feels)」と言っていて、彼の中での無意識的な認識の意識化を試みているのであって、彼女の道徳的・倫理的観点から彼の貪欲さを非難しているわけではない。それでもやはり、「比較的健康な人」と言っていても激しい Segal の口調からは、Segal には懲罰的な超自我を感じたり、身につまされてこの候補生には自分の似姿を見たりして、それが妄想分裂水準の反応だと分かっていても、厳しいクライン派との関わりは敬遠したく思う気も出てくる。また一方で、この例の根底には厚顔さがあるので、このように明言するのが必要なことのようにも思われるが、それでも患者の図々しさに Segal が反応してピシャリと言っているのではないかとも、あれこれ想像は尽きない。いずれにしても、この解釈に万能的な雰囲気がまとわりついていることは否めない。それは古典的なクライン派の特徴に思われる。

4 現代クライン派から学ぶ

Spillius は、Klein 以降のクライン派に特徴的な展開を論じ、技法に関しては、

クライン派正会員資格論文をすべて通読して、「変化の趨勢」を捉えている（Spillius, E.B.（1983）Some developments from the work of Melanie Klein. *International Journal of Psycho-Analysis* 64 ; 321-332）。その観察によれば、「1950年代と60年代初期の論文の多くは、私にはかなり教条主義的に思われるものであり、患者には迫害的に感じられたかもしれない仕方で患者の破壊性を強調しがちだった。2番目の特徴は、無意識的空想が患者に対して、非常に直接的に部分対象の言葉ではっきり解釈されていたことである」。また、逆転移や分析者への投影同一化には、言及が乏しかったという。最後の点以外は、Segalの先の解釈にも当てはまるところがあるように見える。

引き続きSpilliusの総説を借りて、現代につながる変化の趨勢を確認しておこう。1960年代・1970年代に関しては、彼女は4点を指摘している。（1）破壊性は、よりバランスの取れた仕方で解釈され始めたこと。（2）無意識的空想の身体的表現には、部分対象言語を直ちに使うのではなく、一歩一歩近づくアプローチに代わっていること。（3）転移の分析において投影同一化の概念が、より直接的に用いられ始めたこと。（4）そこからさらに、転移の中の行動化と分析者をそれに巻き込むことが強調されるようになったこと。Spilliusがそれぞれについてさらに詳しく論じている中で、その一部を抜粋してみる。

（1）破壊性の解釈に関して——クライン派は破壊性や陰性面を過度に強調したとされがちだが、Kleinは患者の陰性感情を取り上げているとき、Spilliusによれば、患者にサポートの強い感情を伝えている。「私の印象では、Kleinは、患者が自分の中にあって憎み、否認し削除せざるをえなかった感情を受け入れるための苦闘の中で、患者に敵対者ではなく盟友として経験されていた」。Klein以降、陰性面の解釈はさらにバランスが取れたものとなっていくが、それには、Bionの「正常な投影同一化」概念、Rosenfeldの「コミュニケーションとしての投影同一化」の理解、Josephの分析者の行動化への細心の注意などが貢献している。

（2）解釈の言語について——Kleinは当初から非常に具象的で鮮やかな、部分対象と身体機能を指す言葉を用いてきた。そして後から理論的に、彼女

はそれが乳幼児の思考と感情の様式であり、各人に共通する無意識的空想として想定した。Kleinは成人の治療に移行するに従って、部分対象の言語で直接に解釈するよりも、徐々に慎重に表現して伝えるようになっていった（Kleinはディックの治療を、1946年にB. Sandfordに引き継ぐまで続けていた）。Kleinによる児童分析の部分対象言語を受け継いだのは主にMeltzerで、最初は大人の言語を用いることが一般的である。しかし患者は無意識的空想に馴染むと、身体的・部分対象的・部分機能的な表現と結びつけて理解できるようになる。

（3）転移の分析において投影同一化の概念を用いることについて──明らかにKleinがこの概念の創始者だが、彼女自身は、転移分析にそれを適用しようとはしなかった。また、逆転移の概念を拡張することにも反対で、そのためにP. Heimannと袂を分かったほどだった。しかし、この概念は精神病の分析に不可欠なものとなり、次いでパーソナリティの精神病的部分の分析、それから防衛的組織の分析へと活かされていった。

（4）Betty Josephの仕事について──1970年代以降、Bionの「記憶なく欲望なく」に代表されるように、クライン派に限らずイギリスの分析者たちは、ますます未知に開かれる態度を尊重するようになるとともに、Josephを代表として、現在の生きた情動的接触の重要性を強調した。そのためには、接触できる点を見出すことが必要である。Josephの考えでは、患者の無意識の多くは、言語的に表現されずに態度に現れ、治療者への無言の圧力として実演される。治療者の課題は、それを行動に移しても自分で気づいて、理解へと戻ることである。Josephは、解釈にいくつもの項目を盛り込まず、身体器官による解釈・無意識的空想の定式化を性急にしないように注意し、その場での情動的交流で何が起きているのかの理解に集中している。この'here and now'から初めて、患者がかつて経験してきた世界も明らかにすることができる。Josephのこの考えに、多くのクライン派の分析者が同意しているが、Spilliusは、その方法が正確過ぎて、限定的で制約的だと考える分析者もいる、と付記している。

この概説を経たうえで、Segalの素描について改めて考えてみたい。羨望

や貪欲さを直接指摘する、Segalの"北風"的アプローチには、かなり古典的な印象がある。「貪欲さ」だけを指摘するのが意図だったとしても、衝撃で自我やパーソナリティの他の部分も吹き飛ばないだろうか。この場面について現代クライン派に近い理解の仕方を想像する余地はありそうに思われる。ただし、一概に誰だから古典的クライン派で、誰は現代クライン派、と分類しようとするものではない。ある一人の分析者の中でも個々の介入で差があり、それぞれに理解をさらに深めるべき特徴があると考えるところだろう。そもそも、臨床における Klein のように「患者に敵対者ではなく盟友として経験される」ことは、基本的なことであって古典的も現代的もないのだが、それが伝わる現代的な力点の置き方はありうる。

　Segal は、候補生＝患者がどう感じているかを解釈している。その線では彼の「消化器官の障害」に、本人の具合と自己理解に即した、Segal との間で起きていることの手がかりを見ることができるかもしれない。つまり、彼は勇んでその場に臨み、完璧を目指した"いかにも"なことを言ってはみたが、面接の中ですでに消化不良を起こし始めている可能性がある。それは、彼の貪欲さが自分の消化力を超えたものを丸呑みしようとして自己ダメージを招いていることを表しているのかもしれないし、より深刻には、彼には物事の本質を学び吸収する「消化器官の障害」が慢性的にあって、本人の自己満足とは裏腹に、浅い理解と作物しかできないため、貪欲さはそれを過剰に代償しているという可能性もある。いずれにしても、彼が現に経験していることを含めて、彼の現在の悩みである消化不良に焦点を合わせることで、本人全体で起きていることを取り上げられるかもしれない。

　ちなみに、こうしたアプローチはより支持的・共感的に聞こえるかもしれないが、必ずしも"太陽"的ではない。というのは、取り入れ能力の障害という深刻な欠陥を指摘しつつ、治療者から与えられることは限られているからである。しかも、解釈の言い方が生ぬるくて消化不良を起こしていることは否認され、自己愛の被膜に包まれた彼には通じないかもしれない。だが、1回の解釈の機会でそれほど遠くまで行けるものではないだろう。先のスーパーヴァイザーには、アセスメント面接にも立ち会わせてもらったこと

がある。彼女はある患者に、彼の訴えについて対人関係の問題の影響を示唆し、否定した彼に、心理的背景の一般的可能性を声明した。彼がさらに否定すると、彼女は別の話題について尋ねた。後で、"象徴的な"解釈をしなかった点について聞くと、「すでに被害的になっている彼に、あれ以上を言っても仕方のないことなのよ」と言われた。そのときは、分析として不十分なような気も、もっと言った方が"本人のためになる"ことがあるような気もしつつ、アセスメントという限定された機会だからそこまでとした、という形で納得した。しかし今では、もっと明確にしたいとか逆に気が挫けたという面接者側の気持ちはあるとして、こうした間合いの感覚こそ重要なのだったと考えている。

　以下第１部では、広汎な自己愛的・万能的防衛構造によって現実の耐え難い諸側面から自分を守っていた女性患者との週３回の精神分析的精神療法の経過を提示して、私が理解する限りでのクライン派から見た精神分析的精神療法を構成する基本的なものを論じたい。
　第２章では、治療者が自分自身の外的あるいは内的現実の中に「第三の位置」（Britton）を見出すことによって、逆転移をワークスルーする仕方を論じる。それを参照するのは、治療者が自分は患者との関係で本当はどこにいて、何をする者であり誰であるのかを知るためである。それは現実を共有していくという意味で重要な主題と思われる。第３章は、「情動的接触」がいかに重視されているかとともに、それを阻む「行き詰まり」を論じている。第４章は、夢についての理解を、クライン派の心的機能論との関連で考察し、解釈の根拠をどこに求めるかを考えようとしている。第５章は、理解に伴う時間について論じた。同じ症例でも、時間の経過とともに、違う側面が見えてくることがある。それもまた理解を基礎づけて、その限界を教えている。この機会に、'here and now' についての最近の議論を付記した。明らかな重複は削除したが、元の発表時期が異なり論文ごとのまとまりがなくなるために記述の繰り返しを残した点は御寛恕いただきたい。

第2章
逆転移の経験とワークスルー

1 序論

　Kleinが妄想分裂ポジションとして記述している患者たちの心は、迫害的不安のために投影と分裂に訴える原始的状態にある。彼らはしばしば、対象との関係を無意識のうちに具象的に経験する。この経験は、彼らが対象との関係で、誰とどこにいて何をしているのか、そして対象が何であり何をしているのかに関わる。彼らは、自分の内的世界の組み立ての一部として、対象は何かをしているものであり、自分に働きかけていると絶えず感じている。彼らにとって通常、対象が本当は何で、どのようにあるかを知り、自分の投影と対象の現実との違いを見ることは困難である。治療では、治療者は彼らのこうした問題を解釈することによって、患者が自分の内的世界を理解するのを助けようとする。しかしながら、これらの患者との間でしばしば起こるのは、治療者が治療状況に引き込まれて、彼らがどこにいるのかを見失うことである。本章で私は、逆転移に気づきそれをワークスルーし、有効な解釈をすることにつながった、ひとつの仕方について記述したい。治療者は、患者についての観察と理解に加えて、自分が患者の中で何をする者であり、どこにいる誰なのかを明確にすることができるようになればなるほど、患者が自分自身を理解するのをより助けることができるようになる。

　この内的な過程は、治療者が治療の中で何かのために患者との関係で自分の感じ方や行なっていることに奇妙なところや普通ではないところがあった

のではないか、と気になりだすことから始まるかもしれない。この時点では治療者は、患者よりもむしろ、自分自身または自分の対象との内的な対話を行なおうとするだろう。そうすることによって治療者は、自分の情動状態や患者との関わり方のような、自分の内的現実の諸側面を検討しようとしている。それは広い意味での逆転移の分析である。これは治療者が患者との関係において自分を位置づけることに役立つ可能性がある、治療で起きていることを見るもう1つの視点を見出そうとする試みと形容できる。Britton はそれを「第三の位置」と呼んだ。私はこの「第三の位置」のもう1つの側面として、▼3,4治療者が自分自身の外的現実を自分に思い起こさせ、その中で自分を位置づけ直す能力があると考える。以下で私は、女性患者Aとの週3回の精神分析的精神療法の臨床経験を通じて、「第三の位置」を巡る諸問題について論じたい。Aの性愛化された転移には、治療がAの現実の問題を扱うのでなく、患者と治療者を空想化された関係の中に留めようとする機能があったと思われる。この非常に困難な患者の治療で私は、Britton が提唱した捉え方によって理解を助けられ、その価値を感じるようになった。考察ではさらにそれを論じる。

2 患者の紹介

Aは東ヨーロッパの少数民族出身の、40代後半の女性だった。彼女の両親はどちらも、親族の中で唯一の大虐殺(ホロコースト)の生存者だった。彼女は数人兄弟の第三子で、他の家族の多くの子供たちと一緒に、乳母たちによって育てられた。彼女が覚えているのは、罰せられ辱められたことだった。Aの両親は近くに住んでいたが、情緒的には彼女から遠かった。彼女は、両親と夫の死、そして子供の死産を含む、多くの喪失に個人的に見舞われたが、有能な女性実業家として働いてきた。しかし最近、彼女は事業計画の失敗により職を失った。Aは自分の手元には何も残っていないと感じて、専門クリニックへの紹介を頼んだ。アセスメント面接で明らかになったのは、彼女が数多くの対象

喪失についての喪を十分に経験することができないままでいたことだった。実際には、彼女はさまざまな喪失を否認するために躁的防衛を用いてきていた。そして彼女の万能性は、自己破壊的な振る舞いの繰り返しに帰着していた。その直近の例は、瓦解して無に帰した彼女の非現実的な事業計画だった。アセスメント面接者はAとともに、彼女は万能的な解決法に魅せられているけれども、それが実際には支援を得る機会を彼女から奪っており、さらなる喪失を引き起こしてきたことを探求することができた。

3 治療の始まり

Aは、私が治療を始めるつもりで彼女に予備面談の日程を伝えるまでの数カ月間、ウェイティングリスト上にいた。私は治療開始の相談であることを、予約の日時を伝えた手紙でも実際の面談の初めでも明確にしていたが、Aはあたかもまたアセスメント面接を受けているかのように自分自身について話しつづけた。それは、Aが自分の独特の背景を理解できる治療者を期待していて、明らかに人種的にも文化的にも異なる者が担当になることがありうるとは全く思っていないかのようだった。彼女は、私が自分の治療者になるということを知ったとき、驚愕した。彼女は、私が訓練生なのか、スーパーヴィジョンを受けるのかどうかを知ろうとし、具体的な答えを得るまで質問をやめなかった。私は一部には不本意だったが、一部には彼女の必死さに応じてそれに答えた。

また私は、Aの両親が親の助けなしでAを育てざるをえなかったことを踏まえて、Aはいわば祖父母に当たるスーパーヴァイザーの存在のように十分な支えが私にあるのかどうかを知りたいのだろうと解釈した。彼女はこれに直接応えなかったが、私たち二人の間の人種と国籍の違いに改めて気づいたかのように驚いた。Aは結局、「この機会を破壊しないで」やってみることに決めた、と言った。彼女の治療は、その週に始まった。

Aは非常に複雑な背景を持つ患者であり、私のような外国の訓練生が彼女

のことを理解できるのかどうか心配したのは、自然なことだった。彼女の驚きと疑問は大きく、また、彼女は自分には偏見がないと思っていたので、自分の反応にもショックを受けていた。

しかしながら、彼女はすぐに文化的な差異に対する人類学的な関心を示し、非常に濃密な素材をセッションに持ち込み始めた。彼女は、セッションの間にも私との内的な対話を繰り返しているようだった。その結果、奇妙な雰囲気が作り出された。私たちはAの恐怖と迫害感について話し合っているのに、そこには切迫感と緊張、そして何か馴染んだ感じが混ざっていた。Aはいくつかの夢を報告したが、それについて私が何と言うかを知っていると考えていた。つまり、Aは私が彼女と同じ視点から物事を見るだろうと想定しており、そうすることで、治療開始時の不安の明らかな源だった二人の間の文化差・人種差を、万能的に消していた。彼女がそれをどのように行なおうとしていたのかを例証するために、治療の第3週の最初のセッションを取り上げたい。

● − セッション 1 ── 第3週、月曜日

Aは時間通りに来て、ゆっくり歩いて入室した。彼女は、週末に背骨を痛めた、と言った。彼女はいつものように寝椅子に向かわずに、体を支えるのに椅子が必要だと言って座った。彼女は、セッションの終わりを5分前に教えてほしい、起きて身づくろいするのに時間がかかるから、と言うと、寝椅子に横たわった。

それからAは、背骨を痛める前に見た夢を報告した。

「私は夫といて、2つの部屋の中仕切りを取り除いて1つの部屋として使っていた。そこには新しい戸棚が2つあり、その1つには私の美しい銀食器があった。もう1つには日本の版画が入っていたが、それは私の好みではなかった」。

Aはこの夢を、空間を作り出すことに関係した良い夢だ、と考えた。それからAは、これまでに見た夫の出てくる夢について話した。そこでは夫が、自分はAの夫ではない、といったひどいことを言うのだった。それに対し

てAが「いいえ、そうです」と言うと、夫はAを罵り始めるのだった。現実には、夫はAにそのような発言をしたことはなかった。Aは過去の夢と先日の夢を対比して、治療者との関係は安全に感じられる、と言った。

　Aはさらに説明し、夫が日本版画を所蔵していたこと、自分がこの治療を開始した頃に日本人女性から指圧を受け始めたことを話した。その点についてAに話すよう促すと、Aは言った。

　「治療者のスタイルは、私が前から知っている流派と違う。体に一切触れないのも変な感じだし。他の治療者たちと違って、目線も合わせないし。質問する代わりにコメントを言うところも」。

　治療者は面接の冒頭では、Aの被った背骨へのダメージに驚き、痛みに耐えてゆっくりと動くAを、息を呑んで見守っていたが、彼女が夢を報告し、それに説明を加え連想をあれこれ述べた時点では、何か「物」のような扱いを受けている感じがしていた。治療者は、〈夢の中の日本版画が嫌いなように、私のやり方が好きではないのでしょう〉とコメントした。Aはそれを否定しなかったが、治療者を褒めるようなことを述べ続けた。治療者はそれを次のように解釈した。

　〈あなたは治療者といると安全と信じたいけれども、週末治療者が不在のときに背骨を痛めたことも伝えている。おそらく、治療者が背骨を痛めずにあなたの重みを抱えられるのかどうか、心配なのでしょう〉。

　するとAは不安げに、よく聞こえなかったのでもう一度繰り返してほしい、と言った。そして、「言葉に気をつけないと……背骨を痛めたのは、このところ大丈夫だと友人に言った後すぐだったから。治療者は抱えられるでしょう」と言った。

　Aは立ち上がり、自分を安心させるかのように動き回って、次のように言った。

　「私のGP（家庭医）には感謝している。彼は私のことを真剣に受け止めてくれた。それに私は整体も始めたし。これまで心の中で夫にずっとしがみついてきたけれど、実際に結婚していたのは8年間だけだった。彼が死んでから、もう10年以上経っている。彼へのこだわりを止めるときだと思う」。

治療者は、Aが誰か内側から彼女を支えてくれる人を求めていること、しかし治療者に重荷を集中させ過ぎないように他の助けも得るようにしていると解釈した。Aは直ちに賛成した。それが面接時間の終わりだった。

　セッションの中でのAの心は、2つの両極端な状態にあるように見えた。その1つでは、彼女は脆弱であるにもかかわらず自分を保持しなければならなかった。別の言い方をすれば、彼女の心の中の内的対象は、Aがそれに依存するには脆弱過ぎた。Aはあたかも自分の面倒は自分でみて、私が終了を告げる瞬間に去るべきであるかのように振る舞った。しかし同時に、私を脆弱と見なすのは彼女に耐え難いことのようだった。彼女はそれを分裂排除して、私についての理想化された見方を保持した。もう1つの心の状態では、私は彼女の夫であると見なされた。彼女は治療の開始を一種の結婚と見なしているようだった。夢の中の銀食器はおそらく引き出物を表している。Aは、外国人の私を最初の頃怪しんでいたことについて、すっかり気に止めなくなっていた。夢が描出したように、彼女は私たちの間の仕切りを取り除いて興奮した。私は、彼女と異なることも離れることもない存在になっていた。Aはその夢が空間をつくることに関係していると言ったが、それが治療の中でどう使われるべきなのかは彼女次第であり、私には何の空間も提供されなかった。私は彼女の夢の中で実質を失い、印刷物のように薄いものにされた。夢は、彼女が「私はあなたの夫ではない」と伝えられることを、暴力的で破滅的に経験する可能性を示している。その一方で、友人との会話のエピソードからすると、本当に予想外のことや驚くべきことは何もない、と彼女は信じているようだった。だから、私はAに何を言っても、あたかもそれが前から彼女の心の中にあったかのように、彼女は自分の中へと吸い込んでいる可能性があった。私がいそうな場所は、すべて彼女の空間の中にあるようだった。
　Aには、劇的でロマンチックで神秘的なものを好む傾向があった。これは彼女の治療者である私にとって、ある種の問題を引き起こした。彼女はしばしば、命・死・幽霊・破壊といった壮大で抽象的な言葉を使用して、偽りの深刻な雰囲気を醸し出した。それらの言葉は、Aの内的世界と関連はしてい

たけれども、同時にその言葉の遣い方によって、私たち二人がリアルに接触することを困難にしていた。時々、彼女は面接室の中で、カウチから椅子やフロアへと動き回った。これは、何が起こっているのか、何が本当で何は本当ではないのかを、私が理解するのに影響を及ぼした。

　当初、私は彼女の行動の各断片を追うことになりがちだった。しかし、内容や象徴の分析は情動的な根拠がないようであり、明確化につながらなかった。彼女が怒っているように見えるときでさえ、どの程度まで彼女が感情を表していて、どの程度までＡのパフォーマンスおよび万能的な支配の一部なのかを知るのは困難だった。私はＡの中では、彼女がそこまで私に合致するので歓喜することになっていたのだろうか、それとも、混乱していて現実の違いが分からないことになっていたのだろうか。Ａの以前の治療者は同性愛者の男性で、AIDS で亡くなる前にはＡに看病されるようになったとのことだった。私がＡに解釈として、〈あなたは自分が実際に感じていることよりもむしろ、私があなたに言ってほしいとあなた自身が思うことを私に話しているようだ〉と伝えると、彼女は混乱して、私がＡに何を期待しているのかはもう分からない、と怒りながら言った。しかしながら、彼女は私の解釈を、そういう意味を伴う内容としては受け取らなかった。Ａは、あたかも私が彼女の理解力不足を批判したかのように、Ａを辱めていると感じたようだった。

　こうした状況でスーパーヴィジョンは、セッションの中で二人がどこにいるのかについての理解を提供し、私が刺激的な冒険に乗り出すのではなく、実際的で日常に関わる感情と解釈に留まることを助けた。例えば、Ａが面接室の中で動くようになったのは背中の痛みが始まってからのことであり、もともとそれは、彼女がどうしたら身体的にも精神的にも支えられることができるかを純粋に探そうとする試みと思われた。しかし時間が経過して彼女がこれを繰り返すにつれて、それは一種のパフォーマンスとなった。それでも私は長い間彼女に沿って、繰り返しそれを、おそらく単調に解釈し続けた。スーパーヴィジョンの中で指摘されたのは、私がＡの振る舞いを一連の行為として見ていて、それが生み出している効果の方に注意を向けていないこ

とだった。言ってみれば、私は木を見て森を見ていなかった。その意味で、スーパーヴィジョンはしばしば「第三の位置」、つまり患者と私との間で起きていることをより客観的に見渡すことができて、その助けによって私が理解を発展させることができる場として機能した。この点については後で、Brittonの考えとの関連で詳しく述べることにしたい。

4 垣間見られた現実

　私は、特定の種類の解釈をする際にとりわけ存在する困難に気づき始めた。それは、振り返ってみれば自明の解釈だったように見えた。それが最初に起きたのは、初めてのイースター休暇の後で、Ａの友人がＡのビジネスの相談に乗ると約束していたのに、彼は妻と娘のことで忙し過ぎてそれが果たされなかったと、Ａが怒りと失望とともに私に伝えたときだった。その友人は、Ａを自宅に招きはしたが、Ａがビジネスの話を持ち出す時間を与えず、夜は家族と寝てしまった。結局彼と話す時間は翌日の帰りの電車を待つ駅での10分しかなく、しかも彼は「公私混同につながることはできない」とＡに話した。私はこれを解釈して、患者が私によって捨てられたと感じているという線で述べて、おそらく子どもがいるカップルの一員である私によって捨てられたとＡは感じている、とは解釈しなかった。私はこのような省略を続けたので、結果として、唯一本当に重要なのは結局のところ、面接室の中のわれわれ二人であり、われわれの関係であるという彼女の信念に、私が挑戦しないことにつながったように思われた。私はこの主題をしばらくたどって、彼女の反応が私の家族に実際に赤ん坊が誕生したことで極致に達するところまで見ることにしたい。ここには事態を紛糾させた複雑化要因があるのだが、Ａのエディプス状況を例証するために次のセッション素材を用いる前に、それについて記述しておく必要がある。

　２カ月後のクリスマス休暇のスケジュールをＡに伝えたとき、私は、計画された３週間の休暇に加えて、もう１週間１月に休む可能性があると伝えた

（外的現実では、それは私の妻がその頃に出産を見込んでいたからだったが、そのことは患者に伝えなかった）。それはもっと早く、つまり計画された休暇の期間中に起きる可能性もあったが、私は突然のキャンセルを避け、準備の期間を持つことができるように、休暇の追加がありうることを予告することを選択した。

　私の通知は、治療の中での参照点となった。すなわちそれは、私たち二人から独立した外的現実——これも「第三の位置」である——を浮き彫りにし、それに関して作業する、より明瞭な機会を提供した。振り返ってみると、それはAにとって時期尚早の外傷的な分離でもあれば、じらされる経験でもあったことだろう。

　私の予告を聞いてAは最初、私のスケジュールをもっと早く知ることで自分自身の休暇を延長できないだろうかと思った。それからAは、自分が事前に知ることができてもできなくても、自分はもう1週間休むことができる、それだけのことだ、と言った。私は、Aが私の予告が何を意味しうるのかを考えることには乗り気でないこと、状況をコントロールすることでその衝撃を消そうとしていることを取り上げた。Aは、これまで治療者はキャンセルをしたことがないのに、今回は予告したということは、冬休みが現実に1週間延びることを意味すると思う、と言った。Aは、私が学会に出るのか、私の妻がお産をするのだろうかと思った。それこそ、私が休暇を延ばすかどうかをはっきりできない理由に違いない——Aはこのように正確な推測をすると、自分の知ったことではないと言ってそれを脇にやった。セッションの残りの時間、Aは自分に何の関係もない私の家族関係が、Aの心の中にもセッションの時間にも侵入したことに腹を立てた。

　翌日、Aはいつになく笑顔で、物分かりが良かった。彼女は、自分が前の日にどれほど怒り狂っていたかに驚いている、と言った。Aはセッションの後に、Sという以前恋愛関係にあった男性と会い、Aを一人占めしたいと言われていた。彼女はこのことを、私に対する自分の所有欲や潜伏した烈しい反応と苦もなく結びつけた。さらに彼女は誘惑的で勝ち誇った調子で、私にキスをする空想をしたと認めて、自分がいかに「いい人」「親切な人」「素晴

らしい人」として孤立するかを強調して終えた。

　私の予告によって引き起こされた前回のセッションでの彼女の憤怒は、自分の誘惑力へのＡの確信を強めることに転換されたように思われた。また、私は妻のところに逃げ込んだ弱い男として捨てられていた。その後、私はしばしばＡによって締め出されるか、欲求不満のままに残されるようになった。Ａに届くことは、前にも増して困難となった。ＡはＳと寝て、私を軽蔑した。私がこのことを取り上げると、彼女はただ否認するか、残酷に攻撃し合う関係に私を引き込もうとした。

　しかしながら、クリスマス休暇の１週間前に、不安がＡの心に戻ってきた。彼女は、私の家族の中で起こっていることについての自分の空想が真実だったとしたら、私にはよいことかもしれないが、眠りを妨げられてＡに集中できず、Ａにとってはひどいことになるだろう、と心配した。

　３週間の冬休みが明けた最初のセッションで、Ａは、私から再開の延期通知を受け取るかもしれないと想像していたけれども、そうならなくてよかった、と言った。セッションの中では、Ａは身体の具合を気にかけていて、腹痛のことを描写した。Ａは、お腹が一杯にも空にも感じた。私は、Ａが私の妻に同一化して空想の中で妊娠しているのだろうかと思った。次のセッションでは、Ａは自分が黒いガードマンに２度殺された夢を報告した。それがＡの思い出したすべてだった。彼女は続いて、睡眠不足を訴えた。私は彼女に、休暇を延長せずに通常通り来週も会うことを伝えた。Ａの瞬間的な反応は、それを聞いて安心したというものだった。しかしすぐに、Ａは私を気の毒がった。Ａは、私には病気が重い親戚がいて、もう助けになることは何もできない立場にいる、と想像したと言った。

　では、冬休み明けの最初の週の第３セッションについて詳しく述べたい。

● ― セッション２ ── 冬休み明けの最初の週の第３セッション

　Ａはいつものように時間通りに来たが、横になってから数分間黙っていた。それからＡは低い声で言った。

「何も感じない（フラットに感じる）……何も言うことはないみたいな……昨日アナウンスを治療者から聞いたけれど、情報になったというより空想の余地が広がったという感じ……」。
　少し間を置くと、続けて言った。
「休みを余分には取らないと聞いた途端に、安心した。でもすぐに心配になり始めて……まるで治療者か親族を心の中で病気にしないと気が済まないみたいに。1つ片付くとまた別の問題……とにかくフラットな感じ」。
　そこには、悲しみの感情があったが、それとともに治療者はAの言葉に具象的な含みがあると感じて、解釈した。
　〈妊娠の空想をなくしてからフラットになってしまったようですね〉。
　Aは肩をすくめて言った。
「あなたの奥さんが休み中に赤ん坊を産んだことが分かった、というだけのことでしょう。治療者の人生に何が起ころうと、私の知ったことじゃない。どっちにしたって、個人的なことは全然聞かないから」。
　Aは、友人のSが自分に返事をよこさないことへの不満を言い続けた。彼女は苦々しく感じているようだった。それからAは、コンピュータ社会人教室での経験を話し始め、講師がいかにひどいかを描写した。Aは途中で出てしまうところだったが、何とか最後まで留まった。Aは友人の一人から古いコンピュータをもらったが、まだスイッチも入れていなかったのだった。Aはクラスの中で自分が遅れを取っており、コンピュータを使い始めるべきであることに気づいていた。彼女は自分を安心させるように、「私はクラスで人気があるの。講師も私のことが好きだし」と言った。しかしながら問題は、講師が受講生たちに「スプレッドシート」についてのソフトウェアを練習させようとしていることだった。Aは、それがどれほど難しくても他の生徒たちがやっているように自分もできるべきだと思ったが、資格や仕事のために受講しているのではなく自分のためだけだから自分はそれを習わない、と文句を言った。講師は、それがデータベース処理のためのソフトウェアを習うのに必要な一段階だ、と説明した。Aは、「それでも私がやりたくないと言ったら？」と質問した。講師は、「次のデータベース処理のソフトウェアを練

習させてあげますよ」と言った。

　治療者は、〈治療者の周辺で何が起こっているのかについて考えないためにＡが心のスイッチを切ったらしい、治療者は講師のように段階を追って話しているが〉と解釈した。Ａは言った。

「もちろん私は誰のことだろうと、スイッチを切りますよ。自分がどう感じているか分からない。多分、治療者の休暇の影響が今出ているんでしょう。分からない……休みについて、こんなことを自分が感じるようになるとは思ってもいなかった。少し悲しいような……でも治療者は戻ってきていて、治療も始まっているし、もう３日目だし……こう感じるものなの？　治療のプロセスをもっと信頼すべきなんでしょう？」。

　Ａは、自分が経験していることに耐えているようだった。治療者は解釈した。〈子供のことはともかく、Ａは治療者の身に起こっていると想像したプロセスに、もう自分が関与していないと感じている〉。

「そう……それは正しいし、いつもそうだった。自分が関心を持った男性が結婚していたと分かったときはいつも、直ちに身を引いて興味をなくしていた。私は治療者が結婚していることは最初から知っていたし。私には壊れることしか起きない。誰とも関わり合いたくない。フラットに感じるけど何か重苦しい……噴火口の頂上にいるみたいに。私は治療者に属しているように感じない……そんなこと感じる必要ないんだけど……」。

　それに対して〈身を遠ざけないと、ひどく傷ついてしまう〉とコメントすると、Ａは賛成して涙ぐんだ。Ａは、自分が非合理的で怒りで満ちていることを語った。

「治療って何なの？　私はどうなったって治療者には意味がないんでしょ？　意味があるだなんて、どうせ200万年経ったって言いっこないし、言われたところで信じないし。だから、気にしたところで何にもならない。治療者には引っ張られたり押しのけられたり、何度したことか。私は信じない。……でも、自分が間違っていることを知っている。本当に子供っぽい……」。

　それからＡは、面接が長く感じられると言った。治療者は、Ａが爆発しそ

うでもうこれ以上掻き乱されたくないのだろう、と言った。Aは、この週末を一人でどう過ごそうかと考えた。おそらく、コンピュータに向かっているのでは、と思った。治療者は、〈Aが自分の情緒を断ち切りたいのだろう〉とコメントした。Aは賛成し、友人には自分がどう感じているか言えそうにないから、と言った。それは、Aの気持ちが自分の子供時代および治療者に強く結びついていたからだった。そこで面接の終了時間となった。

　まず、素材がどのように展開したのかを、上に記述したセッションに先立つ場面を見ることで吟味したい。そこでは私は、Aの素材に関わりなく、Aにとって重要なのは、そこに私たち二人のみが存在することであるという状況に、絶えず引き込まれる経験をしていた。最初の休暇の後のAの反応についての私の解釈は、重要な点で限界があった。私は、自分がAの話の中にカップルと子供が存在していることを取り上げて解釈するのを避けていたと気づいた。私の側のこの省略は、実際に通常より長い休暇を取ることに対して、私が罪の意識を感じたためだったかもしれない。しかし振り返ってみると、Aに沿って進むことで私は彼女に同一化して、自分の心の中の家族との結びつきを回復できなかったように思われた。また、私の中で家族を巻き込まず保護するような無意識の願望が働いていたのかもしれない。その結果、私はAと共謀して、治療者としては無力になったということだった。
　私がAに私の現実の一部を提示するごとに、彼女は自分流の現実を何とか手に入れて、それが侵害されるのを許そうとしなかった。これは数え切れないほど何度も起きた。その一例は、私が最初の冬休みの後で、さらに1週間キャンセルするかもしれないと伝えたことに、Aがどう対処したかである。はじめ彼女は、自分の休暇を優先させることで、私の言葉にどんな意味が含まれている可能性があるかを無視しようとした。しかし私の解釈に対して、彼女は正確に、私の妻が出産しようとしていると推測した。つまり、ある外的現実が具象的にセッションの中に持ち込まれた。彼女にとってその考えは非常に侵入的であり、私たち二人の親密さがそれによって侵害されたと感じ、激しく怒った。Aは、私が彼女をそれから保護せずに起こるままにしていた

ことを非難した。

　しかしながら、Aは謎の笑みを浮かべて次のセッションにやってきた。彼女は、前のセッションのせいで動揺しているようにも影響されているようにも見えず、むしろ満足していて自信がある様子だった。Aは経験全体を編成し直して、自分の憤怒と所有欲を取り除いてSへと投影し、勝利感に満ちた状態になって自分の優位性を再建したばかりでなく、何が起こっているのかを理解しているように見えた。彼女の理解は、自分の魅力への確信に基づいているようだった。Aは、私がどんな身振りをしようと彼女への真の愛のサインとして受け取り、私が妻の元へと逃げ込んだのは、内気に見せてそれをはっきり表さなかったからなのだと解釈していたのかもしれなかった。このようにして、受け付け難い、心を掻き乱す現実は消えて、より快適な出来事の想像と取り替えられた。

　それにもかかわらず、冬休みが近づいて、Aはより現実に触れるようになり、私の心の中に自分の場所がないことを恐れた。これはおそらく、彼女にとって排他的な二者関係の中にいないことは、どんな形でも何もつながっていないかのように感じられてしまうからである。実際には、まだAは私との三角状況の中にいるし、もともとそうだったのだが、排除は耐え難いことなのだった。

　休暇の後、彼女は「想像妊娠」の状態にあるように見えて、症例アナ・OとBreuer[2]のことが思い出された。アナ・OのようにAは私の夫婦関係に割って入り妊娠した女性になろうとした。Aにとって自分のお腹が一杯なのか空なのか不確かだったのは、赤ん坊がまだ中にいるのかすでに生まれているのかどうかが彼女にとって不確かだったことを反映しているようだった。彼女の促しに応じて、私はキャンセルがないという見込みを彼女に伝えた。Aはメッセージをはっきりと理解していたが、彼女はそれを否認して、私の家族の中で誕生が持つ含意を正反対の出来事、不治の病いへと逆転させた。おそらくこれは、Aがこの状況で何をすべきか分からないことにも関係していた。私が詳しく記述したセッションで、Aははじめ、否認し続けるために、私の周辺で起こったらしいことは、誕生ではなく病気に関係しているという線で

考えることを維持しようとした。彼女は妊娠しているという空想を失ったことを私が解釈したとき、彼女は直ちに外的現実についての知識を回復したが、素っ気なく私にそれを投げ返し、自分とは関係のないものとして却下した。

しかし彼女はそれよりもさらに振り返ることができるようになった。続くエピソードは重要だった。Ａは、講師が進んで教えようとしているにもかかわらず、新しいソフトウェアを習うのを非常に嫌がった。彼女は自分用のパソコンを入手しており、それを使い始めるべきだったことを知っていたが、コンピュータのスイッチを切ることに決めて、みなから好かれているからという理由で自分を安心させた。私は、赤ん坊の誕生とＡがその出来事から締め出されていることを念頭に置きながら、彼女にある現実理解の困難とそれに対してスイッチを切るという彼女の防衛を取り上げた。そのときまでに私は、彼女が自分の状況をどう経験した可能性があるかについて考える心的空間を、自分の心の中に回復していた。私が彼女から感じる圧力はぐっと軽減して、私は自分自身の考えを持つことができた。つまりは、私は混乱せずに、彼女の情動的状態を識別することができた。

そうすると、新たな考えも私に浮かぶようになった。表計算ソフトの「スプレッドシート（spread sheet）」から、Ａが締め出されているが好奇心を持っていることを否認している両親のベッドに広げられたシーツが連想された。その意味でそれは、Ａにとって治療におけるエディプス状況がどのようなものだったのかについても、明らかにするところがあった。

Ａは、焦点をそこからクリスマス休暇によるかもしれない影響へと移そうとしたり、私とは親密な関係を持っていないことを本当に知るようになることの衝撃を、彼女がどの関係でも経験することをいつも予想してきたことへと一般化しようとしたりした。しかしながら、Ａの傷つきと怒りの感情はセッションの中で徐々に現れた。それは、彼女が立ち去りかけたコンピュータ教室で感じたこととして表された。彼女は憤怒ばかりでなく、抑鬱的な痛みにもっと触れられるようになった。彼女は、現実を認めることと激怒に駆られることの間で苦闘しているようだった。言いかえれば、Ａは私が彼女との関係以外にも関係を持つことを許容し、そうすることで、自分自身が私に

対して憎む感情と愛する感情の両方を持つことを許容しようと努力した。そこで彼女は私に背を向け、自分の情緒を切り離し始めた。「傷つき」はおそらく控え目な表現で、実際には衝突でありＡの世界の崩壊だった。その結果、彼女の周りには誰も残っていなかった。

　このセッションではＡは、抑鬱ポジションの閾、つまり自分が愛着する対象の独立と、それに対する自分の両価的感情を認めるところにより近づいた。彼女にとってそれは喪失であるばかりでなく、内的状態を回復する過程の始まりだった。実際には、彼女がそれを維持することは非常に難しく、続くセッションで彼女の心の状態はしばしば、気分を害しているか空想に耽るかのいずれかに退却した。とはいえ、垣間見られた現実は、彼女にとっても第三の位置として機能し、Ａが自分自身の感情に、より自由に近づくことができるようにした。

5　考察

　Britton[3]は、精神病的な破綻歴のある患者との面接で当初、何が起きているのかを知るために、その場での相互作用のやりとりから身を離し十分な距離を置こうとすることが、いかに困難に思われたかを記述している。Brittonが報告している女性患者は、考えようとする分析者の試み、すなわち、分析者が自分の心の中で患者以外の第三の対象とコミュニケーションすることを、耐え難く感じた。というのも、それは彼女にとって自分を締め出す両親の交わりの一種として経験されたからだった。この耐えられないことによって、「そこから対象関係を観察することができる」第三の位置を欠いた分析状況が作り出された。Britton[3]は書いている。

　「これが与えられると、私たちは、観察されることも心に描くことができる。このことは私たちに、自分が他の人たちと交流しているのを見たり、自分自身の観点を保持したまま他の見方を考慮したり、自分自身でありつ

つ自分を振り返ったりする能力を提供する」

　この能力こそ、重篤な障害を持つ患者がほぼいつも欠いていると思われるものである。Britton はそれが、母親の包容（maternal containment）の失敗の結果であると示唆している。
　私が記述した患者も、同じ問題を抱えていると思われる。それはつまり、私も A の投影同一化によって、何が起きているのかを理解して患者に語りかけることができるような第三の位置を見出すのが困難だったという、同じ問題を抱えていたことを意味する。私が記述した第 1 のセッションでは、私たち二人が同じ部屋にいながらもそれぞれが自分自身の心を持つことは、不可能と思われた。彼女が場面を支配したなら、私には場がなかったし、私が自分自身の心を持ったならば、彼女にとっては「私はあなたの夫ではない」と伝えられて、悲惨な状況に陥ることに等しかった。あるいは、彼女が躁的に否認したことによって、いずれにせよ彼女には、私は自分自身の心を持っていないことになっていただろう。私が報告した 2 つのセッションの間のあるとき、彼女は、1 軒の家に 2 つのオーヴンがあるのはなぜなのか、またなぜ私は彼女のものを使わないのかと思った、という夢を見た。私はオーヴンを、二人の心として理解した。この夢は、彼女が 2 つの心の存在は知っているが、私のものは無視してよいと感じていることを示唆する、と言うことができるだろう。
　そのうえ、私は二人の間で何が起きているのかを見るには当初、彼女に巻き込まれ過ぎていた。Britton は、そのような患者と作業するためには、考える空間を見出す必要があることも指摘している。そして彼の方法は、患者に彼が彼女の観点をどう理解するかを伝える一方で、自分自身の中で自分の経験が展開するのを認めて、それを自分に向けて表現することだった。
　私にとっては、スーパーヴィジョンが第三の位置として機能することが多かった。それは実際の対話を通じて私に、セッションを概観し明確にする表現を提供した。一般にスーパーヴィジョンでは、治療者とスーパーヴァイザーは、患者についてその不在の中で考えるための、すなわち患者の情動状態に

ついて「夢想」▼1をするためのカップルを形成する。このカップルは、患者を直接関与させてはいないので、二人は別の観点を考慮することができる。そしてそれが治療者の、患者との先々の仕事の助けとなりうる。これは、治療者が患者の面前にいる際に、自分が保持したい内的な心の状態でもある。

精神分析は心的空間を育成する。そこには、自分が相手とどう関わっているかを観察する第三の位置の内在化が含まれる。実際のセッションでは、この第三の位置は容易に失われる可能性があり、努力を通じて再び見出される必要がある。アナ・Oを治療していたBreuer▼2は、患者が彼の赤ん坊を想像妊娠したのに直面して、妻と第2のハネムーンへと逃げ出したと言われている。これは、第三の位置を具象的に回復するための彼の方法だったかもしれない。それはあたかも、Breuerはアナ・Oによる強力な投影同一化によって患者とのカップル関係を経験した後で、アイデンティティを失ったので、自分が本当は誰と結婚したのかを確認する必要があったかのようである（実際には、Jonesによるこの説とは別の説の方が有力だが、治療関係の心的現実としては、今でも真実性を有している）。

本章で提示した第2のセッションに先立って、私は患者をどこに位置づけるのか、困難を経験していた。時折、私が取り残されていると感じたとき、彼女は自分自身の心の状態とカップルを形成したようだった。面接をキャンセルする可能性があるという私の予告に含まれた外的現実は、治療の中で突出することとなり、第三の対象となった。この問題に一定の期間にわたって取り組んだことによって、私は何処にいて何をする誰であり、逆転移として何を感じているのかを明確にするための空間を、よって患者は私と異なる何処にいることになるのか、より明確に気づくための空間を、私の心の中につくることを助ける第三の位置がもたらされた。

私の家族に赤ん坊が誕生したことはAの心に特に、彼女が締め出される早期エディプス状況を突きつけた。はじめ彼女は、それを否認しようとした。それが否認し難くなったとき、彼女は空想の中で、お産をする私の妻に同一化することによって出来事に加わろうとした。この空想は、現実が現れると瓦解した。この時点で、現実の出来事はAにとって、彼女が何処にいて何

をする誰なのかを知るのに役立った。つまり、それは彼女にとっても第三の位置として機能した。そこでAは、私との関係から引き離されたと感じた。事実、彼女はもはや私との対の関係の中にではなく、三者関係の中にいた。これは彼女にとって破綻であり、彼女に私の心の中での自分の場所を失うと感じさせた。Aは自分の激怒と抑鬱的な痛みと戦わなければならなかった。このように、「第三の位置」はAに対して内的にも外的にも1つの現実を、すなわち一時的に過ぎなかったにせよ自分の情動状態とのより良い接触を提供した。

　Aがエディプス状況の解決に失敗したこと、そして彼女にはそれが困難だったのは、Aの由来を反映しているだろう。彼女は、1週間休暇を延長する可能性があるという私の予告を、時期尚早の外傷的な分離として経験した。そして彼女は、合体する同一化によってそれに対処しようとした。これは、彼女が誕生後まもなくキブツに送られたという生活史と、彼女のそこでの経験に関連しているかもしれない。Britton▼3は、エディプス的な三角状況を破滅的なものとして経験する人々にとって、母親の包容の失敗が先にあっただろうと示唆する。このことは、対象との自己愛的な融合を試みる私の患者にも当てはまるように思われる。Aが語るところでは、彼女の親対象は自分自身に引きこもり、互いに相手に対して辛辣である。ここでは、母親の包容つまり「夢想」との関連で、Bion▼1を引用するのが適切かもしれない。

　　「もしも授乳する母親が夢想を許容できなかったり、夢想が許容されるが子供やその父親への愛情と結びついていなかったりしたならば、その事実は、たとえ乳児に理解できないことであっても伝わるだろう」(p.36)

これは私の患者の内的な早期状況だったかもしれない。おそらくは外的にも。Caper▼5は、「〔赤ん坊の〕父親への……愛情」を「夢想」の過程全体の必須の構成成分として強調している。愛情の結合によってパートナーとの親カップルを形成する最初の対象が不在状態の中で患者は、夢想の代わりに自分の万能的な空想を解決策とし、自分で親の役割を担うという方法に訴え

ように思われた。その結果、現実を前にして破綻を避けられず、成人生活での数多くの対象喪失の喪を行なうことに失敗して、患者はメランコリー状態へと陥ったと考えられる。

▶ 謝辞

M・パトリック先生のスーパーヴィジョンによる患者理解のための援助と、J・ミルトン先生、M・パパダキス先生のこの論文へのコメントに感謝します。

▶ 文献

(1) Bion, W.R.（1962/1984）*Learning from Experience*. Maresfield Reprints. London : Karnac Books.（福本 修＝訳（1999）経験から学ぶこと．In：精神分析の技法 I——セブン・サーヴァンツ．法政大学出版局）
(2) Breuer, J. and Freud, S.（1893-5）Studies on Hysteria. In : *S.E. II*.
(3) Britton, R.（1989）The missing link : Parental sexuality in the Oedipus complex. In : J. Steiner（Ed）*The Oedipus Complex Today*. London : Karnac Books.（福本 修＝訳（2004）失われた結合——エディプス・コンプレックスにおける親のセクシュアリティ．In：現代クライン派の展開．誠信書房）
(4) Britton, R.（1998）*Belief and Imagination*. London : Routledge.（松木邦裕・古賀靖彦＝訳（2002）信念と想像．金剛出版）
(5) Caper, R.（1997）A mind of one's own. *Int. J. Psycho-Anal. 78* ; 265-278.
(6) Klein, M.（1946）Notes on some schizoid mechanisms. *Int. J. Psycho-Anal. 27* ; 99-110. And In : *Writings of Melanie Klein Vol.3*. London : Karnac Books.

第3章
クライン派から見た抵抗と治療

1 はじめに

　今日「治療抵抗」について論じることは、Freud が精神分析の創設期に持ち出した「抵抗」という基本的な概念が、現代ではどのように用いられ、どういった意義を有しているのかを確認しようとする試みになると思われる。その臨床現象が特にクライン派でどう捉えられているかという問いは、それが彼らの頻用する主要概念ではないだけに、興味深いものがある。しかしその分、相違は〈心〉のモデルや治療についての考え方に由来するので、本質にまで遡って問題を吟味・再構成しなければならないだろう。従来、「抵抗」は技法論の中で扱われることが多く、クライン派の議論が乏しいのは、彼らによる技法書がほとんどないことも関係している。実際、総合辞典的な Etchegoyen▼2 によるものを除けば、あとは Bion の著作のみのようである。Bion は「記憶なく欲望なく理論なく」（"no memory, no desire, no understanding"）と言ったことで、いわば技法の窮極を提示している。しかしそれ以外にも方法を具体的に述べている箇所はあり、例えば彼は『変形』▼1 の中で、分析者が解釈する時機を、その解釈に対して患者が示す抵抗を分析者が意識したときであると指摘している。だがこれは Bion が精神分析総体をメタ心理学的に捉えようとする探究の一局面なので、また別の機会に取り上げることにしたい。
　クライン派の特徴は、「抵抗」という患者一者の中での出来事としてより、病理的関係の再演や治療の「行き詰まり」として問題を、転移－逆転移

関係の中に反映される内的対象関係にあるとすることである。その論考は、Rosenfeld▼5、Steiner▼6 たちによってなされているが、以下ではクライン派における概念構成の全般的な特徴を論じることにする。

2 クライン派と「抵抗」に代わるもの

　Freud とクライン派の間には、次のような際立った対比があると思われる。Freud の「抵抗」概念は、初期の神経症の力学的モデルに由来する。その根幹には、ある接触点で特定の情動内容を抑える力が勝った「抑圧」状態がある。それに対してクライン派は、より早期の〈心〉のモデルを提唱した。その根幹にあるのは、物理的・身体的接触なしに接触の無意識的空想を可能にする、「投影同一化」である。周知のように、分裂・投影同一化を中心とした部分対象関係（妄想分裂ポジション）の世界は、理想化と迫害の極端な二極化や良いものと悪いものの間の混乱で占められている。そこでは、耐え難い部分は接触が回避されて〈心〉の外へと排泄され、良いものは理想化されて自己の一部へと取り入れられる。つまりすっかり切り離されているか自分の一部と化しているために、古典的な力学的図式は成立せず、内的・外的現実は見失われがちである。そこで第一に治療的な課題となるのは、失われた**情動的接触**（*emotional contact*）を回復することである。

　この情動的接触という概念は、古典的エディプス論に対する早期エディプス論に似た位置にある。すなわち、古典的エディプス関係が、成熟し発達の進んだ対象関係のひとつの在り方であることが明らかになったように、古典的な「抵抗」は神経症構造あるいは全体対象の三部構造（エス・自我・超自我）に伴うものであり、それに先行して、多様な情動状態と対象関係が見出されるのである。また、物理的・身体的接触に対比される心的次元にあるものである。

　その具体的な現れは、投影同一化による交流の場面である。クライン派が考える基本的・原初的な接触は、母子間のこうした水準での無意識的コミュ

ニケーションである。接触の原初の在り方では、母子はほとんど同体であるか、懸け離れて失われたかのように感じられる。乳児的自己は、そこで包容（contain）され聞き取られること、意味ある経験として分節化されていくことを求め、成長の機会とさまざまな困難に出会う。投影同一化にも自己側・対象側の要因が複雑に絡んで、伝達的で容器（container）を求めているのか、支配的・破壊的で防衛的側面が強いのかに分かれる。クライン派による精神分析の基本姿勢は、乳児的自己の依存的転移とそれ以外の防衛的・病理的対象関係を、実感に基づいて見分けて解釈していくところにある。よって精神分析の訓練は、乳児観察から始まる。抵抗現象に通じる病理の問題は、クライン派の中では歴史的には陰性治療反応、羨望の議論から、破壊的自己愛、近年の病理的組織化論へと連なっていく。

　しかし情動的接触の重要性は、早期エディプス論と違ってほとんど活字化されず、訓練分析とスーパーヴィジョンを通じて伝えられてきた。だがこれはあらゆることの基本であり、関係の早期形態として多様な在り方を包含している。抵抗は、自己あるいは対象のある部分ともう１つの部分との間の、困難な接触の一例である。接触の回復つまりは異質で関わりがなかった／妨げられていた部分の交わり（intercourse）から、新たな理解が生まれる。無意識を理解するとは、自己および対象の一部との接触を取り戻すことである。ただし、それは単に表面に触れることではなく、相手の質を実感することであり、貫入（penetration）としての洞察を、そして治療者側も相互形成的貫入（inter-penetration）を、つまりは分析的な交わり（analytic intercourse）を要する。それは、Josephの言う「全体状況」の理解である。というのは、接触の困難の背景には転移、対象関係、防衛組織といった諸問題があり、本当に接触を成立させるためには、それらを解きほぐす必要があるからである。情動的接触という概念は、生きた世界にきめ細かく触れ関わろうとする所作を指している。

3 抵抗の4つの局面

　臨床素材には、第2章と同じく女性症例Aを選んだ。この症例を取り上げるのは、スーパーヴァイザーが現代クライン派の分析者でもあり、筆者が情動的現実、セッションの中の交流、対象関係の実演などの理解を実践的に身に付ける助けとなったからである。次に臨床素材で検討するに当たって、筆者なりに以下の4つの局面を選んで論じたい。それは、"抵抗"に類した治療の進展上の問題を、情動的接触の在り方を中心に据えて再構成したものである。

(1) 経過上必然的に現れる類のもの——例えば治療開始時の不安と躊躇。そこにも先々の"抵抗"の萌芽は認められるが、主として治療への適応に必要な過程である。しかしここで接触点を見出せないならば治療の継続は困難で、適応の見極めにも関わる。また、治療初期に限らず、治療が深まる段階ごとに見られるのが自然であろう。

(2) 治療者と患者の焦点の水準がずれた、情動的接触の不成立によるもの——この場面は日常的意味では患者の"抵抗"に映るが、治療としては、真の情動が表現された発達的契機の捉え損ねが生じている。そこで理解するのが治療者の仕事であり責任であって、それをしなければ従前からの患者の対象と同じく、外傷的状況を反復する。これは間主観的な状況でもあり、相互形成的貫入（inter-penetration）の問題に関わる。

(3) 主に患者の内的状態を反映するもの——"抵抗"する部分を患者の中に同定でき、古典的抵抗として、患者のパーソナリティの諸部分間の葛藤を解釈できる。患者の中の"抵抗"勢力を取り上げるためには、解釈の足場となる情動を真に感じている部分と、その作業に関して同盟できる〈大人〉の部分の両者が、患者の中にある必要がある。しかしそれは実際には、移ろいやすい性質のものである。

(4) 患者の中に"抵抗"は見えないが、治療の進展がない状況——患者が

一見"洞察"を述べていても、実質的な変化がない均衡状態。それは、大量投影同一化（massive projective identification）によって治療作業の主体がどこかに（多くの場合は治療者に）投影＝排出されているためで、抵抗感は薄く、つまり手応えがなさ過ぎるので、手がかりとならない。この状態を理解するには、全体状況に目を向ける必要がある。逆にあからさまに拒絶的だったり引きこもったりしていても、同じことである。

1 — 経過上必然的に現れる類のもの

治療導入の部分では、経過上必然的に現れるものが見られている。

Aは筆者との予備面接で、再びアセスメント面接として会っていると想定しており、筆者が実際の治療者であると知って大いに驚いた。そして治療者に、スーパーヴァイザーは付くのか、ユダヤのことがどの程度分かるのかなどを問い質した。それに対して治療者は、養育を支持する祖父母がいるかどうかというAの不安を解釈した。これは結果的に、不安内容を直接に解釈している。しかし実際にスーパーヴァイザーがいるという保証もしており、それをあくまで伝えなかったならば、Aはこの解釈に納得せず、治療開始の合意に至らなかった可能性がある。続いてAは、自分自身がセラピストとして働いていたときは6回会って相性を見て続けるかどうか決めていたと言い、「どうしても違うと思ったら自分から止める、夫にも結婚のときにそう言った」と述べた。

こうした治療開始時の不安には、内的現実も反映されるが現実的な事情の関与も大きい。治療者は、現実的なバランスを模索して対応している。また、治療契約がない段階で「抵抗」と言うのは語弊があり、"躊躇"程度が適切な言葉と思われる。それでも、そこにAの内的世界を窺うことはできる。Aの不安は、対象が安定して生き残るかどうかに関わっている一方で、そこで自分がコントロールできることが重要であり、そのための性愛化（夫への言及）もすでに片鱗が見られている。

続く第1回セッションでは、Aはカウチに腰掛けて前回の不躾な言動を謝り、幼少時の記憶と母親との関係を連想した。Aはショックと不安を述べつつも、異文化の治療者を持つことについて文化人類学的な興味があると語った。だが治療開始の受け入れとは対照的に、Aはカウチに横にならなかった。情動的接触は、治療者と性急に知的に一体化するか、依存を巡る不安によって距離を置くか、という形で回避されている。予想外の日本人治療者を持つことになったことの余波は、Aが意識した以上に大きかったと思われる。第2回セッションの一部を引用する。

　　Aは、「横になることもできるが……目が合わなくなる（loss of eye contact）のは不安で……」と、最初腰掛けたままで話した。それから、「昨日はよく眠れず、1カ月前の夢を思い出した。その頃から治療を受けていれば……と思った。2つある、それを話したいけれども……このままでいいのか？」と聞いてきた。Aはかなりの躊躇と気持ちの揺れを述べてから、横になった。そしてすぐに、「変な感じ……目が見えなくなったよう……力が奪われた……恐ろしい……」と言った。〈私が見えないのがショック〉と治療者が言ったのに対して、Aは「そう、ショック……」と答えた。〈私を見ていることで、私を、この状況を自分でコントロールできていたのにできなくなった〉と治療者が言ったのに対して「そうではない、自分が傷つけられないようにするため……治療者が傷つけるわけもないが」と言ってから、Aは夢を描写し始めた。「キブツでAは他の子供たちといる。少年たちがバカらしい遊びをしているので外に出ると、地平線の向こうに男たちが来て、銃を撃つ……Aは驚いて、建物の中に逃げる。すると、黄色い蝶のような男性が保護を提供し、さっきのところに行かないか、とAを誘う。Aがついていくと、男は銃を取り出してAの尻を撃つ、Aは驚き銃を取ろうとする」ところで目が覚めた。Aは、自分の人生はいつも保護を得たと思ったら裏切られる、と連想した。次に、「10歳くらいの女の子が出てくる。Aは自分の娘ではないかと思うが、自分は今ぐらいの年齢になっている。その少女は左目が化膿しているが、手術をどうするか……いや、摘出手術の最中にショック死したと聞く、麻酔が使われなくて」という夢を報

告した。Ａは、自分も10歳頃に扁桃腺の摘出手術を受けたことを思い出した。それは医者3人に押さえつけられた、ひどい経験だった。治療者が〈今の状況との関連を考えているよう〉とＡに示唆すると、「しかし1カ月前の夢だから……」とつながりを認めなかった。そこで具体的に、〈保護とガイドを私が提供すると思ったら、横にさせられ裏切られたと感じているようだが〉と付け加えると、「それは昨日考えた、治療者はそういうことを言うだろうと」と答えた。治療者は内容豊富そうな夢を前にしても、1つの解釈は無関係であり、もう1つは前から知っているとＡに言われたので、取り付く島がないと感じたが、もう一歩踏み込んで、〈Ａが横になって見えなくなった不安を私に伝えたのに、それが続けられている苦痛が、2つめの夢の麻酔なしの手術のようなのでは〉と解釈すると、Ａは「自分は勇気を出して始めた」と言った。治療者は個々の夢の意味に焦点を当てるのはやめてＡの態度を取り上げ、〈Ａはあらかじめ、私が迫害的で自分はそれに勇敢に耐えると思っていたようだが、しかしそれでも恐怖感は全面的にはコントロールできない〉と伝えた。Ａは、「たしかに自分がそういう予想を持つのを変えるのは難しい」と言い、また少しやりとりをした後、面接終了の2、3分前に起き上がって靴紐を結び始めた。それはＡが身構えて、自分でまとめあげる行為のようだった。

この回では、印象的な夢が初めて語られている。そこにある豊富な象徴表現は、例えば黄色い蝶とは日本人治療者のことで、それも定住するわけではない人間として捉えているようであり、少女の化膿した左目は、Ａの内的世界が化膿していることを示唆していた可能性があった。それは、未知の状況に置かれた強い不安の中で伝えられたものである。しかしその一方で、複雑な夢に関してＡは、治療者の解釈を「そう言うと予想していた」と自分の理解の中に吸収した。否認された被害的不安と二極化して、Ａにはこうした自己愛的・万能的防衛があった。ここで治療者は内容解釈の水準では追究せず、被害的不安を防衛する万能的操作に言及し、それでもこぼれてくる不安に触れようとした。それがサバイバルの必要性からなのか、それとも抵抗の

色彩が強いのかは、未決定にしていた。

　このように、一つひとつのセッション、一つひとつの局面を詳しく見ると、そこには現実的成分と防衛的成分が織り混ざり、多様な情動が現われていることが分かる。それを、どのような対象とのどのような関わりから、どのように経験しているのか、患者ときめ細かくたどっていくことが、情動的接触を探究する精神分析の作業である。しかしこの段階では、多くのことはつねに未確定である。

2 ─ 情動的接触の不成立

　今垣間見たように、Aは根底に支えのない不安と空虚さを抱えていたが、それを直接取り上げても万能感に跳ね返されて終わるか、被害的な構えを強めることにしかならなかった。しかしAの主導に委ねれば、ドラマ化、神秘的なものの称賛、性愛化、価値下げなどによって、総体として起きていることは見極め難かった。そうした情動的接触の困難には、患者の防衛の強さが大きく影響しているが、治療者も、患者の内的対象と同じように振る舞ってしまうことによってそれに寄与する。次のやりとりはその例である。

　Aは、自分と治療者が持つ関係の性質について週末に考えた、と怪しい笑みを浮かべながら告げ、2回目の長期休暇（夏休み）を迎えつつあるセッション［#40］を始めた。そして、友人がAの治療者を知らずに日本人について話すのを、覗き見趣味的に聞いていたと話した。友人に一通りしゃべらせてから、実は自分の治療者が日本人だと告げると、相手は決まり悪そうにしたという。Aも、好奇心を満たした一方で悪いことをしている気がした、と言った。それから治療関係についての考えに戻り、「治療者には特定のラインがあって、理論に基づいているのだろうが、自分には子供の部分と大人の部分がある……」と言い、母親はいつもAを批判してばかりいた、と述べた。治療者が、〈覗き見をしたことを批判されないか気にしている〉とコメントすると、「そうかもしれない」と言って、友人が日本人の男はいかに悪い夫で何もしない父親か話していたことを披露した。治療者は、それほど気乗りが

しなかったが〈Aは週末一人でいて、私と過ごしている想像をした〉と言うと、Aは、治療者については空想だけで何も知らない、彼女には治療者が何か自分の物のように思われ、"Mine is kind" とは言ったが、別にパートナーとまでは思わないと反応した。それで治療者はほとんどやむなく〈私をパートナーとして押し付けられた感じがする〉と言うと、「そう感じる。私は父親のようなものは求めているが……」とAは答え、それから、治療者としては良くても家庭では暴力的な男性もいるし……とAの話題は拡散していった。

　振り返ると、このセッションはAに強くコントロールされて、全体としてAの防衛的対象関係の実演に留まっているように思われる。Aは友人を相手に、自分が何を知っているか／行なっているかを言わずに自分の思惑へと引き込んだと話した。治療者は、同じことがセッションでも起こるだろうと予測しつつ、Aの覗き見行為「について」取り上げているつもりだったが、結果的にはAが承知している「特定のライン」（エディプス葛藤の解釈）に沿った／乗せられたやりとりをしていた。これは、治療者がAの部分的なヒントと挑発に反応して一種の一問一答を行ない、全体として何が起きているかを捉え損ねたためと後からは考えられる。それに対応して、万能的に操作しているAは情動的接触を経験できず、自己憐憫の世界に入った。そして本当に感じていることや悩みを友人に話せなかったように、Aには空しさ、治療者への侮蔑、何を求めているかについての混乱が残った。そうした中、#43では次のようなやりとりとなった。

　Aは、また週末が忙しかったという報告から始めた。友人たちが何人かロンドンに来た。その一人Dとは、午前3時まで話したという。彼はAが事業のためにエジプトへ行ったことは知っていたが、その後の破産のことは知らなかった。Aも立ち入った話はしたくなかった。それからAは、昨日久し振りにあるユダヤ人の集まりに行った話を始めた。Aはそこでの人間関係が嫌になり3年ほど行っていなかったので、どうしていたのかとみなAに話しかけた。しかしAは、そこに属している気がしなかった。友人JはAに、「壁の花にならず踊りなさいよ」と言った。それを聞いた

Aは腹を立てた——というわけで、何も残っていない感じだ、とAは述べた。「もうすぐ治療も1カ月夏休みだし……自分の中に何か憎しみや怒りがあるのは感じるけれど、表面を引っ掻いている感じ。治療者は、私がこの治療過程に抵抗してばかりいると思っているのではないか。事実そうだが……」とAは続けた。それに対して治療者が〈長い休みも近く、Aは自分の感情の周りを巡っている感じのようだ〉と言うと、Aは「……去年の8月末は、もう1時間1時間が生き残れるかどうかの恐ろしい思いをした。その感じは残っているが、言えないでいる……」と言い、少し間を置き「治療者は、私が自分の本当に感じていることを話していないと言っているのだろうか？」と聞き返した。〈昔の記憶や関係に戻っているが、休みまで日がないので中核には触れられない〉と答えると、「何が中核なのか……自分の中にあるのは空洞……神の死、不在……この国民健康保険治療に感謝はしているが……治療者に……堅固（solid）だから。しかし私は私、ユダヤ人はユダヤ人、治療者とは違う」と言った。〈私の中に、自分のための場があると感じられない〉に対して「それはない、確かにない、来ても距離がある」と強調した。治療者が〈私に話すように招かれても、壁の花ではない、と腹立たしい〉と友人とのエピソードに結びつけると、Aは「腹立たしいのは、Jが私のことをお高くとまっている（aloof）と思っているようだから。しかしそうではない」と答え、「治療者は私に、好きにならせたい（fall in your love）のか。しかしそうはならない、違うのだから」と付け加えた。治療者が、Aの中では近くなることと性的なことが結びついているのではないかと示唆し、Aが「それを聞いて安心した」と述べて面接は終わった。

次の回［#44］、Aはメモを持参した。それは、何かが治療者にうまく伝わらなかったことを示唆していた。#43でAは、週末の描写に続いて夏休みが近いことに触れ、自分の感情に関して、何かはあるけれども「表面を引っ掻いている感じ」と述べている。さらにAは、自分の反抗的傾向が治療者にどう見えているか、「抵抗してばかりいる」と思われていないかを気にして

いる。続く治療者のコメントは、Aが述べたことの前半への応答で、もっと話すようAに促している。そこでAは、前年8月の、言葉にし難い「恐ろしい思い」に言及したが、Aが「本当に感じていることを話していない」と治療者は思うのか、と尋ねてきた。治療者は、その意味をよく理解しないまま文字通りに受け取り、Aが今感じていることに対して抵抗あるいは防衛しているという線で解釈した。するとAは皮肉な調子になり、空虚な自分と治療者との違いを強調した。そしてそこから治療者がAの引きこもりを感じて解釈しても、Aの防衛的な態度は変わらなかった。

　このような展開になったのは、治療者が患者をいわば跳ね返したからと思われる。前年8月のことにせよ、Aが「恐ろしい思い」をしたと真の情動を漏らしたのは、かなり例外的だった。それはどのような思いだったのかに耳を傾け、「恐ろしさ」を共有しようとしてこそ「包容すること（containing）」に通じるが、治療者はそのように受け取らなかった。絶望を聞き届けない、聞き流すことは、積極的に「包容しないこと（uncontaining）」となる。Aが治療者は「堅固（solid）」だと言うのは、この場合、操作に乗らずしっかりしているという意味ではなく、「貫入できない（impenetrable）」、聞き入れられていないという感触を表しているのだろう。それは「壁の花」発言にまつわるエピソードからも確認できる。せっかく集まりに行っても交わろうとしないのはAの問題だが、Aにしてみれば「3年ぶり」に顔を出したこと、治療者に思いを漏らしたことが、今までとは異なる積極性だった。しかしそこで「壁の花」つまり回避的・防衛的だと言われ、非難と感じ反発するという悪循環にAは嵌っている。これはおそらく、Aが子供のときから利かん気で挑発的なために大人の反発や叱責ばかりを招いて、本当の気持ちを受け取られなかったことの再演（re-enactment）であろう。ある種の"抵抗"は、こうした認識のズレ、焦点とすべき水準のズレに由来すると思われる。またAは内的対象として、このような強烈な情動との接触に耐えられず、真に受け止めないで、交わりを回避する対象しか持たず、それが投影された結果、性愛化への回避が相互に起こるのだろう。

　続く面接では、Aが「ママが欲しい（I want mammy）」と思ったと語られ、

治療者の聞き違い、取り違いも明らかになった。治療者がAは"fall in your love"と言ったと思っていたところで、Aは実際には"fall in your lap"はしない、と依存の拒否を述べていたのだった（実際、英語では"fall in love with you"と言うべきところで、治療者も聞いて妙な感じに思っていた）。こうしたズレが解消すると、その次の回［#45］には、Aは「友人がAに「壁の花にならないで」と言ったのは、「偉そうにするな」という意味ではなくて、「みなに交ざりなさいよ！」という激励だったと分かった」と述べた。それと同時に、マリファナの使用という、Aの別の防衛が新たに明らかになった——このように、投影同一化を受け取ること、それに意味を与えることは、患者にも治療者にも変化をもたらす（相互変化としての inter-penetration）。ただしクライン派の力点は、やはり患者側の変化にある。治療者側の過程、受け止め、「意味を与えること」が、夢想であり包容である。

3 – 内的状態の反映としての抵抗

　この種の抵抗に該当するのは、患者の中で成長への契機が阻害されていることが明らかな場合である。これへの介入は、自我心理学的な意味での抵抗解釈と意図のうえでは異ならない。しかし技法上は、治療者が患者の不安（より広くは情動一般）に注目し、その場で支配的な無意識的空想を解釈して（誰としての）患者が、どういうときに・どこで・誰と・何を・何のためにしているのか、つまりは対象関係の理解を伝える点では、主題が"抵抗"であれ何であれ、同じである。するとそれは、患者の健康な自我との治療同盟に基づいて抵抗を克服するという構図と、かなり異なるように見える。だが端的に言って、クライン派の作業でも「治療同盟」に該当するものはある。それは、Meltzer▼4 がパーソナリティの「〈大人〉の部分」と呼んだものへの語りかけである。違いは、それに一貫性を期待していないところにある。だから正確には、クライン派の解釈が働きかけているのは、その時々の、「〈大人〉に近い部分」に対してである。観察自我として機能できる部分が持続的に存在するのは、治療がかなり進展したか、患者がもともと妄想分裂ポジションに

嵌り込んでいない場合である。加えて、患者の内的経験として真の情動が解釈の足場として必要である。一例を挙げよう。

　Ａは治療の深まりによって生活実態が露わになり始めると、さまざまな仕方で現実との接触に対して防衛を働かせた。それはマリファナの使用（苦痛の鎮静）に始まって、空想への耽溺、意識的な嘘、あからさまな否認や微妙な価値下げ、擬似的服従、被虐的強調など、多種多様だった。治療開始１年後［#117］、Ａは次の夢を報告した。

　「Ａは、どこかの家に母親といる。ベルが鳴るので出ようとするが、他の家のベルも鳴っているので、「あれはどこを探せばいいか分からない人が押しているのだろう」と母親に言う。中庭を見ると、警官が４、５人来て家を取り囲んでおり、ニキビ面の少年がいてＡを指して、「麻薬をやっている」と言う。Ａは、「そんなことは知らない」と言うが、内心ひどく驚いている」。治療者はこの夢を、〈Ａが私をニキビ面の少年と見下していて、メランコリーへの嗜癖の指摘を否定していたが、包囲されつつあると感じている〉と解釈した。それに対してＡは、少年が何を言おうと、自分が警官たちを欺せると思っていたことは確かだと認めた。

　Ａが夢の中で驚いたのは、少年の指摘が正しかったからだった。続くセッションでＡは、若い頃に盗みや嘘が露見しなかったことを自慢していたエピソードを語った。そしてＡは、これまではっきり指摘されることが少な過ぎたのではないかと思った。またＡは、治療者をニキビ面の少年として見下しているという解釈にも驚いたと言った。しかしそうした直面化のインパクトは、波紋が通り過ぎるようにすぐに薄れて、「麻薬」が何を指すのかについては、Ａは納得しなかった。そして、自分の惨めさの強調にまた入っていった。だから、「包囲されつつあると感じている」という治療者の解釈はまったく楽観的で、Ａがそう感じたのはほんの一瞬だった。あちこちで鳴るベルが示唆するように、Ａの実感に近いのは、驚いてはいるがまだ自分の居場所が割れてはいない、というものだった。

　それにしても、解釈自体が攻撃と混同されないためには、意味のある批判

作業をしているという共通了解、作業同盟に相当するものが前提であり、ここでそれは部分的に満たされていたと思われる。そしてAの"驚き"と"知らないふりをする"という情動状態は、解釈の足場だった。しかし〈大人〉の部分の方は、いつも一定に存在はしないので、むしろ他の部分から選り分けて見出していく必要がある。

4 – 患者の中に"抵抗"感を認め難い行き詰まり状況

　最後に、患者の中に同盟を結ぶべき相手も手がかりとなる情動も見出し難い状況を挙げよう。それはクライン派の概念枠では、「病理的組織化」の主題に通じる。「病理的組織化」は硬直した構造という印象を与えるが、Steiner▼6が「どの患者も治療が行き詰まって接触から退いているときには、病理的組織化の支配下にある」と指摘しているように、膠着したとき一般の状態でもある。ここではその構造論に立ち入らず、打開策として患者から治療者に投影同一化された情動を、逆転移感情の模索から見出す可能性を述べるに留める。

　こうした状況はどの局面でも見られたが、Aの治療の終結期から取り上げることにする。Aは話題にされて以来、「治療が終わっていない」ことを理由に、「一時中断なのではないか」「クリニックの介在がなくなれば二人で会えるのではないか」と、治療と治療者を巡る現実を否認しようとしていた。個々の言い分にもっともな点があっても、Aは対象喪失の嘆きと怒りに浸っており、現にまだ生きている対象＝治療者、つまりは自分を排除する関係を持つ対象と関わることに、自己愛の傷つきと万能的否認があった。しかしその点について、治療者をすでに過去の対象として扱っていると解釈しても、Aの構えは変わらなかった。同じ頃、Aはアレルギー反応が出て、それを毒抜きする（detoxication）というダイエット専門家による「特殊な食餌療法」に心を占められた［#236］。

　初め少し沈黙していたAは、「気が進まない感じが自分にあるのに気づ

いて驚いた、横になって話そうとしても……」と述べた。それから、「やり方が分かり、治療の将来について勇気づけられた」と言った。そして、「クリニックに問い合わせができるし、治療を続ける続けないは自分が決めること、籠もっていないで新しい世界に出て行く、自分の心を向上させるつもり」とも語った。続けてAは、近くに住む友人女性が最近ユダヤ人医師と結婚したことを、嫉妬しながらも祝福したと語った。しかし少し間を置くと、Aは苦しさを訴え始めた。「食餌療法のせいで……毒抜き（detoxication）と称して、食べるものが限られていて。このダイエット専門家はかなり操作的だから……背中が痛い。それでも体重が減ってきているのは良いサイン……母親は怒って引きこもりがちで、自分のことをしなかったが、自分は意味のあることをこれからしないと……創造的なこと、絵や彫刻を習ったり。それから、セラピストとして働くか、ビジネスプランを進めるか……」。治療者は、Aが良い面のみを強調して自分の「気の進まなさ」については話さないことを指摘した。Aは、「それほど良くない面と言えば……前回治療者は、私がミルクにワインを入れて治療者に飲ませている、と言った［Aは「**ある父親に子守を頼まれて、飲ませるミルクを作るときにAはワインを混ぜる。子どもは寝ている。母親が帰ってきて、父親がどこに行ったかを聞くが、Aは知らないと答える**」［#235］という夢を見ていた］。自分は治療者に何をしているだろう、と考えたが……私は、治療者の批判を恐れている。父親の態度からかも。私は歌はうまいし才能がある、しかし自分の考えを言葉にできないできた。それを積極的に……でも治療者はやはりAの価値を全然認めていない、と思ってしまうし……」と話し続けた。治療者は、抑鬱的で思慮があるように聞こえても堂々巡りで、現実性のない話を続けるAに苛立ちを感じつつ、〈Aは認められたくて必死だが、その結果良い面ばかり強調しているので、ワインを飲み続けているように酔って、現実離れしてしまうのでは〉と介入した。Aは一部を肯定して、「そう、そうすると今度は否定的になる。どうせ何をしても変わらない、奇跡は起こらない、と。自分の心は全部空になる……」と続けた。治療者の〈Aは、今リスクを冒す必要はない、と思っているのでは。治療を続けるかどうか

が自分次第ならば〉という解釈に対して、Aは「そうかも……」と述べて終わった。

　文面のみからは伝わり難いことだろうが、Aには奇妙な平静さがあった。それに反して治療者には苛立ちと困惑が増しており、その由来が分からないままAにぶつけないように抑えていた。同クリニックで無料の治療をさらに続けるという選択肢は、現実にはほとんどありえないことが目に見えていた。だからそれを無視し続けるAには、治療者から厳しい態度を引き出そうとする挑発があったと言える。だがAにとって物事は良い話ばかりではなく、「気が進まないこと」「嫉妬すること」「苦しいこと」があるのに、それらは「良い面の強調」によって掻き消されていた。そしてそれに反比例して、治療者の中に苛立ちと攻撃性が、いわば毒が積もっていった。実際、Aのしたいことが「絵や彫刻」ならば、治療者は不要で無力な立場に導かれる。治療者はAが認められたくて必死になっているとコメントしたものの、Aはすでに「専門家」の指示に従っており、話はほとんど通じなかった。

　ここで何が起きているのかは、Aの中の情動に触れようとすることのみでは理解は困難である。それでは、単に現実の否認という防衛の一面が見えるだけだろう。それがどういうことかは、そこでの両端、すなわち患者および治療者の両方で起きていることに目を向けることで、明らかになってくる。それは、この過程自体がAによる、正確にはAのパーソナリティの「専門家の部分」による、"操作的な"「毒抜き」だったという可能性である。Aのみを見ていても、Aの本当に強い情動は「毒」として治療者の方に投げ入れられているので、それには気づき難い。また、治療者が最初に感じるのは漠然とした「自分の」情動であって、初めからAの欲求不満なり怒りなりとして明確なものではない。その意味を見出すに至るには、治療者の内的作業を要する。それが包容（containing）と呼ばれる、受け止め、統合し、象徴化する作業であろう。

　Aが自分から毒気を抜くことは、その場では良いようであっても、結局自分から生気を奪っている。攻撃性を除去することによって残るのは、実体の

ない希望である。治療者の方は、無用の存在となるか（絵や彫刻をAに教えはしないし、セラピストになることを勧めもしない）、怒りを取り上げることを曖昧にして避けるAの内的対象に同一化される。それに対してAの「専門家の部分」は、去り行く治療者の代わりに、実際にはそれを今すぐに押しのけて、状況をコントロールでき、結局最も頼りになるのだと称する万能的部分である。それに従うのがAには多少苦しくても、Aが本来感じる苦痛よりも良いと感じられている――状況のこうした見立てによって、治療者は、ただ患者の病理的対象関係を再演するままに動くのではなく、現実を知っていて本来的に苦痛を感じている部分に触れ、それと手を結ぶ可能性が生まれる。ただし、病理的組織化の組織化する力は、治療者の想定を超えて強力であることが多いと思われる。セッションの中で治療者は〈Aは認められたくて必死〉と述べたものの、Aはそれを上回る"希望"に満ちた状態にあり、認められていないのは治療者の方だった。実際の経過では、"ダイエット"が一時しのぎに過ぎないことが明らかになり、Aは怒りを爆発させたが、それは今度はAが毒に支配された状態だった。

4 おわりに

イギリスでは「大論争」から半世紀以上を経て、どの学派でも本能・欲動の強調から、情緒・情動を強調する方向に移行している。それでも基本的な捉え方や態度に違いはあるが、差異は比較できる範囲に収まってきたとも言える。むしろ古典的な精神分析理解のために、諸学派に共通して誤解されがちな点を正した方が良いのかもしれない。その意味で、以下のようなことが指摘できるだろう。

まず、「抵抗」は名称に反して、案外自我親和的で発達段階の高度なものである。その背景にある意識的・無意識的恐怖と不安が克服されない限り、いかなる学派であろうと実際には扱うことができない。この克服がなされなければ、治療者による迫害の現実化となり、病理的対象関係の強化に終わ

る。またクライン派の技法は、これも外見に反して案外柔軟で現実的であり、患者にとってのリアリティを共有しようとするところから始められている。Steiner は彼のワークショップおよびスーパーヴィジョンでよく、「患者がつねに正しい、そう見えないとしたら、そういう見方をまだ発見できていないからだ」と述べていた。彼は同時に、患者が最終的には自分の投影に対して責任を持つ必要性を強調してはいるが、初めに患者がどこにいるのかを見出すこと、そして患者にとって適切な水準に合わせることが重要である。

それにしても、クライン派で「抵抗」が主題とならないのは、情動的接触の一様態として陰性転移・陰性感情をつねに取り上げているので、あえて別枠で述べていないからだろう。そして転移解釈の中には、「抵抗」の明確化・直面化も含まれている。

次章では、患者にとって適切な水準に合わせることについて、夢の理解との関連で論じる。

▶ 文献

(1) Bion, W.R.（1965）*Transformations*. London : William Heinemann Medial Books.（福本 修・平井正三＝訳（2002）変形．In：精神分析の方法 II．法政大学出版局）
(2) Etchegoyen, R.H.（1999）*The Fundamentals of Psychoanalytic Technique*（Revised）. London : Karnac Books.
(3) Joseph, B.（1989）*Psychic Equilibrium and Psychic Change*. London : Routledge.（小川豊昭＝訳（2005）心的平衡と心的変化．岩崎学術出版社）
(4) Meltzer, D.（1967）*The Psychoanalytical Process*. Perthshire : The Clunie Press.（松木邦裕＝監訳／飛谷 渉＝訳（2011）精神分析過程．金剛出版）
(5) Rosenfeld, H.（1987）*Impasse and Interpretation*. London : Routledge.
(6) Steiner, J.（1993）*Psychic Retreats*. London : Routledge.（衣笠隆幸＝監訳（1997）こころの退避．岩崎学術出版社）

第4章
夢の機能と夢解釈の技法

1 はじめに

　夢はFreudによる精神分析の創始以来、「無意識への王道」[2]としてつねに重要な地位を占めてきた。だがその理解と取り扱い方は、精神分析の発展とともに変化した。初期のFreudにおいては、夢は症状と同じく意味を解読されるべき素材であり、その無意識的な意味は抑圧された欲望（特に性的な）であるとされた。それを読み取る技法は、メタ心理学的理解（局所論・力動論・経済論）を下敷きとして、潜在内容すなわち顕在内容に防衛機制が働く前の姿を、各要素の自由連想から復元するというものだった。その雛型は、Freudの自己分析にあった。だがそれを患者に実践すると、順調に協力が得られるというよりも、治療者との関係自体が新たな問題となった。ドーラ症例[3]を代表的な転回点として、精神分析の焦点は症状分析から転移分析へと移行した。それにつれて、夢にも転移関係の反映が認められるようになった。また、戦争神経症の臨床経験[4]は、欲望充足という夢の捉え方自体が十全な心的機能を前提としていたことを示唆するものだった。
　さらにはKleinのプレイ技法[6]によって、夢は内的世界の経験そのものとして、性的欲望に限定されない情動を含む内的対象関係の展開として理解されるようになった。また精神病者の精神分析を経て、夢はその内容面ばかりでなく、象徴形成能力、意味のコミュニケーションあるいは排泄の機能、総じてその思考の機能が注目されるようになった。Bionは夢をアルファ機能の[1]

一側面として位置づけ、早期母子関係にも結びつけた。また Meltzer は、夢が覚醒時の無意識的空想と等価であることを明示した。

　このように夢のあり方とそれへのアプローチが多様化して、それらを理解するための技法はどのように変化しただろうか。Freud の時代から、理論的参照枠は複雑化して洗練され、精神分析自体と同じく夢理解の質と幅はともに拡大した。その一方で、セッションの中で何がある夢の解釈として適切であるかを定める基準には、基本的に大きな変更はないのではないだろうか。つまり、Freud であれ Klein であれ Bion であれ、それぞれ自分の理解に基づいて解釈をしたときに患者に意味のある変化を最終的にもたらしたのならば、そこにはその適切さに関して、解釈するまでの時点での分析者の内的作業に共通の構造があったということだろう。それらは必ずしも明言されずにきた部分を有するが、改めて整理を試みることは有用と思われる。

　本章では特に、転移関係を重視する限りで何が最も説得力があり、患者の世界を新たに明らかにするという意味で何が創造的と言える夢解釈であるのか、言い換えれば、何が自然で確実性があり、かつ患者特有のあり方を浮き彫りにする解釈なのか、そして、それはいかにしてなされ、どのように意味を持つのかについて考察したい。あらかじめ述べるとそれは、さまざまな解釈の可能性があるうちで、治療者が未開地を探索するように患者の内的現実の中に、**解釈の足場**（*foothold*）と**夢現実の地盤**（*ground of the dream-reality*）を見出してそこにしばし留まり、いわば「夢の中に入る」ことで経験された患者の無意識的世界を描写しようとするものである。夢を Meltzer による表現「夢生活」に倣ってあえて「夢現実」と呼ぶのは、それが無意識において強い実在性を持った、自己の環界だからである。その足場は、患者が表象しうる限りの切実な情動を経験しているところであり、それを抜きにして患者の世界に本当に触れることにはならない。逆にその地盤が明らかになれば、苦痛の防衛方法と対象関係すなわち登場する人物たちの有りようと関係性は自ずと理解されるだろう。ただし、そこに治療者の逆転移の問題が絡むので、解釈が紛糾するのは常である。

　以下では、第 2・3 章と同じく、中年期になってから人生の破綻が露わとなっ

た女性の症例を素材として、夢から理解されるその心的世界および対象関係と、その解釈を具体的に論じたい。

2 臨床素材

1 – 患者紹介

　40代半ばの、ユダヤ系女性A。4人姉妹の末子。キブツで他の12人の子供たちと育ち、両親は近くて遠い存在だった。彼女が覚えているのは、保母たちに罰せられ辱められたことだった。彼女の両親はともに、親族の中で大虐殺（ホロコースト）の唯一の生存者だった。父親は教育があり、母親に対して侮蔑的だった。母親は第二次大戦後、父親と強制的に結婚させられたと憎んでいた。社会人となってからAは、死別のカウンセリングやエイズ患者へのカウンセリングなどのメンタルヘルスの仕事に就いていた。彼女は20代で3回の中絶と父親の死、30歳のときには2週間の間に死産、母親の死、夫の事故死と喪失を経験し、大虐殺（ホロコースト）の生存者である両親の経験を反復した。X-2年には事業に失敗して自宅を、そしてその後は仕事を失い、何も拠り所とするもののない抑鬱状態に陥り、精神分析的精神療法で高名なクリニックへの紹介を求めて、家庭医を受診した。

　アセスメントで明らかになったのは、彼女が多くの喪失を経てきたにもかかわらず、喪失を体験できないできたことだった。彼女は死を扱う仕事を選びながら、躁的防衛を駆使して喪失を否認する一方で、破壊性を理想化する万能感に支配されて、自己破壊的行動を繰り返していた。Aは、週3回の個人精神療法の予約リストに載せられ、治療者が担当することになった。

2 – 治療経過と夢

　以下では治療経過に沿って、Aのいくつかの夢を叙述する。それは同時に、

夢を理解するための背景と文脈を与えることを目的としている。Aの躁的・万能的コントロールやヒステリー的性愛化が強い中で、夢現実の地盤は経過の中で露わになっていった。

　不安とためらいの中で面接を始めたはずのAは、外見上は協力的で、治療は猛スピードで進展しているかのようだった。開始後第3週の最初の回に彼女は、次のような夢を見た。

　「Aは夫とおり、2つの部屋の仕切りを取って1つにして使っている。新しい家具が2つあり、その1つには美しい銀の食器が、そしてもう1つには日本版画が入っていた。Aはその版画が気に入らなかった」［1-1］

　この夢の連想としてAは、夫が存命中に見た夢を想起した。

　「夫がAに対して、自分はAと結婚していないとひどいことを言う」［1-2］

　彼女は現にメンタルヘルス関係の仕事をしている人間らしく、この夢を心の空間を広げることと解釈して、早くも治療の効果が上がりつつあると見なした。しかし実際には、Aはその回の冒頭で週末に背骨を痛めたと報告しており、Aによる治療の理想化は明らかだった。Aは本来2人分の部屋の仕切りを取って全部使おうとし、治療開始を結婚（引き出物としての銀の食器）と見なして祝福したが、日本版画に代表される治療者は、自分の空間を持たない紙に還元されていた。Aが嫌っているのは、治療者が患者と別個に自分の心の空間を持つことと思われた。しかも続く夢が示すように、治療者はすでにAと結婚していることになっていたが、それが現実ではないことを指摘されるのは、Aにとって破滅的なことだった。治療者が、治療者には患者の重みを支えられないのではないかという不安がAにあるようだと解釈すると、Aは「そんなはずはない」と否認した。

　このように不安の片鱗を窺わせつつも、Aは性愛的な関心を表に出し始めた。治療者は、当初の治療者への疑念や軽蔑が、患者の恐怖や悲惨の主題

と一緒に消えてしまったことを指摘した。するとAは治療者への批判、不信、自分の抑鬱などを語った。しかしそれも、どこまでがAの躁的行動化かつ万能的コントロールなのか、どこからがAの本当の感情表明と理解なのかが不明だった。

　それでもあるとき、Aは、治療者にリアルと思われる両親の背景を詳しく語った。Aの両親は、第二次大戦中のユダヤ人虐殺を逃れてロシアに亡命した。父親は妻子を失っていた。母親は、亡命先でロシア兵と恋に落ちて妊娠、出産したが、ユダヤの血統を守ろうとする親族に、兵士は死亡したと騙され、生まれた息子とも離れ離れとなり、絶望の中でAの父親と結婚することになった。彼らは戦後建国されたイスラエルに向かったが、父親は生存者の発見を伝える短波放送ばかり聞き続け、母親は父親への怒りの中で暮らした。ホロコースト犠牲者の喪は、キブツでは年に一度悲嘆のうねりのように行なわれ、翌日には誰もがいつも通り働くので、Aには一種の狂気の発作のように見えた。ただし、Aがこう語る主眼は、内容について咀嚼して考えることより、うねりのように圧倒する内容を治療者に流し込む排泄にあるようだった。また、Aは星占い師に定期的に会い、神秘的なものを好んでいた。治療は、ロマンチックで魂の触れ合いといったドラマチックなものに変形されていた。初めはAの事態の深刻さを表現していたものも、繰り返されることで演技的・表面的な印象を増した。それを直接指摘することは困難だったが、いくつかの夢はその背景にある問題を示唆していた。

　　「姉が2歳未満の赤ん坊と一緒にいて、食事を与えているが、ひどいと思う。パスタが大きすぎて、赤ん坊は咽喉を詰まらせている。それから姉がスープを与えようとしたら、赤ん坊は自分でスプーンを取って飲み始めた。その使い方が巧みで、Aは赤ん坊が天才だと思う」[2-1]

　Aは後半にのみ注目して、Aの「内なる子供」が登場する、治療の進展を表す夢と解釈したが、前半では、大きすぎる食事（解釈）を与えられて咽喉を詰まらせる赤ん坊がいた。

「Aが鏡を見ると、顔がハムスターのように膨れ上がっていた」［2-2］

　この別の夢では、Aが分かったようなやりとりをしていても本当は了解できていない＝飲み込めていない（頬の隙間に溜めているだけで取り入れていない）ことが表されていた。
　対象がAとは別個に独立して存在するということを巡る問題は、絶え間なかった。

「何か料理をしようと思ってAがオーヴンを見ると、夫も自分用のオーヴンを持っており、自分の料理をしようとする。それほど広い家ではなく、1つにすればいいものを、と思う」［3-1］

　これに続いてすぐ、Aは次のような夢を見た。

「夫と散歩に行くが、彼が義足であることに気づく」［3-2］

　これらは、夫（治療者）が自分のオーヴン（心）を持って料理する（意見を言う）ことを認めてはいるものの気に入らず、Aが対象を自立せずAに依存する存在（義足のため、Aを杖とせざるをえない）に変えることを示しているようだった。この線の解釈をすると、直後は興味を示さなかったが、翌回、表面上全面的に賛成することでオーヴンを1つにしようとした。結果として、Aには対象が生き残らないか、自己が枯渇するかの道しかないようだった。夢の中の「義足」は、治療者が自分で地に足を付けられないことにも通じていた。
　相手に賛同して自分をなくす後者の道のひとつは、実際には自己憐憫であり万能感の源である、マゾキズム（自責）への引きこもりだった。治療が進むにつれて、Aの日常生活が見え始めた。マリファナの常用、多食、パーティ通い、パブで知り合う男たちとの性交渉などの挿話の裏には、人生の実質が

ないに等しいという惨めな感じがあった。だがその痛みは、やがてマゾキズムに吸収された。

　1年目の冬休みの2カ月前に、治療者はその休暇に加えて1月下旬に1週間臨時に休む可能性があることを伝えた。Aは最初その予告を聞いて、治療者がキャンセルしたことはないから可能性が実際にあるのだろう、カンファランスに出るのか、妻が子供を産むのか、だからあらかじめ分からないのか、と正確な予測をしたうえで、自分の知ったことではない、と脇に退けた。そして、治療者の家族関係というAに無関係なことで治療時間と患者の頭が占められることに腹を立てた。翌日の面接では、Aは妙ににこやかで、前日自分が激怒したことに驚いた、と妙に理解を示した。

　その一方で、Aは折に触れて両親の家族に加えられた虐殺について語ったが、それはロシア兵とAの母親との間に生まれた兄がどこかにいるという話から、生まれた子供は死んだ、という話に変わった。これは明らかに、羨望によるカップルの機能への攻撃だった。

　その後、Aは治療者を閉め出したり、蔑視して欲求不満を感じる立場に置いたりし、治療者がAに届くのは困難になった。それでも冬休みの1週間前には、Aの心の中に、「もしも自分の空想が正しければ、治療者は赤ん坊のせいで必ず睡眠不足となって患者に注意を払えなくなるだろう」という不安が戻ってきた。

　新年になり、Aは治療者から開始延期の連絡が来なくてよかった、と話し始めた。彼女は、胃が痛んで空のようでも詰まっているようでもある、と述べた。これは、Aが想像妊娠をしているかのようだった。次の回には、Aは不眠を訴え、彼女から去って連絡を寄越さない友人への怒りを示した。治療者はこの回に「連絡」として、来週休暇を取ることはなくなった、と伝えた。患者の即座の反応は、「それで安心したが治療者は気の毒だ、身内に病人がいるのでは……」というものだった。しかし、治療者の状況はAにはっきりと伝わり、身体化や否認なく耐え難いエディプス状況として経験された。それは、抑鬱ポジションの閾だった（本書第1部第2章参照）。

　しかしながら、治療者がAのパートナーではないという現実は、Aにとっ

て破局的なものとして恐れられた。Ａはメランコリー状態に身を置き、治療者をすでに失ったかのように引きこもった。Ａにとって悲嘆・嫉妬といったエディプス感情は、対象喪失の耐え難い苦痛を引き起こすものとして回避された。Ａによるこの現実否認には、倒錯的な面つまりメランコリー状態への耽溺も認められた。ある夢の中でＡは、次のような行動を取っていた。

「ニキビ面の少年がＡのマンションに来て、Ａは麻薬を使っていると指差し、警官を数名呼んだが、Ａはその少年を黙らせようとしていた」[4]

治療者は、Ａが治療者をニキビ面の少年と見下し（よって性的機能もない）、メランコリー（麻薬）への嗜癖の指摘を否定していたが、包囲されつつあると感じていると解釈した。

そうした中で、抑鬱的感情は次第にＡにとって、多少身近なものになっていった。Ａは自分が人生で何もしていないのではないかと恐れ、マリファナの使用を止めることにした。またＡは日本人美容師のところに行って小奇麗にしようとしては、更年期の接近に衰えと屈辱を感じていた。しかし、治療者との分離や喪失を抽象的概念として了解はしても、実際に治療者を生き生きとした別個の実在として認めることからは遠かった。エディプス状況は、Ａに新たな関係を開く契機となるより、二者関係から閉め出されたことによるＡの羨望を高めて、つながりを切ることに通じた。

また次の休暇が近づいてきた。Ａは、これでは治療過程が断続的で人工的になる、と不満を訴えた。休暇の直前には、治療の終結が近いのではないかという考えがＡに浮かび、直ちに答えない治療者に怒った。Ａは、いつまで治療が続くかを自分が治療者にどれだけ好かれているかの指標として受け取っていた。Ａはこの問題に第三の対象＝クリニックを介在させて考えないことで、患者との関係以外の治療者の現実を排除しようとした。実際に終結を伝えると、Ａは公費による無料の治療が２年程度であることを知っていたものの、期間について聞かされていなかった、と裏切りとして非難した。Ａは恨みの気持ちを抱きながら、次のような夢を見た。

「日本製の陶器を盗まれる」[5]

　治療者は以前の平面化された版画から空間を持つもの（陶器）に移行したが、やはりAが所有し自分で処理できる物として表象されていた。
　1年半の治療後に終結の話が持ち出されるのは、たしかにAが生活史上経験してきた早過ぎる別離（キブツでの共同生活）や喪失の反復ではあったが、それだけに半年の終結期間の作業が重要だった。Aはこれまでにもまして病理的対象関係を強め、治療がすでに終わったかのように葬式の夢を見、治療者を半死状態のまま心に保とうとした。そうするとAは、被害的悪循環（対象を傷つけた罪悪感による迫害）に入った夢を見た。

「自分が殺した男が何度も生き返って自分を殺しに来る」[6]

　しかしあるときには、コントロールの喪失が刻印され、Aはエジプトで道をよく知っている山を登っていたら、太陽が急に隠れて遭難の恐怖を感じたという経験を語った。これは、Aが治療過程を知悉しているつもりでいたのが、日本人治療者（太陽）が去ることで受ける自分の衝撃を物語っていた。
　終結がさらに近づくと、Aは治療が終結するのではなく一定の間を置くということだと解釈しようとしたり、今のものが終わった後に"本当の"治療が提供されることを期待したりした。その一方で、Aは**「パスポートをなくして戻れなくなる」**夢を見た。
　こうした抑鬱ポジションに入ることへのAの困難は、夢の諸機能にも反映されている。次に、各セッションでの夢の理解を進めるに先立って、夢を位置づける大枠として、本章冒頭の「1　はじめに」で述べた総説に沿ってクライン派のポジション概念との関連を示しておきたい。

3 考察

1 — 夢の諸機能とポジション

　夢は通常、(a)〈患者の内的世界・内的対象関係の表現〉でもあれば、(b)〈患者の治療者との関係・治療状況の反映〉でもあると考えられている。これは、どのポジションで機能していることが多いかにかかわらず、どの患者にも該当することである。しかしながら、夢がそれらを報告し意味を伝え、さらには無意識裡に思考する機能までを行なっていると言えるのは、患者が抑鬱ポジション水準で機能している場合のみである。これは、夢が象徴形成本来の水準で働いているということである。逆に言えば、妄想分裂ポジション水準にある夢はつねに、象徴による理解以外の、治療者を相手にして働きかける行動や実演としての側面を有していると考えるべきである。その代表例は(c)〈躁的償いの産物〉としての夢で、洞察に見えても実際には、万能感に基づいて内的現実を否認しすり替えたり、自分が消化できないものを治療者に排泄したりしている。(c)' として対象喪失に触れられ始めたところでは、夢［6］のように、喪失が迫害的に経験される。また、パーソナリティ内に病理的組織化が認められる場合には、夢はその一部として、(d)〈患者の心的平衡（psychic equilibrium）を維持する〉機能を果たそうとする。しかしすぐ後で見るように、夢は同時にその行為と展開およびその帰結をも描出するので、結果的に、パーソナリティの機能全般を示すことになる。それをより一般化して述べれば、夢は（e)〈内的現実の歪曲と提示がせめぎ合う舞台〉である。言い換えれば、夢には患者自身を映し出す機能があるが、そこには現実との関係において、真実の部分と虚偽の部分がある。夢［4］は、典型的な形でその葛藤を人物化している。虚偽の部分は、患者のパーソナリティ病理に応じて、神経症的、自己愛的、倒錯的、スキゾイド的、精神病的などの歪曲を被っている。治療者はそれを読み解く必要があり、そのためには、**夢解釈の足場**（*foothold*）となる内的真実の部分を探し求めなければならない。その鍵

となるのは、古典的には不安を、重篤な病理を扱う今日では苦痛を主とする、情動である。

　しかしながら、さらに原始的・精神病的水準では、夢はそうした機能を失い、もはや形態さえ保てないことがある。その古典的な例は、Freud が戦争神経症に関連して挙げた外傷夢である。そうした夢は咀嚼・消化吸収に喩えられることが多く、表象し難い情動的経験を象徴する過程にも、経験を整理して意識されるものと無意識の世界に送られるものとに分ける過程にも、役立たない。そこで生じているのは、総じて（f）〈象徴機能の失敗〉である。極端な場合は例えば、ただ「追われている」といったものになり、登場人物、関係性、文脈が失われて、被害的不安がほぼ露出したものとなる。Bion はアルファ機能という概念を用いて、恐怖・恐慌など生の情動を伴う心的世界に受け入れ難い事象（ベータ要素）を、心的世界を構成する素材（アルファ要素）に変換する過程を論じたが、この夢はその失敗である。心的外傷後のフラッシュバックは、ベータ要素の典型である。

　本症例から採り上げた夢はいずれも、（f）ほどには断片化していない。その中で夢［5］は、被害的内容の一文に留まっている。夢を見ている A は、おそらく自分の恨みと怒り（強い情動＝ベータ要素）に支配されて、経験の被害的な部分のみを表象し、他の関係性や文脈をも心的経験の一部へと包容（contain）することができずにいる。同時に対象（治療者）は、A が飾り物として用いる陶器へと自己愛的変形を被っている。

　一見したところ単に内的世界の描写であるような A の他の夢も、投影同一化を通じて治療者に強く働きかけており、結果として関係性と世界のありようを規定している。例えば夢［1］では、部屋のリフォームが描写されているだけではなく、それに対する批判は A に致命的打撃を与える「ひどいこと」とされているので、治療者はそれに従わざるをえない立場に置かれている。実際に、「ひどいこと」をしてくる治療者は版画にまで押し潰されている。また、夢［2］では一人でスープを飲める赤ん坊が天才的なのに対して、治療者は赤ん坊の摂取力を見誤った与え手であり、夢［3］では治療者は義足を要する者である。いずれも治療者は、特殊な部分対象関係の一翼のみを

担う者にされている。そこには、治療者をこうした役割と型に嵌め込む強い力がある。そしてAは自分の投影による変形に基づいて治療者と関わるので、そこに自分の理解を確認して、さらに極端な像を形成する可能性がある。もう一方では、そこに治療者についての正確な像が反映されている可能性があるが、それもまた多くは部分的現実についてのもので、どの現実に対応しているかの判断には十分な吟味を要する。

次に、夢の詳細をその文脈および継起を考慮に入れて検討し、夢の解釈を巡る諸問題を論じたい。

2 - 夢解釈の妥当性について

どの夢にも、さまざまな解釈がありうる。実際Aは（一般に誰でも）、自分の夢を自分で解釈しようとする。しかしそれは治療者によるものとは異なるし、明らかに盲点がある。その差は患者にとって無意識のことである。しかしまた、単に患者が意識しておらず治療者が思いついたことを取り上げても、それが本当に患者の内的世界を照らし出すことに至るという保証はない。治療者はセッションのさなかでは、解釈の形成に至る内的な諸過程を個別に意識していないことの方が多いが、何らかの根拠に基づいて最終的な解釈を選択しているはずである。その基準は何か論理的なものというよりも、自然で腑に落ち十分な範囲の関連性が確かに感じられ……といった雑多な意味でリアリティが感じられる、というところにあると思われる。Aの読みは、いつもヒステリー的かつ躁的傾向に彩られて、欲望充足的で自分に都合の良いものになりがちである。それに対して治療者は、躁的な産物ではなく、夢現実の地盤を見定めて内的現実に触れようとしている。具体的に見てみよう。

夢［1-1］に関してAは、2つの部屋の仕切りを取り除いて1つにして使っている点を、「心の空間を広げること」であり治療の「成果」であると見なした。Aがそう言える根拠は何だろうか。端的には、Aがそう連想したからである。そして「新しい家具」と「美しい銀の食器」が、Aの中では、成果を補強する証拠のようである。また、転移関係の文脈では夫を治療者のこと

とする人物同定（character identification）には、ほとんど問題がない。その背景には、治療とはカップルの成立する結婚であるとするAの無意識の見方がある（夢［1-2］で確認される）。しかしこの結論は、夢を見直せば直ちに分かるように、Aが自分ではないもの＝夫／日本版画を無視することによって成り立っている。それは本来2種のものを1つにしてしまおうということであり、Aが夢の中で行なっていることそのままである。

　それでもAは同時に、「気に入らない」ながらも、異物の存在を認めてはいる。追加の夢［1-2］は、実質的に元の夢への自由連想である。それが提示するのは、夫とAが祝福すべき結婚状態にあるというAの解釈への反証である。だがそれはAにとって「ひどいこと」を言うことである。では何が正しいのだろうか。確かなのは、Aが結婚を「していない」と言われるのは受け入れ難く耐え難いということが、Aの内的現実だということである。この2つの夢では、「ひどい」というところに最も切迫感が認められる。患者の内的世界を実感するには、治療者もこの地点に足を踏み入れて、しばしそこに留まって経験しなければならない。さもなければ、患者の世界に沿った解釈とはならず、本当のところ患者に何が起きているのかは分からないだろう。"そこ"は、患者の表象能力＝象徴形成能力の限界であり、情動の包容の限界であり、ベータ要素がアルファ要素へと変わりえなかった臨界点である。そこでの治療者の内的作業は、Bionが「夢想」と呼んだものと同義である。

　さてそれが外的現実との関係で、本当に結婚あるいはそれに該当するつながりがあるのに否定されるために「ひどい」のか、それとも基本的にAによる歪曲なのかは、夢だけを見ていても判断がつかない。その判断のためには、治療の経過を考慮に入れなければならない。

　Aは、日本人を治療者とすることになるとは、まったく予想していなかった。懐疑的ながらも治療を始めたのは、必要に迫られてのことだった。そのように開始してまだ3週目のことであり、しかもこのセッションの冒頭では、Aは週末に背骨を痛めたと述べている。それらを加味すると、夢現実は祝福されるべき成果にではなく、悲惨な状況の中で祝い事をしなければ破綻する

というところにあるようだった。この地盤に立脚しなければ、状況の深刻さは取り逃がされ、単に欲望の充足にしか映らない可能性がある。治療者はロードローラーに轢かれたような状態の治療者像（日本版画）に唖然としつつ、開始の事情を鑑みて治療者の支える力に対してAが不安を感じていることを取り上げた。しかしAはそれを否定した。

　夢［2-1］および［2-2］にも、同様の解釈の問題がある。この夢では、どこが理解のための本当の足場となるだろうか。言い換えれば、どこがリアルと言えるだろうか。Aはまた一部分のみに着目して、赤ん坊は天才だと思うことから、やはり治療の進展を表す夢と解釈して、自分の「内なる子供」を賛美する。この裏には、精神分析治療が「内なる子供」を見出して育てるものだという通俗観念がある。しかしそれは、食事の出し方が下手な姉と、喉を詰まらせている赤ん坊を省略した解釈である。Aの誇張傾向を顧慮すると、天才よりも喉を詰まらす方が本当に思えるし、赤ん坊は普通そういう存在である。

　では、姉についてはどうだろうか。赤ん坊が天才になったのに応じて、姉は無能化されている観がある。そこから直ちに患者の動機の推理に目を移すと、例えばAは姉への羨望が強いのではないかといった論議が生まれるかもしれない。しかしこれは一般論として正しい可能性が高くても、ここで持ち出すのは、夢現実の中に十分に留まらずに理論へと逸れることにしかならない。そして夢［2-2］は意味不明となる。普通に考えてみれば［2-1］のように、2歳くらいの子供は実際、自分でスプーンを持って飲みたがる。だからそれ自体は自然なことであり、それで即、親が無能になったわけでもない。問題は、それに先立つ姉についての描写である。Aにとって姉は、ここでも「ひどい」と言われることをしている。しかし今回は観察に基づく批判であり、その要点は、赤ん坊（患者）にとっての適量への無理解にある。これは直感的に、正当な批評に感じられないだろうか。「ひどい」というAの言い分に。そこに思い至ると、治療者は突然自分が「夢の中にいる」のを見出す。そして我が身を振り返れば、患者の言うことに思い当たるところがあるだろう。治療者はそれを、情動の源泉に触れつつ実感とともに汲み出すことが可

能となる。補足的な夢[2-2]は、単に解釈の論理的な傍証（Ａの顔が膨れ上がっている、よって先の赤ん坊はやはりＡであり、解釈は取り入れられていない）ではなく、重層的な意味を新たに見出す（例えば、飢餓への備えの含みがあるかもしれない）ことに通じる実質的な経験である。治療者の「夢想」は一般に名状し難い（nameless）情動を包容することとされるが、こうした物語的想像力もその機能の一部と思われる。また、クライン派の解釈は現実を軽視する印象を与えることがあるようだが、情動の現実の文脈を十分に吟味し参照することで、適切な解釈へと至ることができる。

3 ― 解釈の限界

　このように、情動をそれとして認めて名を与えることは重要であるにしても、それが生まれる文脈の理解がなければ、その場で何が起きているのかは分からない。解釈とは、そのような文脈を含めて述べることである。一方、患者のそのときの情動を名づける以上に詳しく述べて解釈することは、ある意味でその場から身を引いて、何が起きているのか全景を収めようとする動作そのものである。だから解釈は、新しいパースペクティヴを提供する創造的な行為かもしれないが、性急に現場から身を離す行動化となるかもしれない。二側面を厳密に分離することは困難で、むしろ解釈にはつねにその両面があり、どちらの側面が多いとするかの方が実態に即しているだろう。また、患者の批判が有意味になるのは、治療者が自分への言及として思い当たるかどうかにかかっている。いわゆる転移解釈として、例えば治療者が姉のように本来Ａが咀嚼できないサイズのパスタ＝解釈を与えているかもしれないことは、「赤ん坊＝患者の乳児的部分」「食事を与える姉＝治療者」という図式的対応関係を想定していれば、見出すことはできる。しかし本質的なのは、対応の指摘ではなくて相手の見方を受け入れることである。図式から入ったとしても、「ひどい」という情動の底流にあるものを治療者の中で十分に賞味して、実感つまりリアリティを確認する必要がある。いずれにしても、治療者の想像力の限界が、解釈の限界である。

より一般的に、解釈の根拠として何らかの形で主観的な実感に頼る限り、逆転移の問題は免れられない。夢［3］を例に見よう。「治療経過」の中で論じた解釈、すなわちAが対象に心の独立性を認められず依存させようとしているというもの以外にも、まったく別の現実に基づいた解釈は可能である。例えば、「義足」が"自分自身のものではない"という連想から、"スーパーヴィジョン＝付け足しの理解を借りている治療者"という解釈もできる。それには、Aの情緒と自然な結びつきがあるだろうか。Aは明確な連想を述べなかったので参照できないが、夢［3-1］で夫の態度に対する不満を述べた後での論評なので、過度に批判的な見方をしている可能性が高い。また、治療者の外的現実としてスーパーヴィジョンを受けており、そのことは患者も知っているが、それを義足扱いするとしたら侮蔑的である。そこには治療者の現実が適切に反映されているというより、その一部が歪めて取り上げられているように見える。だから、「義足」という像にはやはり患者による攻撃があると自然に考えられる。

しかしながら、それとスーパーヴィジョンの件は別のことで、そこで結びつけたのは治療者である（患者は初回以後何も言っていない）。治療者の方に気にしていることがあると、本来治療者に由来している連想の方が適切に見えて、状況を誤認する可能性がある。このように、治療者は患者の世界に沿った連想をしているつもりで、自分の思い付きに囚われてしまうことがありうる。そこには結局逆転移が働いている。

最後に、これまで述べてきたアプローチには、転移関係の重視という特徴／限界があることを付記しておきたい。例えば、オーヴンはユダヤ人家族をまとめて燃やした強制収容所の炉と関連しているかもしれなかったが、治療者はそのように解釈しなかった。それは、そうした治療者自身の連想が文化的なものに逸れていると思われたからだが、結果的に重要なことを逃していないという保証はない。

以上から、治療者が一般に夢解釈に至ると思われる内的作業の諸過程を振り返っておこう。治療者の連想の骨格には、エディプス理論、ポジション理論、アルファ機能理論といった精神分析理論が確かに存在し、解釈の最終形

はそれに合致している。しかし解釈は、理論が念頭にあってそれに照合しつつ該当するパターンを探し求めた結果ではない。それは最後の、多くは面接外での整理である。現実には、治療者は内的に模索を積み重ねて解釈に至る。まず当然のこととして、治療者は患者自身の連想を十分に聞いている。そこからさまざまな印象が浮かんでも言わないこともあれば、何も浮かばないこともある。その中で、これまで具体的に述べてきた作業のうちで道標となるものをあえて整理して挙げると、以下のようになる。内的な作業の実際としては順不同に行き来するので、番号は付けないでおく。

- 夢の中に入り足場を見出すこと、すなわち困難な情動を経験すること
- 夢における現実の地盤、すなわち内的現実にとっての真実を確認すること
- 夢の中の経験を夢想すること、いわゆる逆転移感情を吟味すること
- 苦痛への防衛と登場人物（と）の対象関係を理解すること
- 身は夢の中に置きつつ、外からの視点で何が起きているかを見ること

通常は、直観的にこれらを吟味しながら理解を具体化し、感触が十分にまとまれば解釈へと進んでいると思われる。逆に不適切な解釈は、このいずれの段階からも生まれる可能性がある。その場合の多くは、患者の経験している世界からどこかで逸れてしまっていることだろう。

このように整理すると、夢の解釈は Freud が推奨した作業とおよそ懸け離れてしまっているだろうか。ここで細かく論じる余裕はないが、実のところ、これがまさに Freud の行なっていたことである（自分の夢を対象とした、自己分析においてだったが）。無論そこには限界があったが、それは心を理解しようとする精神分析全体に関わる限界でもある。困難は一般に、中で経験していることを外から見るところにある。

4 おわりに

躁的防衛が破綻した中年女性Aの夢を素材に、転移関係を中心として患者の内的世界を浮き彫りにしていく適切な夢解釈の基本的な条件と、具体的に解釈の形成に至る、治療者の内的作業過程について論じた。夢は、患者にとって通常は無意識の現実（夢現実）を、患者も治療者も実感を持って直接的に経験する機会である。実はここで述べた理解する手法の構造は、「中に入る」ことができるならば、夢の理解に限らず、防衛や加工の織りなす自由連想の底流にある、無意識的空想の解釈一般にほぼ共通する。その点に関しては、機会を改めて述べることにしたい。

▶ 文献

(1) Bion, W.R.（1962）*Learning from Experience*. London：Heinemann.（福本 修＝訳（1999）経験から学ぶこと．In：精神分析の方法I——セブン・サーヴァンツ．法政大学出版局）
(2) Freud, S.（1900）The interpretation of dreams. In：*S.E. IV and V.*
(3) Freud, S.（1905）Fragment of an analysis of a case of hysteria. In：*S.E. VII.*
(4) Freud, S.（1920）Beyond the pleasure principle. In：*S.E. XVIII.*
(5) 福本 修（2005）心的外傷の行方——病理的組織化と次世代への負債．In：森 茂起＝編（2005）埋葬と亡霊——トラウマ概念の再吟味．人文書院．
(6) Klein, M.（1932）*Psychoanalysis of Children*. London：Hogarth Press.（衣笠隆幸＝訳（1997）児童の精神分析．In：メラニー・クライン著作集2．誠信書房）
(7) Meltzer, D.（1983）*Dream-Life*. Perthshire：The Clunie Press.（新宮一成・福本 修・平井正三＝訳（2004）夢生活——精神分析理論と技法の再検討．金剛出版）

第5章
精神分析における理解と変化のための時間
'HERE AND NOW' と APRÈS-COUP (NACHTRÄGLICHKEIT)

1 はじめに

　'here and now'で、つまりセッション内で起きている対象関係を中心に据えて逆転移の理解と転移解釈を行なう技法は、現代のイギリス精神分析に特徴的であると見なされている。だが'here and now'という言葉から内容を想像すると、臨床の実際から外れる可能性が高い。その含意を理解するためには、精神分析発展上の経緯を踏まえる必要がある。

　源流のひとつであるKleinのプレイ技法を見ても、Freudの転移概念を超えた「その場」性がそもそも含まれている。プレイでは、治療者は単に子どもの振る舞いの観察者ではなく、参加を迫られるにせよ無視されるにせよ、すぐに巻き込まれて、その場で交流することが治療設定の一部である。治療者は必然的に、再演される対象関係の一部となる。Kleinの革新性は、このプレイを内的世界と無関係な遊びとせず、内的な意味を認めたところにあり、さらには、成人の分析においても自由連想を、プレイと等価の「全体状況」の表出として認めたところにある。とはいえ、Kleinは現在のような意味で'here and now'の介入を中心に行なっていたわけではなく、前性器期から最早期を扱う際には、その再構成も目指していたことが知られている。

　また、現代クライン派の技法が'here and now'の介入を中心としていても、他の介入をしないという意味ではない。それはより広義の、精神分析的な理解を可能にする前提があったうえでの技法である。すると、十分に聞くこと

（傾聴）と思い浮かぶまま話すこと（自由連想）に加えて、精神分析の成立には「事後性（Nachträglichkeit）」が関与していたことが思い起される。このことは、'here and now' の技法的な意義とどう関わるのだろうか。以下では、Freud における展開を確認したうえで現代の批判的論考に触れ、再び本書第1部の臨床例 A について考えたい。

2 Freud における展開

　Freud はヒステリーを研究し始めた当初、心的外傷が抑圧されて無意識化した記憶がヒステリー症状を生むと想定した。この図式はすでに、過去から現在への影響が単線的な時間経過ではなく、「事後性（Nachträglichkeit）」▼9 によって重層化・複雑化される機制を含んでいた。具体的に言うと、幼少期の性的経験は、性的成熟を経て性的な意味が明瞭になることによって初めて、外傷的効果を持ち始める。つまり、経験自体はすでに生じていても、それが主体にとって意味を持つようになるにはいくつかの条件がある。しかしそのつながりは、意味が意識された時点では見失われていて、自然にたどることはできない。だから過去の記憶へと遡行するには単なる想起では不十分で、抵抗を克服し種々の防衛を解釈して総合的に理解することが必要となった。だから Freud が指す無意識は、面接の中ですぐそこにはなく、抑圧され防衛されているので再構築によって見出されなければならないものだった。

　だが、Freud は 1897 年 9 月に「誘惑理論」を放棄してヒステリー者による語りの空想性を認識してから、直ちに転移の理解と無意識的世界の探究に向かったわけではない。しばらくの間 Freud の目は、人そのものあるいは無意識の「世界」ではなく欲動とその変遷に向いていた。外からの性的外傷という図式は、内因的なものの発現（自慰の病因性を経て小児性欲へ）に置き換えられたので、プログラムとしての規定性／既定性は強まった。そして空想は主として、クライン派の無意識的空想のように意味を生成する母胎ではなく、さまざまな防衛を経た産物（例えば「隠蔽記憶」）だった。それから、「事

後性」の含意に反して、Freudはその元に実在したはずの歴史的事実をいつも強調していた。Freudが精神分析的な歴史として、史料を掘り起こすよりも隠された意味を見ようとするのは、人類の神話を再創造した「トーテムとタブー」以後のことである。

　夢解釈と自由連想法は、こうした無意識に到達するための方法として開発されたものだったが、両者のベクトルは相反している。『ヒステリー研究』▼5には、精神分析の設定（寝椅子とその背面に位置する分析者、自由連想など）の大枠が固められていく過程とともに、自由連想法についての記述が見られるが、その実践は現代の理解と異なっている。当時の自由連想は、患者の自由な心の動きとその制縛を取り上げようとする現在の形と違い、夢解釈（『夢解釈』(1900)）を実践する一部だった。Freud自身は自由連想を、夢を解釈するための患者兼分析者という一人二役の自己分析の中で行なっていた。そして臨床でも、彼は主として夢解釈の要素連想のときに自由連想を促してはいるものの、何を話すかという主題の選択は、患者の自発性よりも医師の問診が大きく左右していた。その水面下で、転移つまり過去からの持ち越しを現在生きることは、面接において無意識に進行していた。この二重性の限界を露呈させ、Freudに再考を迫ったのが、「ドーラ」症例である。夢分析の作業よりも連想の流れを重視することを明記した「精神分析における夢解釈の取り扱い」(1911)に至って、自由連想の実践は理念に追いついたと言える。

　このように、自由連想法の意義は徐々に開花した。それにしても、Freudが自由連想法を提起して、患者に心の中にあることを話すように求めたことで、さまざまな現実的顧慮が外され（治療者の現実を知らないので外すしかなくなり）、セッションの中は世間的時間ではなく、心的世界の時空間となった。転移と抵抗は、Freudが「想起・反復・反芻処理（ワークスルー）」(1914)において転移の実演を、過去が想起される代わりに「今ここで」行為されることとして定式化したことで、理論的に一応整理された。Freudは症例「狼男」で再び「事後性（Nachträglichkeit）」について触れたが、以後詳しく論じることはなかった。しかしながらその後、Freudの欲動論が改訂されただけでなく、クライン派を含めてさまざまなアイデアが提起された。

3 Bollasの'here and now'技法批判と「事後性」

それらすべてを総説することはできないので、現代的な論考の例として、Christopher Bollasの考察を参照しよう。

彼は *Free Association* で、「無意識」理解には2種があると述べている。その違いを大別すると、「その場」で分かるのか、「後から」分かるのかにある。前者の対象関係論は、実演、再演、全体状況といった概念を用いて、何が起きているかを瞬時に解読する。それに対して「「事後性」としての無意識」は、出来事の継起や連想の連鎖を経て、初めて明らかとなる。ここでBollasは、単に後者がFreudの無意識の本来的な特徴であると述べたのみだったが、*The Freudian Moment* では、はっきりと前者を批判して、その偏重は精神分析の展開を阻害しうるとする。

Bollasが言う精神分析の基本的な過程は、患者の思考の連鎖から無意識の意味を把握することである。それは必然的に、時間的に「後から」しか可能ではない。彼によれば、分析を行なうのは「自由に連想する被分析者」と「（注意を）平等に漂わせる分析者」という"The Freudian Pair"である。精神分析とは、この「自由に連想する被分析者」と「（注意を）平等に漂わせる分析者」が、思考の無意識の流れを見出していくことである。このペアは、一方が「反省や検閲なく自由に話し」、もう一方が前提なく「自由に聞く」ことによって、2つの心の間で無意識的思考が生まれるのを可能にする。分析の仕事は、特定の焦点（自我の機能、防衛、対象関係、今優勢な転移……）に注目することではない。それは「無意識から無意識へ」となされるものである。この主張は、イギリス精神分析における 'here and now' 偏重への強い批判である。彼に言わせれば、特定の方向づけによる過度の介入は、患者の自由な表現を阻害している。患者の治療者への意識的・無意識的な言及は、特に面接冒頭では必然の如く出現しても、それは漣のように収まっていくものである。Bollasは無意識の時間的な流れを音楽の喩えで論じて、隠れた大きな旋律が立ち現れる前に掻き乱しては、聞き取られるべきことが聞こえなくなる、と

している。

　ある種のパースペクティブは、後からでないと確かに分からない。それは、多少の行動化がないと潜在した対象関係が見えてこないことに似ている。最も素朴に考えても、あるセッションで何が最も重要なやりとりだったかは、少なくともそのセッションの終わりまで来なければ決められず、本当の重要性はもっと後から浮かび上がってくるのが普通だろう。理解の不十分な'here and now'の技法は、すぐに"転移"ばかりを取り上げることで治療者が理解しているつもりで行動化を行ない、患者から表現の自由を奪うどころか、別の対象関係を再演している可能性を見落としかねない。それは治療者が、親に似た内的対象に同一化している状態である。結局、最初にあるいはその場で分かることは、ある局面についての仮説であり、それがどこまで包括的であるのかについての保証はない（ただし、何が起きているかについての仮説や感覚をその場で持ってはならない、ということにはならない）。

　また、Bollasの論旨と文脈は異なるが、O'Shaughnessy▼16が指摘したように、'here and now'と転移解釈にのみ固執して面接を進めれば、「孤立領域（enclave）」と呼ばれる特殊な二者関係に嵌り込むこととなって、時の経過を含む現実が否認され、分析の課題は見失われる。それは歴史性と第三者を排除する関係である。しかし精神分析は、'there and then'の参照なしには成立しない。

　注釈を加えると、Bollasは注意を特定のものに向けずに聞くことを推奨していても、自然に湧いてくる転移解釈までも排除はしていない。とするとそれは、Bionが「記憶なく欲望なく」と述べた分析者の心の構え方と大差ないのだろうか。留意すべきなのは、そのことが「（注意を）平等に漂わせる分析者」、すなわちBollasの言う"The Freudian Pair"の片方には当てはまっても、患者が「自由に連想する被分析者」であるとは限らないことである。自由な連想が思考として成り立つためには、患者にそれを保持する内的空間がなければならない。だが多くの患者は、それを十分に有しないか、有していても活用するモードに留まらずに、連想に見える行動化を行なう。その実態はコミュニケーションとは限らず、投影同一化を通じた排泄や攻撃を含ん

でいる。そうした行動をしている限り、たとえ理解が生まれてもそれは分析者の中だけのことであり、精神分析に固有の内的変化は患者に生じない。それ以前に、患者の偏りに応じて分析者も「（注意を）平等に漂わせる分析者」からの変容・逸脱を迫られる。今何が起きているかに目を向けずにいると、治療者は患者がすでに経験してきた対象以上のものにはならない。さらに言えば、患者も話すことに加えて、考えることをしなければならない。

だがこのような再演をあらためて理解するには、それを位置づける 'there and then' の参照を最終的に要する。内的対象関係によって「その場で」分かることがあるにしても、浮かび上がってくる内的対象の側面がどのようなものか、あらかじめ分かってはいないからである。それは、経験についての「事後性（après-coup）」による意味の生成である。

4 「事後性」と 'here and now' を巡る論考

この「事後性」の概念は、Freud 以後、Lacan が "Fonction et champ de la parole et du langage en psychanalyse"（1953）で取り上げたのを発端として、Laplanche and Pontalis が『精神分析用語辞典』（1967）の中で普遍性のある問題として論じた。以後フランスでは数名の論者によって精神分析過程の中心的な主題として取り上げられ、「事後性（Nachträglichkeit）」（Freud）に認められる3つの意味、すなわち（1）単に「後に」という意味、（2）「過去から未来へ」という意味、すなわち当初（性的な）意味を持たない経験が、性的な成熟後にその意味を活性化されて、外傷効果を発揮するという誘惑理論のモデルをさらに一般化したもの、（3）知覚（経験）への遡行的な意味付与、が強調されるようになった。これは、精神分析的な理解が有する治療効果、つまり"過去"の経験の再編成＝内的変化という一側面を表している。

精神分析はその出発点から、過去の幼少期以来の経験がどのように「無意識」の中に潜み、現在の生活に波及しているかを探究してきた。「想起」および「意識化」の強調は、無時間的な「無意識」に留まるものを、第一局所

論的な意味での「意識－前意識系」へと統合する試みを表している。同時に Freud は、欲動論の中でリビドーの変遷に注目してきた。彼はそれをエディプス・コンプレックスに収斂させるが、欲動が失錯行為や症状、夢そして性格形成などへと派生すると考えている。これらはさまざまな場所と時間で、すなわち 'there and then' で現れることになる。一方、臨床的に Freud は「過去」が転移関係の中で甦ること、つまり 'here and now' での経験になることにこそ意味があると考えた（「転移の力動論に向けて」（1912））。そこには体験することと知ることの相克がある。しかしこの過去もまた「再構築」されたものであり、「事後性」抜きに見出されないものである。

　この 10 年の間に、英仏の分析者の間でこの「事後性」の概念を巡って議論が交わされている。[8, 12, 18, 19] そのひとつに、2005 年に *International Journal of Psychoanalysis* に掲載された、Faimberg と Sodré の討論がある。「事後性」の概念が取り上げられること自体、フランス精神分析の特異性をイギリス側が評価しようとする試みのように見える。しかし、ここで詳しく紹介はしないが、二人の間では必ずしも噛み合っていない感がある。それは、Faimberg にとって「事後性」が主体の成立に関わる時間構造の機制であるのに対して、Sodré にとってそれは、経験を記述する概念に留まっているところにあると思われる。言い換えると、過去の意味が変容するという「事後性」は、心の内的変化に不可欠ではあるが、すべての説明原理としては疑問が残ることを意味する。位相はやや異なるが、同様のことが 'here and now' に関しても当てはまる。それは明らかに重要な局面であり契機でもあるが、それのみに価値を置き集中しようとすると作為的になるおそれがある。

　実際には 'here and now' を目される技法の中には、さまざまなものが含まれている。'here and now' を主題に 2008 年に催されたカンファレンスで、アメリカの分析者 Busch[6] は代表的論客として、Merton Gill、Paul Gray、Betty Joseph、Edger Levenson を取り上げて批判的に総説している。アメリカでの流れを適切に整理することは私の任を超えるので、以下では Betty Joseph の仕事に関連する範囲に絞って、そこでの演者たちの論考を簡略にではあるが紹介したい。

Aguayo[▼1]は、Josephの臨床実践の展開を「1948-1966：戦後の早期」「1966-1975：技法的移行期」「1975-1989：技法の地固め」と3期に分け、諸人物との関係や歴史的状況の叙述とともに、それぞれの時期毎にJosephの症例を引用して詳しく論じている。彼はKleinに遡って、Josephの出発時に転移は「想起された過去」と「無意識の過去」（乳児が一般に経験する状況）に由来すると考えられていたことを説明し、Josephも当初そのパラダイムで患者を理解していたとする。Aguayoの考えでは、そこに変化をもたらしたのは、どちらの過去も参照しないで転移を解釈したBionである。中期にはJosephは、到達困難な患者たちに対して「想起された過去」ではなく、面接室内の生きた経験を取り上げることを強調するようになる。それは自己愛的・倒錯的傾向の強い患者を臨床の対象としたことに対応している。そこで重要な役割を果たしたのは、Bionによる「投影同一化」の概念の拡張である。Aguayoはもう1つの源として、経験ある分析者たちとのワークショップが、逆転移の詳細な吟味を可能にしたのではないかと推測している。彼は他にも、「容器／内容」や「記憶なく欲望なく」「現れた過去（past presented）」などのBionの概念に言及している。総じて彼はこの論文でBionの影響を重視して現代クライン派の展開を論じており、'here and now' であるという以上には、Josephの技法の特徴を詳しく吟味していない。

　それに対してBlass[▼2]は、どのような 'here and now' がBetty Josephの技法に固有なのかを、Josephと異なる 'here and now' の3つの理念型を挙げて、かなりラディカルに論じている。彼女はまず基礎として、「直接性＝無媒介性（immediacy）と距離の逆説的な混淆」が無意識の心的真実の経験にとって最も本質的であるとする。それに対して、第1の「カタルシス的」'here and now' では、無意識の力の直接的表出が重要とされ、理解や解釈は知性化として扱われる。精神分析の歴史において代表的と見なされるのは、FerencziとRankである。情緒的表出や外傷の再経験を治療機序とする学派はこの流れに属する。彼女が第2に挙げる「対人関係的」'here and now' は、最も直接的なものに留まろうとして分析の焦点を患者と分析者の間の現実の関係に置く。しかし結果として、無意識的な深さは軽視され、分析的関係で今起きていること

は詳しく吟味されるが、それは転移というより意識的対人関係である。Blassによれば、アメリカ関係分析が論じている 'here and now' は、クライン派のそれと全く合致しない（ただし、「無意識」概念抜きでは説明のつかない事象は、「共構築」などの別の概念で論じているように見える）。第3は、「経験的」'here and now' と総括される。そこでの「経験」は、患者の意識が許容する限りでのものである。先の「使える（workable）」'here and now' に限定するBuschも、表層から進み時に転移外解釈の提供を重視する自我心理学も、こうした「経験的」見方をしている。アメリカの中で、この系統は無意識を脇にやっていると批判される場合、無意識は再構築（reconstruction）を通じて間接的に提示されるしかない。逆に言えば、KernbergらのようにJosephの技法を見てクライン派が自我心理学に近づいたと評するのは、誤解に基づいている。

　では、転移関係の中でその場の無意識的空想を解釈することが、Josephの技法の特徴だろうか。Blassは、それはイギリス・クライン派全体に共通するものであり、再構築および転移外解釈に対する 'here and now' を挙げても、その特徴を押さえたことにはならない、と指摘する。また、分析状況の細部と雰囲気に注意を払い、非常に細かな動きを綿密に観察して転移・逆転移関係の中で理解していくことは、Josephらしくはあるが、このように述べても、どの分析でも目指されていることとの区別が明瞭ではない。そこでBlassは、Segalを代表とする「無意識的空想」の解釈を重視するアプローチと対比して考察する。

　Segalは例えば、患者の所作と自分の逆転移感情に基づいて、患者は両親カップルを破壊する攻撃をしていると直観すると、それを（Josephの基準ではそのまま）患者に伝える。これが情緒的インパクトを持つのは、患者が思っていることを話しており、解釈を自分のこととして受け止める場合である。しかし、患者が分析者による空想の描写の中の自分から距離を置いて、解釈を情報つまり知的な説明としてしか扱わない場合もありうる。それを行なう背景にも無意識的空想はあるだろうが、それを論じても作業の性質が因果関係の俯瞰なので、'here and now' から遠ざかっていく。

　それに対してJosephは、解釈に至る前に、あるいは、解釈の本質的な構成

要素として、患者が無意識のうちに（時には半ば意識して）分析者に何をしているのかを記述する。患者が分析者から誘い出そうとして、実演に向けて圧力を掛けていることを関係性の基本的次元とする捉え方は、分析的関係を理解する際の前提である。筆者が付言すると、この見方は、子供の治療では或る意味で当然のことで、プレイ技法が出発点だったKleinにも内在している。だが、成人の交流についてもこのことを最も本質的とする捉え方は、一群の早期対象関係を描写する妄想分裂ポジション概念の強調点を、まさに'here and now'に移動させている。かつ、患者が分析者に対して何をしているのかという転移解釈に焦点を絞り込むことは、患者の自由連想に対して分析者が自分の心で自由に連想し解釈するという精神分析から見て、かなり特殊な局面に限定しているように映るが、妄想分裂ポジションは元々、自由連想が成り立っていない束縛の多い世界である。

続いてBlassは、Josephタイプの'here and now'を個別的な特徴からではなく一連の布置として捉えるために、4つの次元で「無意識的空想解釈」アプローチとどう異なっているのかを述べている。以下、両者を対比して要約しよう。

(1) 分析者による観察の焦点——Josephは、患者がどのようにして分析者に或る種の仕方で考えたり感じたり解釈したりするように仕向けているのか、それによって変化が起こらず均衡を保つことができているのかを、その意図から手段まで緻密に観察して描写する。患者の試みには、分析者に無意識的空想の解釈をさせるような誘い出しも含まれる。その場合、洞察を引き起こそうとした解釈は、実は患者による実演（enactment）の一部を担わされたものである。しかし、「空想解釈」アプローチから見ると、Josephのアプローチは患者が分析者に何をしているかの一点に絞り込んだものであり、無意識をその深さと広がりとともに扱っておらず、分析者が自由に心を用いることを前提にしていないように見える。

(2) 変化とそれを引き起こす解釈——従来から、Josephのアプローチが患

者に心的変化を引き起こすのは、分析者の思考作用と包容作用が内在化されるからであり、そのために実演において観察された諸過程を記述する解釈が必要である、というつながりでなされてきた。Blass はさらにこう説明する。そうした解釈は分析者が患者の内的世界に耐えられることを示すので、患者に「自己の或る部分が分析者と同盟し、それによって自分の操作の仕方を見て認識すること」▼13ができるようにする。そうすると、患者が変化を避けて均衡を維持するためにしていることが浮かび上がり、表面化する。そしてその防衛的意図や帰結を認識することができるようになり、真の洞察に到達する。「空想解釈」アプローチにしてみれば、このように実演を指摘しても、同じ行動を取り続けることが予想される。なぜなら、それにエネルギーを与えている基底の無意識的空想を分析していないからである。それは単に防衛を取り上げていないという意味ではなく、そこにある情動を包容（contain）していないということである。

(3) 変化への障壁——変化に抵抗するのは、さまざまな情動的苦痛をもたらす内的現実を回避しようとするからであるという認識は、両アプローチに共通している。Blass は Joseph と Segal の強調点の違いを、主として扱っている精神病理の差に見る。Joseph は、静止状態に強く惹かれること、際限のない反復のもたらす快、自他の区別と分離の回避、加虐的被虐的支配の傾向などに、特に注目する。これらは、倒錯的防衛による停滞である。それに対して Segal は、躁的防衛や万能感によって現実を否認し拭い去る、精神病的防衛を主に取り上げている。

(4) 'here and now' と直接性が意味するところ——どちらのアプローチも、それぞれが「直接的」と考えるものを扱っている。Blass は、Segal が転移の内容を扱うのに対して、Joseph は患者がその内容で行なっていることに注目している。彼女にとって直接的なのは、単に内容ではなくて、患者がそういう空想を分析的関係の中でいつどのように実演しているか、具体的に確認されるものである。

最後にBlassは、どちらのアプローチも局面によっては直接的で生き生きとして適切なこともあれば、説明的で知的になる可能性があると述べて、ラディカルな定式化を和らげている。それでも特徴として、Segalは身体水準の事象を言語的に扱いつつ無意識の深みを探究しているのに対して、Josephは動機や意志という心的内容を身体すなわち直接的な行為の水準で取り上げている、と対比できる。
　以上から、Joseph流のアプローチの特徴は、患者に行為の主体的責任を問うているところにあるのではないかと筆者には思われる。同じく内的現実の否認を取り上げていても、Segalは〈何〉を否認しているのかを提示するのに対して、Josephは〈どのように〉否認しているかに焦点を当てて、感じ考え行為する患者の主体と交わろうとしている。言ってみれば患者の誤魔化しを追究しているので、ある非クライン派の分析者はJosephの解釈を「迫害的瞬間」と形容していたほどである。
　しかし、当然のことだがそれは患者の糾弾ではなく、患者はなぜそのように振る舞わざるをえないのかを理解することを目的としている。実際、治療者が思いついたことを患者に直ちに指摘するのは、解釈のようでいて実演になっている可能性がある。治療者の第一の課題は、自分がどう不自由になっていのかを吟味して逆転移状況に気づくことにあるだろう。どちらのアプローチも、「説明」や「実演の一部」に陥る可能性がある。だから、一般化して言えるのは、どちらも精神分析過程を成立させる、情動的接触から分析的な交わりへの移行を促す可能性を持っているということ以上ではないだろう。
　そこで気がかりとなるのは、Josephのアプローチも、「自己の或る部分が分析者と同盟し、それによって自分の操作の仕方を見て認識する」というメタ水準を保つ自我の機能を前提していることである。自己の病理的部分に対峙して対象化する自己機能がなければ、つまり発達障害の患者の場合、Josephのアプローチもまた付着的に模倣され、解釈が主体的な自己の到来をもたらさないことが予想される。別の言い方をすれば、分析は患者に住むところを提供するが、自立する力が発現するかどうかは、素因によるところがあるだろう。しかし接触の機会がなければ、それを確認することはできない。

このカンファランスでのJosephの応答は、2013年に論文として発表されている[14]。それを読むとJosephの立場は、すでに彼女が論じてきたことを繰り返している以上に注意の偏りがない実践で、どこが格別に特徴なのか目立たないほどである。「ここ（here）」は、面接室内で患者と分析者との間で起きていることを指すが、患者にとっての日常生活とのつながりを排除するものではない。彼女が「今（now）」から出発することを強調するのは、そこに錨を下ろすことでセッションにおける情動との結びつきを確保して、変化や揺らぎを捉えるためである。Josephは、面接の経過を進歩や後退という価値観を含んだ観念を排してたどり、瞬間瞬間の解釈に対する不安の増大や緊張の低下のような反応といった動きを追うことが心的変化に通じることを期待する。しかし、彼女はこの方法には患者が付きまとわれているとか捕えられていると感じさせる危険があることも承知しており、患者があれこれ考えたり伸び伸びしたりする心のスペースを必要としていることを理解している。また、過去の再構築に関しては、現在の中に生きた「歴史の断片」が現れることを認め、性急に結びつけることはしないにしても、「長期的には、過去に何が起きたか、患者にとってのその意味と患者がそれにどう巻き込まれたのかについての理解は、彼の分析者としての私にとって非常に興味深いだけでなく、患者にとっても、自分の分析者が連続性の感覚を持ち彼の歴史を持っていると彼の心のうちで感じられることは重要である」と述べている。

　同じカンファランスで、O'Shaughnessyは症例を中心に発表している[17]。最初、不安げでまとまりのない、若くは見えるが30代半ばの男性X氏は、孤立した二者関係からエディプス的な家族の空間へ、そして切断と無時間状態から持続感や過去と未来を伴う現在にいる感覚の獲得へと進んだ。

　Xは三人兄弟の末子で、「何をしたらいいか分からない弱いチビ」と自認していた。彼が精神分析を求めたのは、直接には、会社で関わりの深かった同僚から公衆の面前で侮辱されたことに、昇進できなかった痛手があったからだった。彼は孤独で身を落ち着けるところがなく、性的志向も不確かで、同性愛関係のエピソードと、女性主導の異性愛関係だった。唯一、彼が選んだ相手との関係は、親たちの干渉を彼が受け入れて、中絶を求めて終わった。

母親は彼に興味のない恐い人で、父親は感受性が鋭くもう少し人間的とされていた。現在の彼には、「ガールフレンドのようなもの」がいて、曖昧な関係を持っていた。分析が始まると、O'Shaughnessy は自分が彼と特別の、優しいペア関係を作るように求められていると感じた。それは膠着した状況で、彼は余韻を欠いた連想を述べ続けていたが、或る日、セッションに来る前に目にした「家とその外の庭」の光景を描写した。「それは片づけられた庭で、剥き出しに整地され、2つの青い繊細な花をつけた植物を片隅に残すのみだった」。

O'Shaughnessy は、夢を述べたことがない X のこの何気ない描写に、転移状況を読み取る。つまり、X は分析の家に入らず、庭の片隅で青い花のように分析者と二人になろうとしている、と。ブルーは、誘惑され性愛化されたあり方と解された。X はこの解釈に深く同意した。実際、会社でもどこでも、彼はこうした関係を作って維持しようとしてきていた。この解釈を提供した O'Shaughnessy の卓抜した夢想力は改めて言うまでもないものの、それを理解した X にも、かなりのポテンシャルがあるように思われる。

O'Shaughnessy は、紆余曲折を経た5年後の或るセッションを提示する。

彼は遂に昇進を手に入れ、上級マネージャーたちの集まりに初めて出席し、新しい仕事の準備を始めていることを生き生きと分析者に報告した。O'Shaughnessy もその気分を共有しつつ、彼が上級マネージャーたちの集まりに加わる喜びを分析者に伝えることができたとコメントした。彼の気分は変わり、怒りと侮蔑で、「そんな集まりに興味を持つなんて子供じみている」と言い、さらに怒りを募らせて、分析者が上級マネージャーたちは彼らで、X は違うと言った、と非難した。分析者は X の突然の変化に言及して、そうした発言の否定も含めてさまざまな解釈を試みた。彼は、分析者は言ったと繰り返していたが、黙ると、しばらくしてから、夢を見たことを努力しながら述べ始めた。「彼は、すでに新しい仕事の職場で働いている。服装はきちんとしておらず、カジュアルな古いジーパンと T シャツだった。秘書がやってきて、「そういう服ではいけないことを御存知ないですか？ 上級マネージャーたちのように、ジャケットとネクタイを着用してください」と彼に言う。彼女は彼のために一式を持っていた。彼

はそれを受け取って着た。突然、赤ん坊が彼の肩に座っていて、彼のあちこちを舐め始め、彼の服をべちょべちょにした。彼は、これは着られないと思った。もはや見込みはなく、彼はその服を脱いだ」。

　Xは被害的な怒りを突然噴出させたが、そこを持ち堪えて、この内容豊かな夢を見て報告している。彼は、一人の息子として分析者＝親のところに喜びとともに話していたのが、それを明確にする分析者のコメントを境に、被害感を爆発させる。その劇的な内容では、彼は自分の身支度もできず秘書に任せるという、昔の依存的な立場に戻っており、かつ、その服は赤ん坊に駄目にされてしまう。赤ん坊は彼に、兄の赤ん坊と自分が中絶させたことを思わせた。O'Shaughnessyは、こうした連想の意味や自分の逸脱（現実的に発言を否定したこと）を含めて、「ここ」「今」が何につながっているのかを綿密に吟味している。それは彼が、どのように動いたかを示すことでもある。

　彼にとっての'here and now'のこうした変容は、治療的'here and now'がもたらしたものであり、それ自体興味深くO'Shaughnessyの見事さに感じ入らずにいられないが、技法と理解の詳細は、ここではこれ以上立ち入らないことにする。

　私から見て感銘深いのは、この移行を支えた実際に前進し経過した5年の歳月である。「事後性」も'here and now'も、この時間経過が現実に見合う実質を伴うときに、本当の意味を持つと思われる。それを平たく別の言葉で言えば、現実の世界の中でも変化が起きているということである。O'Shaughnessy▼16は、「孤立領域（enclaves）」と「遠足（excursions）」という、接近による二人だけの世界を作るか、関係性を扱わずに外へ外へと向かうかという、内的・外的現実に直面するのを回避する実演について、かつて述べたことがある。現実を見失っては、分析に進展を見出すことができない。ただ、Xが成し遂げつつあった進展についてO'Shaughnessyは、この時点でも患者が本当に定住できるのか不安定なままなのか、確固たるものはないままだったと述べている。実際、5年後の夢では、スポイルする存在が登場し、それは何者なのかが仄めかされ始めたところである。否定する羨望の力の理解が変化につながるのかどうかは、誰にも保証することができないだろう。

5 臨床素材

次に、第1部を通じて論じてきたAの経過を、「事後性」および'here and now'の観点から振り返りたい。この臨床で筆者は、'here and now'での交流で得られる情動的な手ごたえをもとに、そこにある無意識的コミュニケーションを読み取ろうとしてきた。しかしその意味の重さには、後になってから初めて明らかになるところもあった。

以下に、まず第6回のセッションを再掲して検討する。

― 治療開始期の再考

40代半ばのユダヤ系女性A（第1部第2章参照）。Aはアセスメント面接の結果、週3回の個人精神療法のウェイティングリストに載せられた。

数カ月後、治療者は予備面接の予約をAに送った。彼女は、世界で一番のクリニックで、彼女の特殊な背景を理解する治療者に出会えると期待していた。だから日本人の筆者が治療者になるという話であることに、彼女はひどく驚いた。Aは治療者が訓練生なのか、スーパーヴィジョンはあるのかを知ろうと食い下がり、具体的な回答を聞くまで納得しなかった。治療者はAの断固たる要求の中に、治療者がAの治療に当たるうえで、いわば祖父母に相当する存在のバックアップがあるかどうか彼女が不安に感じていると認めて、答えとともに解釈した。Aはこの解釈に直接応答しなかったが、治療を始めることには同意した。

第6回（第3週初回／時間に来室。しかしゆっくりで時間がかかる。やや緊張気味）

　週末に背骨を痛めて……（コートを取り、ゆっくり動く）横になれるかどうか……（椅子に腰掛け、一息置く）5分前になったら言ってほしい、立ち上がるのに時間がかかるから……最低の週末［Aは月・水・木と来談している］（横になり、時計のある側を向く）。

金曜の朝6時のこと、留守電を聞こうとしたら立ち上がれなくて……ひどい痛みで動けなかった。トイレに行くのにも1時間かかった。金曜の夕方まで、全く外に出られなくて。整骨医を探したけれども、週末でどこもやっていなくて……何とか行ったところが、ヤブで役立たず。友人から近くに住む別の接骨医を紹介されたから、明日行くつもり。土日も痛くてほとんど動けなかった。
　木曜の面接の後、夢を見た。帰って疲れていて、数時間寝ているときに見た。良い夢、治療者に関係がある。治療者は前回の最後に、自分が担当でAは残念に感じていると言ったが、夢では2カ月前に入った公営住宅にいる。
　「2つの部屋があるが、仕切りをなくして1つにして使っている。そこにはマットレスが敷いてあり、Aと夫がいる。新しい家具が2つある。夫とはどんな会話をしたか……家具の上にプラスチックの戸棚があり、夫はその中にある美しい銀の食器を見せる。もう1つには日本版画が入っている。Aはその版画が嫌いだった」。
　この夢は、"空間"を自分の中につくることに関係していると思う。夫が現れる夢を何度も見ているが、それとは全然違う。前のは──「夫はいつもひどいことを言う、例えば、夫はAと結婚していない、とか。そんなことはないと言うと罵る」──実人生では、決してなかったこと。あっても1回……今の夢は、治療と治療者との関係だと思う。安全で……私はもともと背筋痛持ちだけれど、動けなくなったのは初めて。2週間前にこの治療を始めた頃から、指圧も受け始めている、日本人女性から。夫は日本の版画が好きで持っていた。今もマッサージのときに見た。自分と日本人とは、どうなっているのか……
　〈治療者に対して、複雑なさまざまの見方を持っているよう〉。
　そう。治療者のスタイルは、私の知っているどの流派とも違うから。身体の接触が全くないのも変だし、目が合っても避ける。それは他の誰もしないこと……それから、質問がない、声明を言う。私にそれが分かるときもあるし、分からないときもあるけれども、インパクトがある。とにかく、自分が知っているのとは違う。

〈日本版画のように、好きではない〉。

好きではない。しかし、それで自分も考える……治療者のコメントは、何か鋭い……

〈安全と言うが、治療者がいない週末に背筋痛になっている。治療者がAの重みで背中を痛めないか、背負えるかどうか不安だったのでは？〉。

え？　よく分からない……Aには治療者が抱えられない重さがあると？

〈週末いない治療者はヤブなのでAは自分を抱えなければならず、その重さで背を痛めた〉。

(やや慌てて)起きないと……友人に、このところ背筋痛はないと言ったら、その翌日に……治療者は私の重さを抱えられるだろう。そう思う。(立ち上がる)私は治療者のことを、残念に思っていない。今まで自分でやってきたが、それがもうできなくなって、(ゆっくり部屋を移動する)破綻するギリギリのところで、担当医が真剣に受け取って紹介してくれたことに感謝する。生活の世話をしてくれる友人はいるが、それだけでは……神の祝福か何か知らないが治療者と治療を始めることにしたい。整骨も始めたし。良い夢だった。自分のためのスペースをつくる、ということで。治療者を夫代わりにしていないが……夫と結婚していたのは実際には8年なのに、心の中から夫を去らせられないで……

〈Aは自分が内側から支えられる必要があると感じる。亡くなった夫ではなく、治療者との関わりはそれに替わらないかと思う。けれども自分の重さを集中して潰さないように、いろいろな専門家のところに行っている〉。

いや、自分の苦しみの80％は情緒的なものだけれども、自分には身体のケアも必要。それは治療者が提供できないもの、契約外のこと。それに、治療者一人に頼らなくて済むし。それこそ重荷だから。(ゆっくり靴を履き、コートを取る)ありがとう。水曜に……

● - 考察1

'here and now' の文脈は、いくつか認めることができる。最も広くは、治

療の開始期ということである。そこには偶然の事情が重なっており、特にAにとって予想外だった日本人治療者ということに適応しようとする動きがある。また、精神分析的治療という、Aが知っているどの治療とも違う経験にAは驚いている。そこに、週末という分離の機会がある。治療者の不在に対する背筋痛の反応は、複雑な対象関係を内包していると考えられる。セッションの中では、Aはドラマ調に登場して動作はゆっくりになるが、治療者に依存し過ぎない、と伝える。それから背筋痛とその処置に苦労したことを語る。Aがヤブの治療者カップルに言及していることから、週末を治療者から排除される原光景のように経験していたことが示唆される。

「部屋を1つにして使う」夢の報告に続いて起きたのは、その解釈を巡る対立である。Aはこの夢を、心の空間を広げることと解釈して、結婚＝治療の開始と結びつけた。同時に、夫の否定的な言葉も連想している。しかし治療者がそれに乗って、Aが能力のない治療者や脆弱な治療者像を持っていると示唆すると、「え？　よく分からない……」とAは一瞬混乱し、迷信への言及を経て「良い夢」だと否認と理想化を示している。

ひとつのセッションはさまざまなことを表し伝えるので、他にも読み取ることが可能な内容はある。例えば、Aが治療空間を2人の間の仕切りなく使おうとしていること、治療者が自分の心の空間を持たない紙に還元されていること、それでも"夫"による拒絶は破滅的であること、などである。また、Aの万能的・演技的・自己欺瞞的傾向なども、その片鱗が窺われる。しかし、なぜ開始3週の時点でこうした実演が起きたのか、そこに偶然以上の意味があるのかどうかは、その場で分かることではなかった。

治療が進んだあるときAは、治療者にリアルと思われる両親の背景を詳しく語ったことがあった。Aの両親は、第二次大戦中のユダヤ人虐殺を、ロシアに亡命して免れた。父親は妻子を失っていた。母親は、亡命先でロシア兵と恋に落ちて妊娠、出産したが、ユダヤの血統を守ろうとする親族に、兵士は死亡したと騙され、生まれた息子とも離れ離れとなり、絶望の中でAの父親と結婚することになった。彼らは戦後建国されたイスラエルに向かったが、父親は生存者の発見を伝える短波放送ばかり聞き続け、母親は父親へ

の怒りの中で暮らしたということだった。それに照らして考えると、Aは日本人を治療者とすることになるとは、全く予想していなかった。それでも治療を始めたのは、懐疑的ながら、必要に迫られてのことだった。単に治療開始＝結婚というヒステリーの願望充足のように見える夢の背景には、悲惨な状況の中で祝い事をしなければ破綻するという、必要に迫られた状況があるようだった。第6回で治療者が直接感知したのは、ロードローラーに轢かれたような状態の治療者像（日本版画）だが、そこには母親から大量に投影された虐殺の世界があることが、「後から」推測された。それは顛末を後に聞いた治療者が経験したように、うねりのように圧倒する内容を流し込む排泄として伝えられた。それらの咀嚼は治療者に委ねられており、長期間を要する作業が残されていることが分かる。

　治療のその後の経過でも、地盤すなわちAの本当の情動的現実を見出すことは困難だった。しかしAの親たちが結婚した事情は示唆的だった。どちらも願望に基づいてではなく、生き残っていくための必要性に迫られての選択であり、Aにとってもこの治療の始まり方には、似たところがあるようだった。このように、地盤とその意味は初めから明確ということではなく、後から重層的な意味が見出されていくことの方が通常と思われる。

　さらに、こうしてAについてのいくつかの論考を編集する機会に改めて意識されるのは、治療として関わった期間が短かったことである。O'Shaughnessyの症例と比較することは、治療者の技量の差や精神分析の設定との違いを無視することになるので、明らかに意味が乏しいが、それでも確かなのは、数年という期間によってこそ達成される心的変化があることである。5年1,000回は、変化が起きて定着し始めるのに、そして「事後性」による理解を患者と分析者とが共有し始めるのにも必要な、おそらく最小限の時間である。'here and now' の理解にも、現実の時間の厚みが不可欠だろう。

● − 終結期の再考

　ただし、実際のAの治療経過は、クライン派の言葉で言えば妄想分裂水

準にほぼ留まり、抑鬱ポジションの水準での交流は極めて困難だった。そこに現実の問題として、治療期間の短さが加わった。しかし期間が長ければよかったのかと言うと、そういった何らかの見通しを持つのがまだ難しい段階だった。Freud は精神分析を干拓事業に喩えたことがある（『続・精神分析入門講義』(1932)）が、妄想分裂ポジションでの仕事は底の見えない埋め立て作業のように、見通しが立つまで延々と続く。A の治療が 2 年ほどだったことは、A がセッション、つまり 'here and now' で、治療者との関わりを保つことの困難を浮き彫りにした。では、A はどこにいたのかを振り返ってみたい。

　A は終結を伝えられると、「それは裏切りだ、治療期間が短いだけでなく、それを知らされていなかった。百歩譲って治療者が言っていたとしても、私が知らないことを治療者は知っていて教えなかった」と訴えた。A はそれが明確にされたところだと分かると、今度は、ただ伝えただけで理由を言っていないことに不満を述べ続け、「自分は火を噴くドラゴンだ」と自ら言った。だが、そうこう言っているうちに、A は自分の意志で地獄にいるのでは、と不安にもなった。

　206 回で A は、「A の部屋でゴキブリが繁殖し、ゴキブリだらけになっている。そこに医師もいる。A はスプレーを掛けて駆除するが、まだ数匹残っている。医師は、試験管の中に 1 匹入れて、「これを半分に切って中を見ないといけない」と言う。A は、だがガラスの中に入っているのにどうやるつもりなのか、と思う。ゴキブリは、A のベッドの中にもいるので、吐き気がする。ゴキブリは部屋の中ではなく、どこかから来ているのだ、と A は床から家の外へとたどる。すると、外は古代遺跡の発掘現場になっている。そこの下水か排水管から、ゴキブリがたくさん出てきている」——という夢を話した。A はゴキブリを嫌悪し退治したく、その発生源も確かめようとしている一方で、A の一部としてのゴキブリ（A の憤りと恨みだろうか）は、駆除されない試験管の中で切られず（分析されず）、身を保っている。或る意味で試験管は A に対して、A が奪われると感じている治療の代わりに、不死の万能的構造を提供している。

　また、ゴキブリの発生には元がある。それには、歴史的由来があることが

示唆されている。この 'there and then' も最終的には無視することができないものなのだろうが、それに目を奪われることは、今の問題から離れることになるだろう。火急のこの「今（now）」は、数カ月残るセッションを含んでいる。Aがそれをどう捉えていたかは、数回後のセッションで報告される夢に窺われる。

第210回（週の第2セッション）

Aは時間通りに濃い目の化粧で現れる。香水を付け、アクセサリーも多い。Aは、月曜の面接は良かったと言い、知人たちと会ったことを話した。Aは、一人ではなかったと思った。夫を、母親を、そして今度は治療者を失うにしても……。だが、見た夢は、不安を掻き立てるものだった。Aは、夢を記載したメモを見ながら話した。

「Aの好みの、結婚記念の観葉植物。引っ越して紛失していたのを、古いクライエントがAに届けてくれた。それはすっかり大きくなっている。Aはひどく喜ぶ。しかしあまりに大きいので、天井までつかえている。Aは剪定を考えるが、それがテーブルの上に載っているのを見て、下せばまだ十分余地があることに気づく。隣の部屋では、知人のMが内装をやっている——次の借り手のためだと言う。Aは、しかしまだ先のことだから、A好みの色にしてほしい、と言う。クライエントは、5時半まで時間があるから、Aとコーヒーを飲もうと言う。Aは、こいつは何を言うのか、ちゃんと枠を守れ、と思いつつ、5時半に会うからと伝える。玄関に、誰かが来る——隣人のPだった。Aは植物を自慢する。Pの友人？ 2人の若い女性で、1人は小便をしたがっていて、Aはトイレを貸す。しかし、Aが棚に隠してある鍵を盗ろうとしたので、頭に来て、2人とも追い出す。鍵は金色、変な丸い頭の付いた形だと分かったところで目覚める」。

夢をひとまとまり述べたAはそれへの連想として、自分は闖入者たちに言うべきことを言ったし、植物は成長しているし、良い気分だと言う。2年間の間に、Aが気付いていなくても、育っていたのか……と感慨があるように話す。治療者のほうは聞きながら、「結婚記念の」観葉植物であることに懐疑的で、Aの中で性愛化が復活しつつあるのではないかと思っ

ている。Aは自発的に他の細部に注意を向け、Aのクライエントとして登場している人物は、治療者にとってのAなのだろうか、と考えようとする。Aは、以前に治療者が、Aは一人でスーパーヴァイザー・クライエント・治療者をやっている、と解釈したことを思い出したと言う。続いてAは、もう1つ夢を述べる。

「Aはまたマンションに、すぐ上の姉といる。そこに男が3人入ってくる。姉が入れた。Aがトイレを見ると、床が汚れている。きれいにしたはずなのに……と思う。それから男の1人がギターを演奏する、しかし調子外れでひどい。それからAは、正面ドアの上側の床が、ひどく汚れていることに気づく。チョコレートがべったり付いている。甘そうな……Aは一瞬、それを食べられそうだと思ったが、こびり付いていて取れそうもない。Aが清掃業者に連絡すると、今空きがなくて3カ月後だ、と言われ、そんなに待てない！　とAは言う」。

Aは、誰がチョコを置いたのか分からないと言って、治療者の言葉を待っている。治療者は、〈月曜日の良かったものが、甘いものに変わったと思っているよう〉と伝える。Aは、「そう？　何も良いものがないとは言わないでほしい」と、夢が壊される不安を話す。治療者は、〈Aは治療の中に、植物のように育っていたものがあり、しかもまだ余地がある、と言っている。前の夢でも、譲りたくない、まだ自分の時間があるのだから、と主張している。その一方で、それは結婚記念の品だと、紛失していた関係を再び手に入れて性愛化しているのではないか。チョコレートというロマンチックなものがこびり付いている。Aはそれを食べたいくらいで、剥がすのには3カ月掛かる〉と解釈する。Aはやや憮然として、「どうしてこうなるのか……なぜ希望を持って、楽観的でいられないのか……」と言った。消沈するAを前に、治療者はAの落胆と怒りに触れて、〈治療者がAの良い気分を台無しにしたと感じる〉と伝えた。Aは、この数週間、性的な気分はなかった、そもそも性的な気持ちが悪いことでもあるように扱うのはどうなのか、自分の友人の何割はシングルだ、と述べ立てた。また、植物は台所に置かれていたが、チョコレートの汚れは入口の床のものだった。Aは、自分が性的なべとつく誘惑に対して憤激してきたと言い、Aはみす

ぼらしく干からびて終わるのだ、と自分を叩いて面接を終えた。

　治療者がAに対して指摘した、Aによる治療関係の性愛化や、残っている面接時間と課題の否認美化は、内容的に、今読み返してもおおむね正しかったと思われる。しかし臨床的事実として、そうした防衛の解釈をしても他罰を含むAの自虐はむしろ深まっており、治療者の方にも、何か後味のよくないことを言った感じが残る結果になっている。そうすると、或る水準では解釈をしていた治療者は、より患者に即した別の水準ではAの内的世界を実演していて、Aを失意に陥れる加虐的な人物の役回りに嵌っていた可能性がある。その結果、Aは内省を深めたり現実に目を向けたりするのではなく、喪失感を反芻するメランコリー状態に陥っている。ではそのとき、治療者と患者はいつのどこに（'where and when'）にいるのだろうか。
　この種の場面でAが喪失を感じざるをえないのは、膨らんだ希望が十分に現実に根差していたものというより、或る種の理想化つまりは躁的産物だからだろう。Aは理想化された世界を求めていて、実際にそこにいる気分になっていたときもあった。Aはマッサージなど身体接触の多い療法のセラピストでもあり、かつてクライエントを持っていた。時折Aはタヴィストック・クリニックのスタッフ用の部屋だとAが思うところで、後ろめたさも感じながらコーヒーを飲んでいた。現実の生活では、Aは生活保護で暮らしていて、あるとき知人の手伝いをしたが、注意を受けたことに怒って辞めた。その注意は、10時開店の店を手伝うのなら、時間ぎりぎりになって客のように来るのではなく、30分前には来て用意するように、というものだった。また、Aはそれと知られないように現金で給料をもらおうとしたところ、小切手で支払うと言われたことで、仕事はAにとって生活保護の支給が減らされる無意味なことになった。Aはビジネスプランとして、セラピストを派遣する事業について考えていたが、案から先には進まなかった。Aは、「今は働く時期ではない、治療が終わるまでは治療に専念する」と言いつつ、治療への関わりも、手伝い程度の重みにしていた。Aが期待しているのは、またウェイティングリストに並び直すことによって、タヴィストック・クリニッ

クという「ハロッズ裏の極上レストラン」に入れることだった。
　終結数週前のセッションでも、Aの位置が示唆されている。

第247回

　Aは、自分が呼びかけた観劇に一緒に行きたいと言って加わった女性が、舞台が終わると同時に帰ってしまい、Aが期待していたように車でAを自宅まで送らなかったので憤怒したエピソードを話した。Aは「第三次世界大戦」をその女性と始めるつもりで帰ったが、家庭の事情で緊急に戻らなければならなかったという謝罪メッセージが入っていたので、一触即発の緊迫は消えた。Aはその夜に見た夢を話した。

　「Aは、Dという町に行かないといけない、アレルギーの専門家がいる。それには旅費がかかった。226ポンド――高いと思う。数字の意味は分からない、Aのマンションの部屋番号だが――それでAは、「その専門家は帰った」とそこの女性に言われる。Aが「高い旅費をかけて来たのだから、テストをしてほしい。そうでなければホテル代を出すか金を出すかしてほしい」と言うと、その女性は、「では自分がテストしよう」と3種類行なう。Aは、それだけか？　と思う」。
　続けてAは、夢か空想か明確ではないことを述べた。「Aは夢の中で、治療者が出てくる空想をしていた。性的な……治療者は、Aが今まで見たこともないような巨大なペニスを持っている、すごいパワフル……Aは空想しながら、そういう空想はいけない、と同時に思っている」。Aは夢について連想し、治療との関係は旅のようなものか……自分は遠くまで来た、コストもかかった、などと考えた。治療者が〈昨夜の出来事との関連についても何か？〉と促すと、Aは「ああ、まだその話をしていなかった。私はその女性に対して自分勝手だと思ったが、それは治療者には当てはまらない。治療者がどこかに行くわけではなくて、私が来ているのだし……」と述べた。治療者が〈Aはタヴィストックの受診も自分が呼びかけたことだと感じている、それなのに治療者は社交もせずに去ろうとしているので、激しく怒っているのだろう〉と解釈すると、Aは、確かに怒っている、と言ったが、治療者は素晴らしかっ

たから……と続けた。治療者が〈それは、巨大なペニスを空想するように、Aにも現実味がない気がするのではないか〉と続けると、Aは、自分が治療者のことも終わりのことも膨らませているのだろうか、と考えた。しかしAは、素晴らしい治療だった、治療者も2年で終えるのは残念に違いない、と自分自身の経験から離れ、次に自分の感情として、悲嘆・悲しさなどを述べ始めたが、それはAのいつもの話だった。治療者は、〈Aはコストをかけてタヴィストック・クリニックに来たけれども、今になって、専門家には会わなかった、と自分の部屋に戻っているところがあるのではないか〉と解釈した。Aは、こんなバカなことを言われる治療になぜもっと来たいと自分で言っているのか分からない、と憤慨した。それから少し落ち着くと、自分がよく分からない、治療者にAのことは知ったことではないだろうと思うのと、治療者が最後に何か言ってくれるのでは、と思うのとがある、と揺れた。

その後Aは、自分が本当に変わっていないのかを気にし、治療の最初、非常に期待が高かったと話し、自分が仕事を始めるところまで行っていないことを問題として認めた。

Aが苦痛を回避するのか去りつつある治療者と関わるのか、というせめぎ合いは最後まで続いた。終結の2週間前、Aは治療者が悲しげに見えたので驚いた。それから、Aは皮肉られることを予測しつつ、不仲だった姉に治療が終わると伝えると、それはつらいだろうと共感されたので驚いた。Aに抑鬱的な感情が経験されたが、それは対象に投影された形によってだった。第253回、Aは治療初期の夢を思い出し、「銀の食器はまだ見つかっていない」と言った。Aはやはり「隠れた宝」を求めており、理想化と合体の空想は捨て難かった。Aのその後は、クリニックに委ねることになった。

● ― 考察2

第247回の夢で代理の女性が行なう3種のテストは、週3回の精神分析的

精神療法を連想させる。「週3回のセッションもこれだけか？」という治療の短さを表しているようでもあり、そもそも代理であるという治療の設定全体への不満が出ているようでもある。それは、特定の治療者との今回の治療という個別の問題ではあるが、希望と失意の反復は、さまざまな外傷を通じてAが経験してきたことである。Aが戻る226号室は、自宅でもあれば、失われて回復不能な'there and then'でもあり、理想の地であるところを目指そうとして帰らざるをえないところのようでもある。それはどこだろうか。

　治療に万能的解決への期待を投影することは一般に見られるが、Aの背景を含めて改めて考えると、世代を超えた反復がそこにはあるのかもしれない。つまり——親の希望の光として子供が生まれ、永遠に満たすことのできない課題を追う。子供は理想の非現実性を躁的に否認し、理想の実現を追求する間に、現実には外傷的経験を反復する。落差のうちに子供は親との同一化を通じて、羨望と惨めさを投影された、恨みに満ちた病理的組織化の形成へと至る——大虐殺生存者第二世代に共通する病理である。▼10
　　　　　ホロコースト

　親から引き継がされた万能的解決を要する課題は、「銀の食器」を探すことでは解消されないのが予想される。そうした親の外傷、いわば患者が直接経験していない'there and then'がありうる。それに対して精神分析的アプローチは、親から何が持ち越されているのであれ、治療者との長い時間の'here and now'を通して、患者が「自分の心」を持つことを援助しようとしている。▼7

　このように中途で終結とせざるをなかった症例は、患者と治療者にはもちろん、読者にもかなりの不全感を生むと思われる。それを検討することにあえて積極的な意義を見出すとすれば、あらゆる探索が行ったところばかりでなく行けなかったところを残しているように、それらの地図を描いて明確にし、そうした帰結に至った諸要因を理解することにあるだろう。もちろん、そのようなことをしても不確かなものは大きく変わらないが、行くべきところ、行くに値するところが見えてくることもある。そして、かつて行なったことの別の意味が表れてくることもあるだろう。

6 まとめにかえて

'here and now' は、その場での無意識的情動交流を中核とする。それはつねに生じており、病理の重篤な患者や治療構造の乱れがある場面（開始初期、休暇、治療者側の何らかの過失など）では、特に考慮を要する。ただ、精神分析的な理解は重層的なものであり、意味の生成変化には「事後性」が不可欠である。実際の解釈において、こうして大別される二極のどちらに重心が置かれるかは、そのときに何が最も切迫しているかによるだろう。

また、'here and now' の技法の基礎には、患者にとって表現の機会があり、解釈に先立ち十分に聞くことが条件としてある。「包容すること(containing)」は、解釈として返す前の、情動の受け止めという基本的な態度を指している。言い換えれば、'here and now' には解釈に先立つ重要な過程がある。

'here and now' は、経験の場としてのセッションで起きている重要な出来事だが、内的リアリティの探究の途上にあるものである。理解が被分析者自らのものになるのは、「後からの」歴史性の発見を含む、時間を要する過程である。そこでは、意味やパースペクティブの生成変化が起きている。そうした心的変化をもたらすのは、患者に無意識の自発性を促す、治療者側の保持である。すると治療者の機能には、「その場」での containing と、時間経験の中で保持し続ける長期の containing が認められることになる。結局、「今ここで」と「後から」という矛盾したように見える契機は、治療者の中で抱えられている。そして真の心的変化は、現実に長期間の面接を維持する治療構造によってその可能性を与えられるものである。

▶ 文献

(1) Aguyo, J.（2011）The role of the patient's remembered history and unconscious past in the evolution of Betty Joseph's 'here and now' clinical technique（1959-1989）. *The International Journal of Psychoanalysis 92-5*; 1117-1136.
(2) Blass, R.B.（2011）On the immediacy of unconscious truth : Understanding Betty Joseph's 'here and

now' through comparison with alternative views of it outside of and within Kleinian thinking. *The International Journal of Psychoanalysis 92-5*; 1137-1157.
(3) Bollas, C.（2002）*Free Association.* London：Totem Books.
(4) Bollas, C.（2007）*The Freudian Moment.* London：Karnac Books.
(5) Breuer, J. and Freud, S.（1895）Studies on hysteria. In：S.E. II.
(6) Busch, F.（2011）The workable here and now and the why of there and then. *The International Journal of Psychoanalysis 92-5*; 1159-1181.
(7) Caper, R.（1998）*A Mind of One's Own：A Kleinian View of Self and Object.* London：Routledge.
(8) Faimberg, H.（2005）Après-coup. *International Journal of Psycho-Analysis 86*; 1-6.
(9) Freud, S.（1950［1895］）Project for a scientific psychology. In：*S. E. I.*
(10) 福本 修（2005）心的外傷の行方──病理的組織化と次世代への負債．In：森 茂起＝編：埋葬と亡霊．人文書院
(11) 福本 修（2006）夢の機能と夢解釈の技法──躁的防衛が破綻した中年女性症例の夢を素材に．精神分析研究 50-2；119-130．［▶本書第1部第4章に再掲］
(12) Green, A.（2002）*Time in Psychoanalysis：Some Contradictory Aspects.* London：Free Association Books.
(13) Joseph, B.（1992）Psychic change：Some perspectives. *The International Journal of Psychoanalysis 73*；237-243.
(14) Joseph, B.（2013）Here and now：My perspective. *The International Journal of Psychoanalysis 94-1*; 1-5.
(15) Klein, M.（1932）*The Psychoanalysis of Children.* London：Hogarth.
(16) O'Shaughnessy, E.（1992）Enclaves and excursions. *International Journal of PsychoAnalysis 73*; 603-614.
(17) O'Shaughnessy, E.（2013）Where is here? When is now? *The International Journal of Psychoanalysis 94-1*; 7-16.
(18) Perelberg, R.J.（2006）The Controversial discussions and après-coup. *International Journal of Psycho-Analysis 87*；1199-1220.
(19) Sodré, I.（2005）"As I was walking down the stair, I saw a concept which wasn't there…"：Or, après-coup：A missing concept? *International Journal of Psycho-Analysis 86*; 7-10.
(20) Spillius, E.B.（2003）*Melanie Klein Revisited：Her Unpublished Thoughts on Technique.*［http://www.melanie-klein-trust.org.uk/spillius2004.htm］

[第2部] 臨床的主題と考察

第1章
精神分析の動向
英米圏

　本章では、2000年までの文献を概観して、現代精神分析が参照する関連領域の基本事項を紹介している。前半は、精神分析的な乳幼児発達論の改訂として、実証的な研究をいくつか挙げた。脳神経科学との関連は、タヴィストック・クリニックで話題になっていた（正確には、Ann Alvarez が話題にしていた）Shore の総説に触れたのみである。また、有効性のリサーチに関しても若干調べたが、その心のモデルが古く感じられて、掘り下げていない。現在ならば、子供の精神療法に限られているが、Nick Midgley らによる研究を取り上げるところである。後半の精神分析の方法論および小史は網羅的ではなく、歴史的発展というより理念的・内在的なものの展開を素描している。そして精神分析的な観点と観察の独自性を強調し、精神医学および医療との発想の違いを説明している。
　以上に改めて目を通して意外に思うのは、最も関心がある領域のひとつである自閉症スペクトラムの精神分析的理解について、何も触れていないことである。発達障害は、今や精神分析的・精神療法的アプローチにとって「岩盤」(Freud, S.(1937) Analysis terminable and interminable. In : *S.E. XXIII*, pp.209-253) となっている。その領域での仕事は、1970年代からの Meltzer、Tustin らによるものに遡られる。彼らが研究対象にしたのは主に素因の明瞭な自閉症児で、成人については心の「次元性」の問題や「自閉的部分」の存在の指摘に留まっている。しかし統合失調症の精神分析なるものが明らかにした力動が結局原始的心性の諸相として理解されているように、この領域は21世紀の精神分析にとっての大きな課題のひとつだろう。

1 精神分析を巡る現況

　1980年代以降、生物学的精神医学の発達と医療経済の変化によって、特にアメリカでは精神分析の退潮が目立ってきた。1995年が S. Freud、J. Breuer による『ヒステリー研究』出版後100年だったことから分かるように、精神分析の歴史は、Freud から始まるこの1世紀という比較的短いものであ

る。それでも、その長さはそのまま近代精神医学の歴史に匹敵する。精神分析とは、Freud によって発見された人間の心を研究する方法であり、それによって得られた経験を集大成する理論であるとともに、大人や子供の精神障害・精神疾患を治療する技術である。精神分析の初期には思弁的な仮説が多かったものの、それは実際の面接の中での観察・関与を通じて検証・追試され、興味深い理論を生んできた。特に、この 40 年ほど盛んに研究・治療がなされたパーソナリティ障害には、精神分析および精神分析的精神療法から重要な寄与がなされた。

　しかしながら、その方法論と実践は精神医学から強い批判にさらされるようになった。批判は大別すると、(1) 仮説の思弁性——理論の科学的基礎づけの乏しさ、(2) 不明な有効性——治療方法の標準化と結果の統計的検定の欠如、(3) 高いコスト——治療者養成の困難と治療の限られた供給、に向けられている。これは実際には Freud 存命時からの問題で、例外的な時期を除いて精神医学と精神分析の間には対立ないし緊張関係が続いてきた。両者の間に相補性はあるにしても、理論構成、臨床のアプローチ、訓練方法のいずれも共通するところは少ない。このことが近年改めて問題になったのは、生物学的・操作的精神医学が発達したことに加えて、過大評価された精神分析への反動もあることだろう。もう 1 つには、精神分析から派生あるいは影響を受けた各種療法が活発であるのに対して、境界例を巡る論議以後、精神分析の側から精神医学への際立った貢献が認められていないことも災いしている。さらに加えて、自我心理学、自己心理学、対象関係論、クライン派といったさまざまな流派が独自の原理で実践をしており、相互に両立し難く見える。

　以下本章では、精神分析・精神分析的精神療法がこのような批判にどのように応えようとしているか、精神分析の本質と固有の方法論についてどのような見方があるかについて、各派の詳細に立ち入る余裕はないが、最近の動きを総体として見ることにしたい。

2 発達科学との交流

　精神分析は、現代の性、攻撃性、生、死についての見方、そして人間観そのものに大きく関与した、20世紀を通して最も影響のある思想のひとつである。その影響は人文社会諸科学に対してばかりでなく、精神医療にも波及している。しかしここでは、より実証的な諸科学との交流について概観する。ただし、いずれも極めて代表的な話題を取り上げることに留まらざるをえない。

1 – 乳幼児の実証的発達研究から

　精神分析の基本的な仮説は、素因と環境の相互作用によって人生早期にある一定のパターンを持つパーソナリティが形成され、その病理が成人において再現されて諸問題の起因となる、というものである。Freudは「性理論三篇」の中で精神−性発達論を展開し、何度も改訂している。ところが彼はそこで、口唇期・肛門期・性器期などの発達時期を直観に基づいて導入しており、その妥当性を支える証拠には全く言及していない。そして理論の素材は、大人の分析の中に現れ遡行的に再構成された乳幼児期である。彼の記述の中には現代の発達研究に共通する発想と認められるものがあるが、それは先駆的な萌芽に留まっていた。
　実証的な観察の先駆者は、Spitzである。彼は観察設定を整え、一定の条件下に置いてフィルムに記録し、実験による仮説の検定を試み始めた。彼の業績でよく知られているのは、母性剥奪・情動的剥奪の乳児への影響の研究で、情緒的交流と情緒調節を母子関係の中心に据える道を開いた。Mahlerもまた母子交流の変遷を直接観察して、「分離−個体化」という発達段階を抽出した。この発達理論は、境界例を分離個体化の失敗として捉えるという形で、パーソナリティ障害の精神病理と結びついた。だがMahlerの図式は、より厳密で洗練された研究を行なったSternに批判されることとなった。

Stern は乳児が誕生直後から交流能力に満ちていることを見出して Mahler の「正常な自閉期」を否定し、母親との交流を通じてどのように乳児の自己と経験世界が形成されていくかを詳しく描写した。また Spitz の弟子である Emde[6] は、「情緒的中核自己」の発達を、(1) 活動性、(2) 自己調節、(3) 社会適合性、(4) 情動モニターの機能という生物学的動因と、情緒的交流システムとしての母親参照機能から論じ、遺伝を含む生物学的過程の中に位置づけた。

　これらの知見の結果、精神-性的発達や固着・退行についての自我心理学的理論は、大幅な見直しを余儀なくされている。ただ、それらは現在臨床の実地ではほとんど参照されていない。乳幼児の発達および母子相互作用についての新しい解明は、乳幼児精神医学や母子治療という応用領域の発展を促したことを除くと、その解明が直ちに成人の精神病理の理解を深めたとは言い難い。それは、無意識というより「非意識的」心的活動を精神分析の領野に取り込み、自我の自律的機能として検討する自我心理学の流れを汲んで、正常心理・発達が形成する対人交流の地平を解明しようとしていると言うこともできる。

　これに対して、次に説明する「愛着理論（attachment theory）」は、母子交流の質と将来の精神病理へのその関連性を、直接に扱おうとしている。

2 — 母子交流の行動科学的知見から

　Bowlby[3] は、生後半年から1年の乳児の母親への愛着とその障害について研究し、精神分析と発達心理学の交流を促進した。その後なされた生後半年以前の乳児の母子交流の研究は、乳児の心理的発達における母親の機能を強調する Winnicott[34]、Bion[2] らの流れを汲むイギリス対象関係論との照合を可能にした。Murray and Trevarthern[21] は、実験的設定の中で母親との交流を遮られた生後6週の乳児が情緒的に引きこもることを見出した。Murray[20] は、情緒的遮断の長期の効果として産後抑鬱を被った母親の乳児の発達に対する影響を調べ、抑鬱が3カ月で寛解していても生後1年半で愛着が有意に不安定で

あることを示した。これらは、早期母子関係の重要性を示すばかりではなく、認知機能が発達する生後1年から1年半までは乳児に対象の意図を感知する能力はないとする（よって、精神分析的発達モデルは思弁であるとする）発達心理学者たちに反論する試みでもある。こうした乳児の心的機能の研究は、精神分析による「心の中の分裂」「具象的経験」「投影などの原始的防衛」「統合と対象への気遣いの現れ」などの理解に合致する。

　Ainsworth らは、母子の分離と再開の場面での乳児の行動を観察する strange situation を実験的に設定し、その愛着のパターンを、(A) 不安定／回避型、(B) 安定型、(C) 両価／抵抗型に分類した。後には (D) 解体／混乱型が加えられ、Main は生後1年の時のパターンが6歳時の愛着パターンを予測することを見出した。家庭での自然観察と比較すると、母親には (A) では乳児の接触を拒絶する傾向が、(C) では予想できない反応を示したり乳児の自律性をくじいたりする傾向が、(D) では恐怖におびえ物事に対処できなくなる傾向が認められた。Ainsworth の仕事のインパクトは、Bowlby の被験児たちのように明らかに外傷的な長期の母子分離を経験していない乳児たちにも、病理的様式の愛着が見られるのを示したことである。

　George らは、成人の愛着様式を測るための Adult Attachment Interview（AAI：成人愛着面接）を開発した。それは、半構造化された面接の中で成人被験者が自分の被養育経験を回顧して描写する際の両親の表象と言説のまとまりから、その愛着様式を、(1) 安定／自律型、(2) 却下型、(3) 没入型、(4) 未解決／混乱型に分類した。Main らは、(1) の親が (B) が乳児を、(2) が (A) の乳児を、(3) が (C) の乳児を、(4) が (D) の乳児を持っていたことを見出した。しかも、いくつかのプロスペクテイヴな研究では、妊娠中の母親の AAI パターンが、誕生後1年の乳児の strange situation パターンと75％一致することが示されている。

　AAI は、その12のサブカテゴリーが典型的な部分対象関係を描写しており、パーソナリティ障害の領域に実証的なアプローチの手がかりをもたらしている。これらの研究は、生得因子と養育環境因子について、病因論的因果関係の証拠を与えてはいない（言い換えれば、以上から世代間の「伝達」を結論

するのは論理の飛躍である）が、少なくとも同じ持続性のある事象を扱っていることを保証はしている。

3 – 脳神経科学との関連から

　脳神経解剖学と臨床精神分析は、互いに最も離れたところに位置し合うように見える。しかし Freud 自身は神経解剖学から出発しており、精神分析と脳神経科学との接点が将来見出されることを期待していた。精神分析者 Gill と神経科学者 Pribram は Freud の「心理学草案」の再評価を試みたが、それは Freud の諸概念の曖昧さばかりでなく、当時の神経科学が未発達だったことを示す結果となった。その後の脳機能の理解と診断機器の発展には著しいものがあり、精神分析の実践をしつつ脳科学の知見を活かそうとする者も増えつつある。Solms は、Freud のメタ心理学的な心のモデルと Luria の神経心理学的なモデルから出発して現代の脳神経解剖学の知識を取り入れ、心と身体の両者に整合性のあるモデルをつくろうとしている。Schore は膨大な文献を渉猟して、情緒・動機・無意識的認知の形成と調節において、大脳右半球の眼窩前頭皮質における心理生物学的過程が接点の役割を果たしているとする。

　この相関関係が臨床的に意味を持つには、心理的機能を支える身体的構造が想定されるだけでなく、一方への介入が他方への変化をもたらすことが確認されなければならない。Schore は、乳児の眼窩前頭前野が生後 1 年前後に成長するのは、養育者との情動的な交流の経験に依存していると仮説を立てている。つまり、彼は精神分析がいう「対象関係の内在化」を、乳児が母親による外側からの心理生物学的調節によって、自己調節を獲得する過程として論じる。彼はさらに、乳幼児期の心的外傷によって実際に脳神経細胞の解剖学的変化が生じること、しかし治療関係の中で母子交流と同質の情動的フィードバックを経験する機会を提供する、精神療法的な介入に反応する可塑性も認められることを主張している。

　この種の実証性は精神分析の有効性を確認するひとつの方法ではありうるが、まだ端緒についたばかりで、多くの仮説を含んでいる。また、精神分析

／精神療法過程を神経科学に関係づけられたとしても、そもそもの有効性の検討が必要であろう。

3 有効性の検証に向けて

　精神分析者たちの間でデータの収集と公開に対するかつての抵抗感は薄らぎ、分析的な定式化ですべてを説明しようとした時代の"神話"は崩れている。それでも精神分析の実証的研究には、多くの内在的困難がある。数年間にわたる週5回の面接という形式の治療法に対して、対照群を用いた有効性検定はなされたことがなく、実証的研究の設計は極めて困難である。

1 - 精神分析／精神療法過程の分析

　リサーチへの関心が生まれた1950年代当初の課題は、単一症例の面接でのやりとりとその長期経過を素材として、精神分析的交流と介入を構成する単位を抽出すること、そこから治療機序の仮説を導いて検証することだった。1970〜1980年代に発表された精神分析／精神療法過程の分析の代表的なものは、Luborsky[14,15]らの中核葛藤関係主題（CCRT）、Horowitz[12]の役割関係モデル布置（RRMC）、Teller and Dahl[32]の基本的反復性不適応情動構造（FRAMES）である。彼らの目標は、精神分析における患者の自由連想の中に客観的なパターンと構造を見出すことであり、最終的には、「精神病理の同定、分析過程の評価、治療結果の測定を行なうことができる統一された測定基準」を開発することだった。ここでは最後のものについて簡単に触れておく。

　Teller and Dahl[32]は1970年代当時としては珍しく、コンピュータを用いて2年半の精神分析の面接記録を解析し、患者の語りから患者の中心的葛藤を捉えていると思われる3つの独立した重要な群を抽出した。彼は情動の決定理論と情動についてのFreudの3つの対立概念（主体－対象（自我－外界）、快－不快、能動－受動）が一致することから、400あまりの情動表現の言葉

について58人の一般人に質問調査し、この三次元を用いた分類の有効性を確認した。こうして、対象についての情動(願望)と自己についての情動(信念)をそれぞれ「肯定・否定×受動・能動」の4通りに分類する基礎づけがなされた。そして、対象と自己についての情動は両者で情報フィードバックシステムの核を形成する、と想定された。

　FRAMES とは、患者の行動・思考・知覚・情動の中に現れた重要な願望と信念を表す、反復して起きる出来事の構造化された連なりのうち、不適応的な情動構造を持つものである。Teller and Dahl[32] は、批判的/友好的・支配/支持などの FRAMES を同定し、その変遷を追うことで、「精神病理の同定・分析過程の評価・治療結果の測定」という所期の目的をほぼ達成できる、としている。

　ただし、これらのリサーチに共通して、他施設の研究者による再現性の困難、一症例研究を一般化する限界という方法論的な問題がある。それはひとつには、同じ判断を下すだけの専門的知識と技術の水準に達するまでに、相当の訓練を必要とするためである。しかもその治療技法を修得する過程で、隠れた仮定も受け入れて観察と判断を歪める可能性が生まれる。

2 − リサーチの限界と精神分析の寄与

　しかし、ここにはより根本的なモデルの限界があると筆者には思われる。それは、FRAMES にせよ CCRT にせよ神経症性葛藤を焦点としており、そのような葛藤を経験できる心をモデルとしてはじめから下敷きにしている、という点である。パーソナリティ病理のより重篤な精神障害あるいは未知の精神病理の障害は、ここでは反映されていない(エゴグラムで精神病について理解することが不可能なのに似ている)。これらによって治療作業について何らかの確認をすることと、「人間の心を研究する方法」としての精神分析の可能性は、別のものであろう。治療方法としての有効性の検定と、優れて直観的な探究方法としての意義は、別の次元にあると思われる。

　治療結果のフォローアップ調査は、精神分析に固有の治療技法と治療効果

を見出すことに成功していない。例えば Wallerstein のリサーチは、いわゆる転移性治癒も長続きする可能性があること、洞察がなくても構造変化は生じること、変化のために葛藤の解決は必要がないこと、要するに精神分析において本来的ではないとされてきた支持的技法によって治療的効果が見られることを示した。しかしこのことは、精神分析的な探究の意義と矛盾しない。適切な支持は精神病理の正確な理解があって初めて可能である。そして、精神分析がそれに寄与することは明らかである。

このことは当然ながら、精神分析の仮説や推論が非科学的でもかまわないという意味ではない。精神分析を疑似科学とする非難の根拠のひとつは、その解釈が主観的にすぎない、というものである。それに対して、Hobson らは外部検定者を用いて、心という主観的現象を扱う精神分析の判断自体には、客観的な診断としての信頼性と有効性があることを示している。

4 精神分析の方法

以上に述べてきたことは、精神分析本体における方法論の発展ではなく、その科学性への疑問に対するさまざまな応答の試みである。それらは精神分析による理解を洗練・充実させているが、日常的な実践の中で直ちに活用されるものではない。それに対して精神分析の方法は、面接室の中で絶えず用いられているばかりでなく、患者と関わり理解していく態度自体の中に反映されている。それはエディプス・コンプレックス、投影同一化といった個々の知識や概念の集合ではなく、探究を進めていくときのスタンスそのものである。その意味では Freud が創設して以来、精神分析には知識の累積はあるにしてもその方法論に直線的な進歩はなく、むしろ形骸化して本質が見失われたり新たな理念が見出されたりと、ある面では思想史に近い変遷をたどっている。

1 – 精神分析小史

　精神分析は、分析者と被分析者が定期的に一定の時間・場所で会い、前者が専門家として後者の自由連想に解釈を与えて、その無意識的世界の理解を援助していく過程である。当初1回60分週6回という面接時間と頻度だったものが、1930年代に1回50分週5回が一般化して以来、精神分析の方法の形式的な面では大きな変更はない。現在世界的に、週1、2回面接の精神分析的精神療法が実地上では圧倒的大勢を占めているが、インテンシヴな週3～5回の面接は、接触量の違いが質的な相違に通じうることに基づいている。古典的精神分析と現代精神分析の間には、理念上大きな違いがあるので、それをごく簡略的に振り返っておく。

　催眠−暗示法から分離することで出発した精神分析は最初、症状すなわち欲望と禁止の妥協形成の分析と、抑圧の解除すなわち情動の発散（カタルシス）を治療機序としていた。抑圧は幼少期の両親との関係に由来すると考えられたので、幼児記憶の回復、幼児期の歴史の解明・再構成が治療課題となった。それから程なく精神分析過程への抵抗と分析者への感情転移の現象が見出され、症状神経症が転移神経症になり、分析者との間に再現された情動的葛藤を経験・解決することに、むしろ治療的価値があるとされるようになった。

　この時点で、分析者の役割は実質的に大きく変化した。初めは症状−象徴の解読者であり説明者であった分析者は、患者にとって転移を生きる対象として内界の一部であると同時に、忠実に経験を模索・吟味する場を提供する者、そして患者のありようについて言語化する解釈者でもあることになった。患者は自由連想を通じて面接を進める主体となり、分析者は精神分析の設定を維持しつつ転移の発展を待つ存在となった。焦点は過去の生活史から転移の中での再経験・再構成へ、症状から転移関係を支える性格構造へと移った。それでも解釈の中心は、エディプス・コンプレックスにあった。

　以上はおそらく、平均的な読者がFreudの症例報告を読んで得る精神分析のイメージと一致するであろう。ところが、患者が分析者と顔を合わさず寝椅子に横たわり"赤ん坊のような姿勢"を取ることによって、小児性欲や去

勢不安など「大人の中の子供」を発見したFreud理論の予測しない、さらに別のことが起こった。より原始的な被害的不安、非言語的／前言語的具象的表現、精神病的思考、極端な理想化と破壊性など、いわゆる前エディプス水準、母子関係の世界が現れたのである。児童分析のパイオニアであり乳幼児の内的具象的世界と破壊性に注目したKleinは、「大人の中の乳児」を発見したとされる。彼女が描いた部分対象関係の世界は、内的現実の光景を一変させた。この考え方では、"乳児的部分"は成長とともに消え去るのではなく、パーソナリティの古層としてあくまで残って影響し続けることになる。

この転回のもう1つの含意は、精神分析が単に精神病理の分析だけでなく、早期関係をやり直す発達の機会となるということである。面接は分析者との情動的経験の場からさらに、（必ずしも意識されてはいなかったが）情動的経験を可能にするパーソナリティのための成長の場となった。Freudの発表した分析がいずれも数カ月で終わっていたのに対して、早期の精神病理と陰性治療反応を扱いパーソナリティの発達に配慮をする治療は、必然的に長期化した。

精神分析的な知見の発展は、患者からもたらされてきた。Abrahamによる躁鬱患者の分析、Kleinの児童分析、Bion、Segal、Rosenfeldによる統合失調症者や精神病水準の患者の分析は、理解の飛躍に大きく貢献している。この発展の過程で形成された精神分析のアイデンティティと思われるのは、未知の心理的事象への開かれ（openness）である。精神分析は独特で強力な排他的仮説を持つ一方で、患者への傾聴から出発し、仮説に推敲を加えてきた。その途上で、分析者は自分自身の情動的反応すなわち逆転移にも耳を傾けて、行動化せずに理解に役立てることを覚えた。

その開かれ（openness）の意義を認識論的に高めて方法論としたのは、Bionである。彼は、記憶と欲望が分析者の心を塞いで未知の状況についての偽の理論をつくりがちなことを指摘し、両者を排して未知に耐えることが、幻覚水準の経験を理解するために不可欠であることを説いた。こうして1960年代には、'here and now'での転移解釈を中心とする現代の精神分析の骨格はほぼ完成した。

以上はクライン派に限定された話に見えるが、Bion の提唱は、Freud が指示した分析者の「平等に漂う注意（free-floating attention）」の現代的な解釈である。

2 — 精神分析的な理解の基礎としての観察

精神分析で最も目立つのは解釈かもしれないが、実際に重要な基本的活動は、精神分析的な観察である。ある考察なり定式化なりが精神分析を本当の意味で応用したものであるかどうかは、それがこの観察に基づいているかどうかによる。その代表が以下の乳児観察である。

パーソナリティの乳児的部分あるいは機能に対する関心が高まった結果、イギリスの精神分析／精神療法訓練には、自然な設定での乳児観察[19,24]が導入されるようになった。観察は、出産直前の妊婦に会うことから始まり、出産後2年間、毎週1時間家庭訪問をすることで行なわれる。観察者は極力受動性と匿名性を保ち、観察の中で起こることに対して中立であるようにする。観察の対象はその時間内に起こることすべてだが、観察の記録はその場でではなく後で別個になされなければならない。観察者自身による意味づけは控えるようにし、セミナーの中で討論される。その歴史や詳しい実際については、すでに成書で解説がなされている[21]ので省略し、ここでは方法論上の意義にのみ触れることにする。

観察の目的は、科学的なデータの収集ではなく、乳児や家族そして観察者自身の原始的な情動状態に出会うことにある。つまりそれは現実の乳児の情動発達について学ぶばかりではなく、観察者の観察に対する自分の反応から学ぶ機会でもある。第1の焦点は乳児にあるが、純粋に行動科学的・認知科学的な発達は主題ではなく、乳児が母親・他者・自分の身体などとどのような関係をどのように発展させるかが関心事である。その理解の中心は、行動やコミュニケーションの型の無意識的側面にある。これは、精神分析独特の仮説に基づいている。

精神分析では、未統合の心的活動として身体過程に強く結びついた「無意

識的空想」が、乳幼児の（そして大人の）身体状態・対象関係を規定していると想定されている。しかし脳神経学者は、生後数カ月の赤ん坊に高次の心的機能が認められないことから、この段階で「無意識的空想」を論じることに意味があるとは考えていない。乳児観察における観察は、推論を極力控えるにしてもすでに理論的負荷を経た観察なので、この過程の存在の証明とはならない。その代わり、それは実験的に確認しようとする際とは比較にならないほど豊かな発想の土壌である。その中で浮かび上がるパターンには描写力がある。例えば、離乳の場面では乳児と母親のさまざまな力動が働いており、この人生最初の大きな対象喪失の課題をどう乗り超えるかを見ることは、「内在化される対象関係」の質についてさまざまな仮説をつくる機会である。そこで観察されたものは、大人においても"パーソナリティの乳児的部分"がその課題を試されていないかを考える視点を提供する。

　ただし、さまざまな想像的仮説形成は、セミナーの中で行なわれるべきであって、観察の現場では理論に心を奪われず、あくまでその場で起こることを経験していくことが求められる。観察者は能動的役割を放棄し、大人としての機能を奪われることによって、乳児的な反応をより強く意識しやすくなる。新しい観察状況の中で自分のためのスペースを探そうとする立場は、新生児のそれと並行するものであり、観察者は関係が築かれる最初の段階に伴う不確実さや不安を身をもって経験することになる。その一方では、観察者は完全に硬直した受動性ではなく、母親のリードに任せて受容的に傾聴しつつ、境界と匿名性を守る態度を身につけていくことが必要である。その中で、観察者は母親に対して助言することも解釈することもできず、母子の帰趨を決めるのは彼ら自身であるという無力感を受け入れ、（赤ん坊の身に危険がない限り）母親の接し方に疑問があってもあくまでその経験の意味を理解することに専念しなければならない。それは、治療者が行動化せずにあくまで理解をするという、精神分析的な中立性の経験である。セミナーは、観察者の不安や欲求不満の容器（container）となり、バランスの取れた見方を可能にするためのものでもある。そして経過とともに乳幼児の成長や発達の達成を経験することもまた、観察の一部である。

3 – 精神医学と精神分析の発想の相違

　精神分析がつねに焦点を当ててきたのは、経験の患者個人にとっての意味であり情緒的インパクトである。理論はそもそも一般的・知的次元に属するものだが、単なる知的解釈には、現実から遊離する危険がある。個人的情動的次元との接触を保つことは、精神分析独自の自己検証法ということができる。転移‐逆転移関係は、患者を理解する鍵であるだけでなく、分析が正しい軌道にあるかどうかを判断するための基盤でもある。▼13 すなわち、ある素材に対していくつもの可能な解釈の中からある時点で最も妥当と思われるものを決めるのは、そのときの情緒の文脈である。これ抜きの内容（象徴）解釈は、たとえ正しくても患者がその時点での自分と関係していると受け取らない可能性があるばかりか、的外れになる危険が高い。例えば、患者が気の弱かった父親について回想しているときに、治療者への当てこすりや侮蔑も含んでいるとすると、それを取り上げなければ治療者は気が弱いという患者の認知を追認し、弱い父親像を**つくる**のを助けることになる。しかしそれが失望から語られているときには、治療者への攻撃性を取り上げるのは不適切である。そして（多くの場合そうだが）何を意味しているのか決定しがたいときは、次の連想を待つことになる。こうして患者の連想を気分状態の変化とともに瞬間ごとに（moment-to-moment）追っていくことが、実際の精神分析面接での主要な作業である。

　その結果、精神分析と精神医学との間には（精神分析の概念と方法を一部採用している力動医学との間でさえ）、共有されているように見える概念の使用法が実は異なることによる、コミュニケーションの障害がありうる。すなわち、精神分析の諸概念が正確に当てはまりうるのは個々の場面であり、いわば"射程"が比較的短いのに対して、精神医学的な記述では同じ概念がパーソナリティの平均化された特徴として全般化され、静的に用いられている。そして、前者ではそれがディメンジョンの多様な現れのひとつなのに対して、後者では同じ概念がカテゴリーのように扱われている。例えば「精神病性」という用語は、後者の用法では無意味または誤りでも、前者では現れ

の程度を問わず精神病と同質の機能を記すために用いることができる。逆に精神分析からするとその概念が拡大使用され、転移‐逆転移状況の中で得られるべき確証が、他で求められる傾向が見られる。これらは、精神分析の関心が心的機能の障害の諸要素を確定することに留まるのに対して、精神医学では実体を最終的に物質的な基盤に還元しようとすることとの相違と言えるかもしれない。

　それはまた、理解の方法とアプローチの違いでもある。'here and now' における転移‐逆転移に基づく理解を徹底すると、そこには異なった光景が展開していくことになる。時々刻々の変化に従うことで、潜在的な諸エレメントは印象深く浮き彫りにされる。乳児観察における観察態度と見えてくるものは、これに共通している。そこで活用されるのは、対象の観察から得られる情報だけでなく、観察者／治療者の情動的反応である。

　例えば、精神病による入院歴が明らかなのに前病院への照会を許可せず、治療者をコントロールする患者に、被害的傾向は容易に推定される。このようなとき、すぐに何か行動するよりも治療者の反応を内的に吟味することに意味がありうる。すると、苛立ち、不穏な空気の予感、脅される恐怖、無力感、諦め、迎合、誰か他に話が通じる人を探したい気持ちなどなど、さまざまな気持ちの揺れが見出される。これらは患者が棲んでいる世界でもある。そこでは、治療者が自立した考えを持ちかつ正直であることが困難である。治療者は患者の要求を前にして、強引に対立するか、裏に回るか、そのまま要求を呑み本当には役に立たないか、それらのどれかでしかありえないようである。ここから、患者がそのような対象に囲まれて無力を感じていること、恫喝と暴力（迫害者との同一化）がその中で生き残る有力な戦略の一部となることが理解される。さらには、このように"敵"を定めること自体に、真の絶望や脅威からの防衛的な意義がある可能性がある。最終的に、被害的不安に共感して接しようとする点ではどの治療者も同じ態度を取るかもしれないが、対象関係論は治療者に患者の内的世界の地図を与える。この地図は、一歩一歩進むごとに更新される（ちなみに、以上のような世界が Klein のいう「妄想分裂ポジション」である）。このように、漠然とした感情レベルのも

をアクティヴに思考にまで高めて患者に伝えることが、分析者の役割のひとつである。ただし、逆転移感情の主観性による基本的な限界を十分に承知して、客観的な情報を前提とし、相互に補い合うことが必要である。

5 おわりに——精神分析の変わりゆく目標

　本章第1・2節で取り上げた問題意識とその背景にある"危機"は、対外的だが精神分析全体に関わる事柄である。精神分析に内在的なもう1つの事柄は、精神分析の支流（その主なものは、自我心理学、自己心理学、対象関係論、クライン派）が理論的にも実践的にも分岐して、互いに疎通不能となり、もはや1つの精神分析と呼びがたいのではないかという懐疑である。それは「共通基盤」（Wallerstein）▼33を求める問いかけとなったが、イギリスのクライン派諸概念を巡る大論争に匹敵する明確な対決はないまま、患者の問題の性質に応じて折衷する立場も現れた。
　Sandler and Dreher▼25は、精神分析の100年の歴史における分析目標の変遷についてモノグラフを著した。その総括では、どの流派においても観念的で非現実的な治療目標は次第に姿を消し、個々の患者の実際に合った現実的に達成可能なものを受け入れるようになってきたと言われている。その中で、精神分析の方法を従来にない領域に適用することで、理解を深めつつフロンティアを広げる試みが続けられている。しかし現実的であることは、患者の病理に妥協するということではない。Freudはリサーチの方法としての精神分析を重んじ、治癒はその副産物に位置づけた▼25。実際には、治療的成果を一切考慮に入れない精神分析は存在しないが、目標にとらわれないことが逆説的に、治療効果をもたらしてきた面がある。Caper▼4は、分析者が患者にとって現実的な対象となることを精神分析の目標としている。彼の言う「現実的な対象」とは、患者の自己愛的対象関係に完全に吸収されてしまわない、独立した自分の心を持つ対象である。彼は無意識的万能的空想を妄想と呼んでおり、自己愛的対象関係を二人精神病と見なしている。こうして彼は、「パー

ソナリティの精神病的部分」という表現に実質を与えた。それを標的とする分析作業には著しい困難が伴うが、ここには他の治療法に届かない、精神分析にとってのユニークな領野が開かれていると思われる。

▶ 文献

(1) Ainsworth. M.D.S., Blehar, M.C., Waters, E. et al.（1978）*Patterns of Attachment : A Psychological Study of the Strange Situation*. Hillsdale : Erlbaum.
(2) Bion, W.R.（1962）Learning from experience. In : *Seven Servants : Four Works by W.R. Bion*. New York : Jason Aronson.（福本 修＝訳（1999）精神分析の方法Ⅰ——セヴン・サーヴァンツ．法政大学出版局）
(3) Bowlby, J.（1969/1973/1980）*Attachment and Loss. Vol.1-3*. New York : Basic Books.
(4) Caper, R.（1998）*A Mind of One's Own : A Kleinian View of Self and Object*. London : Routledge.
(5) Dahl, H.（1972）A quantitative study of a psychoanalysis. In : Holt, R and Peterfreund, E.（Eds.）*Psychoanalysis and Contemporary Science*. New York : Macmillan.
(6) Emde, R.N.（1992）Individual meaning and increasing complexity : Contributions of Sigmund Freud and Rene Spitz : A to developmental psychology. *Dev Psycho 1-28* ; 347-359.
(7) Fonagy, P., Steele, H. and Steele, M.（1991）Maternal representations of attachment during pregnancy predict the organization of infant-mother attachment at one year of age. *Child Dev 62* ; 891-905.
(8) George, C., Kaplan, N. and Main, M.（1985）*The Berkeley Adult Attachment Interview : Unpublished Protocol*. Berkeley : Department of Psychology, Univ Califomia.
(9) Hinshelwood, R.（1994）*Clinical Klein*. London : Free Association Books.（福本 修ほか＝訳（1999）クリニカル・クライン．誠信書房）
(10) Hobson, P.（1997）Psychoanalysis and infancy. In : Bremner, J.G., Slater, A. and Butterworth, G.（Eds.）*Infant Development Recent Advances*. U.K. : Psychology Press.
(11) Hobson, P., Patrick, M. and Valentine, J（1998）Objectivity in psychoanalytic judgements. *Br J Psychiatry 173* ; 172-177.
(12) Horowitz, M.J.（1991）*Person Schemas and Maladaptive Interpersonal Patterns*. Chicago : Univ Chicago Press.
(13) Joseph, B.（1989）*Psychic Equilibrium and Psychic Change*. London : Routledge.
(14) Luborsky, L.（1984）*Principles of Psychoanalytic Psychotherapy : A Manual for Supportive-expressive Treatment*. New York : Basic Books.（竹友安彦＝監訳（1995）精神分析的精神療法の原則——支持‐表出法マニュアル．岩崎学術出版社）
(15) Luborsky, L. and Crits-Christoph, P.（Eds.）（1998）*Understanding Transference : The Core Conflictual Relationship Theme Method. 2nd Ed*. Washington DC : American Psychological Association Books.
(16) Mahler, M. et al.（1975）*The Psychological Birth of the Human Infant*. New York : Basic Books.（高橋雅士ほか＝訳（1981）乳幼児の心理的誕生——母子共生と個体化．黎明書房）
(17) Main, M.（1993）*Discourse, Prediction and Recent Studies in Attachment : Implications for Psychoanalysis*. New York : International Universities Press.
(18) Main, M., Hesse, E. and Kaplan, N.（2005）Predictability of attachment behavior and represen-

tational processes at 1, 6 and 19 years of ages : The Barkely longitudinal study. In : Grosseman, K.E., Grossman, K. and Waters, E. (Eds.) Attachment from Infancy to Adult hood : The Major Longituditional Studies. Chapter 10. The Guilford Press.
(19) Miler, L., Rustin, M. et al. (Eds) *Closely Observed Infants*. London : Duckworth.
(20) Murray, L. (1991) Intersubjectivity, object relations theory, and empirical evidence from mother-infant interactions. *Infant Mental Health J 12-3* ; 219-232.
(21) Murray, L. and Trevarthern, C. (1985) Emotion regulation of interactions between two month olds and their mothers. In : Field, T.M and Fox, N. (Eds) *Social Perception in Infants*. New Jersey : Ablex.
(22) 小此木啓吾・小嶋謙四郎・渡辺久子＝編（1994）乳幼児精神医学の方法論．岩崎学術出版社．
(23) Pribram, K.H. and Gil, M. (1976) *Freud's 'Project' Re-assessed : Preface to Contemporary Cognitive Theory and Neuropsychology*. New York : Basic Books.
(24) Reid, S. (Ed.) (1997) *Developments in Infant Observation : The Tavistock Model*. London : Routledge.
(25) Sandler, J. and Dreher, A.U. (1996) *What Do Psychoanalysis Want? : The Problems of Aims in Psychoanalytic Therapy*. London : Routledge.
(26) Schore, A. (1994) *Affect Regulation and the Origin of the Self : The Neurobiology of Emotional Development*. Hilsdale : Erlbaum.
(27) Schore, A. (1995) A Century after Freud's Project : Is a raprochement between psychoanalysis and neurobiology at hand? *J Am Psychoanal Asoc 45* ; 807-840.
(28) Solms, M. (1995) New findings on the neurological organization of dreaming : Implications for psychoanalysis. *Psychoanal Q 64* ; 43-67.
(29) Solms, M. (1996) Towards the anatomy of the unconscious. *J Clin Psychoanal 5* ; 331-367.
(30) Spitz, R.A. (1965) *The First Year of Life*. Madison : IUP.
(31) Stern, D.N. (1985) *The Interpersonal World of the Infant : A View from Psychoanalysis and Developmental Psychology*. New York : Basic Books.（小此木啓吾・丸田俊彦＝監訳（1990/1991）乳児の対人世界 1・2．岩崎学術出版社）
(32) Teller, V. and Dahl, H. (1995) What psychoanalysis needs is more empirical research. In : Shapiro, T. and Emde, R.N. (Eds.) *Research in Psychoanalysis : Peocess, Development, Outcome*. Madison, C.T. : International Universities Press, pp.31-49.
(33) Wallerstein, R.S. (1986) *Forty-two Lives in Treatment : A Study of Psychoanalysis and Psychotherapy*. New York : Guilford Press.
(34) Winnicott, D. (1960) The theory of the parent-infant relationship. In : Kahn, M. (Ed.) *The Maturational Proceses and the Facilitating Environment : Studies in the Theory of Emotional Development*. London : Hogarth.（牛島定信＝訳（1977）情緒発達の理論．岩崎学術出版社）

第2章
重度の病態を有する患者の精神療法

　第2章と続く第3章では、幻覚や妄想を呈する精神病圏の患者の治療的理解を論じている。
　精神病圏の患者へのクライン派による精神分析的アプローチとして、日本では従来、Segal、Rosenfeld、Bion らの仕事が紹介されてきた。だがそれらを読むことは、基礎理論の理解に役立ちはしても、実践に結びつけるまでには大きな隔たりがある。イギリス本国でも精神病患者たちには現在その通りに実践されていないのだから、どこに困難や無理があったのかを考える方が、順番として妥当だろう。筆者がかつて彼らの精神病関連の論文を読んだとき、すでに高度の上空を進んでいる飛行機のベテラン機長による運航のように、乱気流への対処は描かれていても、もっと基本的な離陸や着陸については述べられておらず、その操縦を支える肝要の技術はブラックボックスの中、という印象があった。彼らの症例には、特殊性を考慮に入れなければ理解できない部分があるように思われる。実際にその着想のうちで活かしやすいのは、パーソナリティ障害の精神力動に関わる部分だろう。
　以上のような考えを明瞭に意識していたわけではないが、Murray Jackson and Paul Williams（1994）による *Unimaginable Storms : A Search for Meaning in Psychosis* を初めて手にしたときには、開かれた世界に触れる感触があった。Jackson の仕事は、言ってみれば普通の精神病状態にある患者に、無理のない治療的な接近を提供している。さらに、Murray Jackson and Paul Williams（2001）*Weathering the Storms : Psychotherapy for Psychosis* を踏まえて2002年に書いたのが本章である。
　1922年シドニーに生まれた Murray Jackson は、2011年に亡くなった。*Unimaginable Storms* の共著者 Paul Williams は、*The Sydney Morning Herald* 誌への2012年2月13日の追悼記事の中で、Jackson の面接からどれほど感銘を受けたかを述べている。彼は、「精神科医は狂っている」と拒絶する躁鬱病の女性患者と Jackson との一場面を紹介する。患者は「もう終わりだよ、ジャクソン先生！（It's all over, Dr Jackson!)」と叫んで、コップの紅茶を彼に投げた。Jackson は立ち上がって、さいわい生ぬるかった紅茶を拭うと、全く真剣にこう言った。「そうだね、ジャクソン先生にしっかり掛かっている（It's all over Dr Jackson)」。理屈で説明すれば、これは象徴等置の逆回しのような応答で、患者の言い分を受け止めつつ、具象的でいてウィットを含む答えによって患者の攻撃性を和らげている。これは

土壌が同じでも、上記の3人とは違う Jackson の持ち味だろう。実際には、Jackson は初めユング派の訓練を受けており、その臨床は両学派の独特のマリアージュになっている。また、症例として挙げられている患者も、或る意味でストレートな人たちが多い。Jackson の肉声のひとつは、Jan Wiener (2011) An interview with Murray Jackson. *Journal of Analytical Psychology 56-2*; 255-266 で聞くことができる。

Williams の記事で言及されている、ファン・ゴッホ (Van Gogh)、ニジンスキー (Nijinsky)、ジョゼ・サラマーゴ (José de Sousa Saramago)、ジョン・フォーブス・ナッシュ (John Forbes Nash) の創造性と破壊については、Jeanne Magagna 編集の *Psychosis and Creativity in Exceptional Lives : The Work of Murray Jackson* (The International Society for Psychological and Social Approaches to Psychosis Book Series) として、2014年11月に刊行が予定されている。そこにはまた別の読む愉しみがありそうである。

1 はじめに

1950年代には精神病者の精神分析という領域でパイオニア的な仕事がなされたが、薬物療法が主体となってから、精神分析の地位はどうなっているだろうか。Segal[10]は、それの価値が限られた患者のためにあるばかりでなく、精神病の機制を精神分析的に解明することで他の心理学的治療法に基礎を提供し、心的現象全般の理解を進めることにあると指摘している。現在、Segal、Rosenfeld[9]、Bion[3]らが行なってきた形態、つまり心理教育も家族との面接も組み入れずに長期間にわたって、もっぱら分析者との定期的面接（1回50分週5回）による治療は、極めて例外的なことは確かである（実際には、同僚の身内が患者だった場合のように、理解ある親族が存在したことが少なくないと思われる）。

だがそれは、精神分析が有効性や意義を全く失ってしまったということではない。ロンドンのモーズレー病院において急性期病棟の1ユニットを精神分析的・精神療法的に運営してきた Jackson[7]は、上記の Segal の言葉を受けて、精神病的な患者の「少数の者に精神分析を、多くの者に精神分析的精神療法を、そしてすべての者に精神療法的アプローチを」と述べている。彼は

1987年の引退後には、フィンランド、ノルウェー、スウェーデンでの精神科病院を基盤に精神病者への精神療法を提供している精神療法家たちの指導をしてきた。

　本章の目的は、精神科医でありかつ精神分析者である Jackson の仕事を紹介することである。精神病の心理的治療の領野における彼の優れた業績は、日本でこれまで十分に知られていないと思われる。だが、必ずしも精神分析の専門的訓練を経ていないスカンジナビアの治療者たちが適切な設定と彼の指導を通して成果を挙げており、その内容は日本の実状とかけ離れたものではなく、参考にできるところが多いだろう。▼5, 6, 7

2　モーズレー第6病棟

　Jackson に先行した分析者たちは、精神病性障害の理解と治療にとって精神分析的なパースペクティヴが重要と考え、精神病院に出向いて面接をしたが、Jackson は実際に精神科病棟の1ユニットを運営する立場にいた。彼はそこで、精神病的に破綻した患者に最初の治療的な機会から情緒的に接触することに価値があることを理解した。彼のユニットは11床の実験的なもので、同じサイズの一般精神科ユニットとモーズレー病院の第6病棟を分け合った。看護者は病棟全体に対して18人でシフトを組み、各患者に専任看護師（primary nurse）および2名の補助として付くとともに、精神科医・研修医と毎朝の病棟ミーティング、週2回の小グループ精神療法を担当した。スタッフは他に活動療法者、ケースワーカー、家族療法者がおり、チームアプローチを行なっていた。看護者を含めてこれらの共同治療者は非常に重要な役割を担っていたが、ここでは精神力動的な理解と個人精神療法の経過についてのみ触れる。

　患者は主として病院の24時間救急受付の外来から、触法患者、薬物依存患者、老年期患者など専門ユニットの対象を除いて紹介された。他に難治例がイギリス全土および海外から依頼され、空床があり精神療法的アプローチ

の適応とアセスメントされた場合には受け入れられた。患者の平均在院期間は約9カ月で、13年間に約150名が入院した。統合失調症の診断は約2割、他の精神病状態が1割、他は摂食障害、パーソナリティ障害、重症神経症などだった。

　Jacksonが患者たちを理解する際の基本的な考えは、「精神病症状や妄想には意味があり、深い内的葛藤の表現である」というものである。精神病的な破綻は、脆弱性のある個人が未解決の圧倒的な情動的問題を前にして、外的現実の世界に適応するための努力の最終段階として理解されることが多い。その未解決の情動的問題の根は、早期母子関係において十分な安定を経験できなかったことに遡られる。これは精神病理学的には、「神経症者においては深層から掘り出されなければならない所見が、精神病者では表面に露出している」というFreudの理解を端緒として、Kleinが見出した精神病水準の内的世界における早期対象関係、羨望と修復の試みの重要性に基づいている。そして臨床的には、「患者が語ることは、まず治療者へのコミュニケーションとして考慮しなければならない」とRosenfeldが述べたことを基本として、Bionが論じたように、患者の精神病的部分と正気の部分を識別し、理解を通じて患者を包容（containing）しようとする試みである。

　結果としてJacksonは、あらゆる患者に診断と関わりなく彼らの精神状態や資質、能力の障害について精神分析的なアセスメントを受ける権利があると考えるに至った。それは最早期からの情動的困難を理解することが中核的であり、あらゆる患者を個人または集団精神療法の候補外と見なさず、それが不適切な場合でも、何らかの心理学的アプローチから得られるものがあると考えるからである。しかしこれを実践して患者に情動的に届くには、共感の活用を基本として、パーソナリティの非精神病的部分の識別、患者の内的・外的世界の理解、患者の障害や混乱の意味を破綻に先立つ無意識的空想と人生全体から探究することを、面接のその場で面接者をどう経験しているかを考慮しつつ行なわなければならない。特にアセスメントには、精神分析的な高度なスキルを要する。次にJacksonによる実例を見よう。

3 面接と治療経過の例

1 – 症例デヴィッド

　デヴィッドは牧師の訓練を受けている25歳の男性で、2年前に統合失調症と診断され、電気痙攣療法を受けた後、母親の管理する向精神薬で精神状態を維持していた。退院後数カ月して母親が2週間不在の間、彼は向精神病薬を服用せず、緊張病状態に陥った。彼は再び電気痙攣療法を受けて引きこもりからは或る程度回復したが、空笑、思考途絶、構想伝播などの症状は続いた。そこで生活史が改めて吟味された。10人兄弟の2番目の彼はカトリックの家庭に育ち、母親および1歳年下の弟と特に親しく、権威主義的な父親に親しみを感じたことはなかったが問題はなかった。彼は思春期に、突如牧師志望を告げて家族を驚かせた。彼は神学校に進んだが、不安が強く内向的なので教官たちは憂慮した。訓練の終わる頃、警備員をしていた父親が強盗に殺害された。それに続いて彼は、ローマ法王のロンドン訪問に深く囚われた状態となり、休学と進路の再考を勧められた。実家に帰った彼は、宗教画の前で懺悔の姿勢を取り続け、精神科に連れて行かれることとなった。再発のときも、彼は磔の姿勢を取り続けた。入院してから彼は担当医に、自分がローマ法王の首から十字架を盗んだと告白した。それは、聖マリアに近づくためだった。

　Jacksonが面接した時点で、デヴィッドは中等量の向精神薬の処方を受けていた。面接は、Jacksonが彼に何を考えているかを尋ねるところから始まった。デヴィッドは、自分が何か特別だから面接に選ばれたのではないかと思っていた。彼は自分の幻聴に触れ、それが祈りの一部で人々と交感状態にあるのだと説明した。Jacksonは幻聴の内容に興味を向け、"spoilt brat"（甘ったれ小僧）という言葉が25歳の青年である彼よりも子供にふさわしいことを指摘した。するとデヴィッドは、「われわれはみな神の子供だから」と言った。彼は自分の罪深さのために祈り、神から恩寵を得ていると述べた。Jackson

はデヴィッドがプライバシーと信仰の領域に立ち入ることを拒み、事態を宗教的に解釈するのを尊重しつつ、むしろ、それでも処理しきれないほど強い罪悪感が生じたので精神に変調を来したのではないか、と示唆した。デヴィッドは驚いたが指摘の価値を認めた。Jackson は、デヴィッドの精神の健康を論じるために、多少の恥ずかしさには堪えることへの同意を求めたうえで、さらに踏み込んで、彼の罪悪感と性的感情を結びつけた。彼は、自分がそれに耐えられなければ神父になることを諦めなければならない、と言った。「そうなったらどうする？」と Jackson に尋ねられると、彼は「結婚するかもしれない」と言い、今まで自分でそう考えたことがなかったのに気づいた。彼が神父になろうと思ったのは病者を助ける使命についての説教を学校で聴いたときだったが、Jackson は、デヴィッドの人を助けたいという気持ちが、母親を助ける特別な関係に遡られるのを明らかにした。デヴィッドは動揺して涙ぐむが、それが幸福感からなのか喪失の悲しみからなのか分からなかった。Jackson は解釈として、デヴィッドは母親との永遠の関係を失いたくなくて男として成長することを考えなかったのではないか、と言った。デヴィッドははっきりと泣き出した。Jackson は、デヴィッドが神学的に理解していた懺悔と恩寵の関係も、母親を聖マリアに置き換えて、罪と不幸から身を守りつつ至福状態を保とうとしていたのではないか、と示唆した。デヴィッドは語られた意味を理解したが、それが正しいかどうかは分からなかった。Jackson は、真偽を決めることより考えてみるように誘い、ローマ法王の十字架を盗んだという彼の考え（妄想）を取り上げた。デヴィッドは、自分が父親の死以来不具になったと感じるので、十字架のキリストと合体することを求めたのだ、と言った。Jackson は、デヴィッドが父親の死から自分は普通の人間ではなくなったと感じ、宗教的に救われるしかないと思うに至ったのではないか、と話した。

　精神分析の概念枠から見ると、デヴィッドが父親の位置に取って代わりたいと思う一方で、性的罪悪感を深く抑圧して、母親を聖処女に理想化しているのは明らかである。このことはむしろ、彼の精神病的な脆弱性を示している（先の Freud の言葉を参照）。また、次々に弟妹をつくった両親への攻撃

性は分裂排除され意識に全く上ってこないが、父親の死は彼の攻撃性とそれへの罪悪感を賦活して、彼に精神病的な解決を選択させたと考えられる。

　この面接の結果、個人精神療法的アプローチが推奨されたが、能力の障害を含めたアセスメントとしては、彼を十分に把握したとは言えなかった。現実には、デヴィッドの居住地域に精神分析的精神療法を提供できる者がおらず、彼は女性精神科医から支持的精神療法を数カ月受けた。彼は治療者に強い陽性転移を向け、進路の問題を話し、別の職業を受け入れた。投薬は中止され、彼は精神療法を6カ月で終了にした。しかし彼は2年後に鬱状態となり、入院して電気痙攣療法を受けた。Jacksonの面接を受けてから10年後の時点でも、彼はやはり母親と深く結びついていた。Jacksonは、精神療法的な介入の効果は限定的なもので、鬱状態になったときに精神力動的な観点から事態を理解しなかったために、デヴィッドの情緒的発達の機会は失われたのだろう、と結んでいる。

2 − 症例ニコラ

　もう一例、Jacksonによるインテンシヴな関わりの例を簡単に紹介しておく。女性患者ニコラは、医師としての研修を始めて妊娠中絶や交通事故外傷の症例に接するようになって、抑鬱状態を呈して精神科治療を受けはじめた。診察の結果、彼女が養育された家庭環境は暴力的で混乱しており、14歳から自殺念慮を抱いていたことが明らかとなった。そこで精神療法がアレンジされたが、彼女は外来で自分の治療者に初めて会う前日に、大量服薬をして救急センターに運ばれた。精神療法の計画は流れ、彼女は一般精神医学の枠で治療を受けた。だが1年後には躁転し、30歳でJacksonのアセスメントを受けるまでの5年間、激しい躁鬱の気分変動と迫害的幻聴による頻回の自殺衝動のために、ほとんど精神科病院から退院できなかった。薬物療法も電気痙攣療法も一時的な効果しかなかったのに対して、Jacksonによる週2回の精神療法を病棟内で2年間受けた後、彼女は炭酸リチウムを服用しつつ精神分析的な治療に移行することが可能となった。治療は決して平坦なものでは

なかったが、彼女は子供を生み育て、仕事に就くことができるようになった。この結果は最終的に患者の迫害的超自我やそれとの同一化を分析することによってもたらされたが、そのためには行動化に適切に対処できる治療環境で長期の準備期間を要した（この症例の治療経過については、本書第2部第4章「気分障害」の中で、詳しく論じている）。

4 スカンジナビア諸国での経験

　以上のJacksonの経験は、ロンドンの一病棟に限られた実験的なもので、13年間しか継続しなかったが、高負担・高福祉の北欧諸国では、統合失調症を代表とする急性・慢性精神病に対して、家族療法・個人精神療法を重要な柱とする統合的なアプローチが行なわれている。それは長期間にわたる臨床とリサーチの実践を通じて、"need-adapted treatment"（Alanen）[1]へと洗練されていった。Alanenは統計調査から、長期間の精神力動的個人精神療法に適した患者の特徴として、(1) 自分の問題と症状とのつながりを洞察できる者、(2) 行動化の欠如、(3) 症状の急性発症、(4) 精神病症状とともに神経症症状も持っていること、という4点を挙げた。個人療法の効果と経済性は政府に認められ、保険制度の中に組み込まれるようになっている。その詳細はここで紹介できないが、Jackson[6]は1987年以来スーパーヴァイザーとして招かれていた。

　彼の臨床セミナーで取り上げられた症例は、重度の強迫症状と統合失調症、病歴20年を超える妄想型統合失調症（paranoid schizophrenia）、ヒステリー性精神病、妄想性精神病などさまざまである。精神病性障害が治療によって改善すると、元来診断が統合失調症ではなかったとする類の議論があるが、長期の向精神薬大量連用や入院（hospitalisation）によって回復経過を阻害していないかと考える方が論理的に見える。実際に診断自体が、症状のみから固定的になされがちである。スウェーデンの人口10万の地域では、初発の統合失調症が年間12人予想されていたのが、Jacksonが関わった4年間の間に

力動的な家族療法チームが発展した結果、年間2名にしか適用されなくなったという。

最後に、個々の症例のディスカッションに立ち入る代わりに、Jacksonのアプローチについて総括しておく。

彼は、妄想や幻覚・患者の生活史と回想の詳細についてその内容と意味を詳しく吟味しようとする点で、'here and now'での情動的交流への注目に専念する現代クライン派としては、異例に見える。しかし彼はRosenfeldとともに、患者の家族歴・生活歴を詳細に把握して念頭に置いておくことが、精神病患者の治療にとって重要であると指摘する。その理由にはおそらく、患者の対象関係があまりにも断片化されて散乱しているので、当座の見える範囲にのみ関わっていても排除された部分を統合できないこと、経験を理解可能にする意味を与えることが重要なこと、その視点あるいはパースペクティヴを持つことが二者関係の絡まりからの脱却となること、などが挙げられるだろう。

Jacksonは、患者が乳児としてどのような位置にあり経験をしていたのかを想像することが役立つと述べているが、それは単純で機械的な解読をして患者に伝えることを勧めているのではない。いわゆる「早過ぎて深過ぎる解釈」が時として危険なのは、それがただ防衛を崩し、患者の中の精神病的な部分を刺激して、爆発的な反応を招くからである。介入は、患者の非精神病的部分（正気の部分）の成長を助ける形で行なわれなければならない。

また、Jacksonは精神分析が適応可能ならば徹底的な治療法であることは認めても、多くの精神病的患者には週1回から2回の精神分析的精神療法を勧めている。それは、初期からの濃厚な情動的接触は患者にとって脅威だからである。しかし一方で面接と面接の間に自傷や自殺企図の恐れがある場合があり、それには環境の設定で対処することになる。彼は、週1回の治療を5年ほど続けた場合、かなりの効果が見込まれると述べている。

もう1つ強調されるべきなのは、治療環境のひとつとして、スタッフのための容器(container)が必要だということである。彼の病棟では毎週1回スタッフグループ定期ミーティングが持たれ、患者からの投影と自分たちの反応と

の混同による混乱を整理していた。スカンジナビアの精神療法者グループは、彼を迎えたセミナーを定期的に持つことで、同じ事例の発表自体は2年に1回であったとしても、考える場を確保していた。実際に容器（container）の喪失の影響は甚大で、Jacksonの実験的な病棟は、彼の引退とともに1987年に閉鎖されてしまった。

5 おわりに

　従来から統合失調症を代表とする精神病疾患に対して、生物－心理－社会的（bio-psycho-social）アプローチが試みられてきた。その際、生物学的側面および社会的側面の寄与が計量化と統計的評価に適用しやすいのに対して、心理的側面への介入は"純粋"に近いものほど評価が困難だった。つまり、ストレス脆弱性や認知の歪曲などに暗に含まれた生物学的モデルの検証や、行動的指標や評価尺度などによって表される外的変化は取り扱いやすいが、洞察を志向したタイプの精神療法ことに精神分析的精神療法が何をもたらすのかは、介入手続きすなわちその種の治療法の発想に馴染みがない者には分かりにくかった。加えて、効果判定に要する時間、対照群設定の困難、標準化されていない診断などの客観的な理由は、効果不明で不経済かつ用途の極度に限定された治療、という印象を与えてきたかと思われる。

　翻って、精神分析的精神療法の狙いは第一に、精神病的な世界の理解を通じて、想像を絶する世界での孤立から患者を救済することである。患者がどこまで人間的世界に戻ることができるかどうかは、さまざまな因子によると思われる。そこで患者をただ外因的な疾患過程の受動的犠牲者と見なすことは、患者が（羨望、嫉妬、怒りを含んだ）自分の心を取り戻し、それらに対する責任を持つ主体となるのを妨げる。それは、患者アイデンティティから脱却できるかどうかに関係している。

　こうして見ると、それは意味や生き方の次元を扱う点で他の治療法と異なることが分かる。Jacksonたちの経験は、精神分析的精神療法が生活の質の

改善をもたらしうることを示していることが分かる。実際に精神療法を行なうことが不可能な場合でも、そのパースペクティヴは、患者の発達的課題を明らかにすることができる。本章では、他の治療法との統合的アプローチについて十分述べることができなかったが、あれかこれか（either-or）ではなく、今後も相補的なあり方を模索していくべきだろう。

▶ 文献

(1) Alanen, Y.O.（1997）*Schizophrenia : Its Origins and Need-Adapted Treatment.* London : Karnac Books.
(2) Bion, W.R.（1962）*Learning from Experience.* London : Heinemann.（福本 修＝訳（1999）経験から学ぶこと．In：精神分析の方法 I――セブン・サーヴァンツ．法政大学出版局）
(3) Bion, W.R.（1967）Differentiation of the psychotic from the non-psychotic personalities. In : *Second Thoughts.* London : Heinemann.（松木邦裕＝監訳（2007）再考――精神病の精神分析論．金剛出版）
(4) Freud, S.（1925）An autobiographical study. In : *S.E. XX*, pp.7-70.
(5) Jackson, M.（1993）Manic-depressive psychosis : Psychopathology and individual psychotherapy within a psychodynamic milieu. *Psychoanalytic Psychotherapy 7-2*；103-133.
(6) Jackson, M.（2001）*Weathering the Storms : Psychotherapy for Psychosis.* London : Karnac Books.
(7) Jackson, M. and Williams, P.（1994）*Unimaginable Storms : A Search for Meaning in Psychosis.* London : Karnac Books.
(8) Klein, M.（1975）Envy and gratitude. In : *Envy and Gratitude and Other Works 1946-1963.* London : Hogarth Press and The Institute of Psychoanalysis.
(9) Rosenfeld, H.（1987）*Impasse and Interpretation.* London : Routledge.
(10) Segal, H.（1981）A psychoanalytic approach to the treatment of psychosis. In : *The Work of Hanna Segal.* New York : Jason Aronson.

第3章
精神分析から見た
統合失調症の精神療法過程

　本章では、日本人患者の妄想世界を取り上げている。かなり能動的で主体性があるように映るJacksonや北欧のセラピストの患者と較べて、日本の精神病圏の患者たちは遠慮がちで、内容的にも、例えば宗教的葛藤のような大掛かりで豊富なものよりも日常に近いように感じられる。しかし、症状は個々の患者にとって固有の意味を持っていて、その個別性は通常、治療者が精神療法の中で患者なりのペースやテンポに自然に合わせて関わることで見えてくる。精神病圏の場合でも、そうすることで患者の住む内的世界が窺われるようになる。だが、それで関わりの余地も生まれるのかどうかは難しいところだろう。また、医療機関や主治医に依存することが病状の安定に不可欠に見える患者に、どのような主体性の回復が想定できるのだろうか。神経症水準にある患者との違いを、改めて考えなければならないだろう。

1 はじめに

　統合失調症の精神分析的な治療が、刺激的で新鮮なアイデアをもたらすフロンティアだったのは、2世代以上前のことである。抗精神病薬による治療が標準化した現在では、治療の第一選択として精神分析（精神分析的精神療法）を、統合失調症「だから」行なうということはありえない。また、当時の症例報告を現代の目で見直すと、心的外傷による解離性同一性障害が疑われたり、短期反応性精神病と診断するのが妥当と思われたりする事例が混ざっている（F. Fromm-Reichmann および D. Laing の例）。実質的にも、精神分析的精神療法は統合失調症に固有の精神力動というよりむしろ、人間の心の原始的かつ普遍的な層を捉えようとしてきたと言われている。[5] クライン派

が注目してきた破壊性にしても、統合失調症に特異的であると考えない方が生産的な概念である。

しかしそれらを踏まえたうえで、統合失調症を含む重篤な精神障害に精神療法を行なうことには、以前にも増して意味がある場合のあることを強調しておく必要がある。実際にスカンジナビア圏では、モーズレー病院で急性期病棟を精神分析的に運営してきたJackson[3,4]の指導によって、必ずしも精神分析のインテンシブな専門的訓練を受けてはいない治療者たちが週1〜2回の精神療法を提供して、成果を上げてきたことが知られている。その際に重要なのは、適切な理解と治療の設定である。設定とは、治療環境（入院・外来）や各種治療アプローチ（デイケア・家族療法・集団療法など）の統合を意味する。

筆者は「重度の病態を有する患者への精神療法」[2]でJacksonの仕事を紹介したが、本章では、身近に経験される事例の心理的次元がどのように理解されるのかについて述べたい。

2 アセスメントと精神分析的理解

Jackson[4]は、精神病的な患者に関して「少数の者に精神分析を、多くの者に精神分析的精神療法を、そしてすべての者に精神療法的アプローチを」と述べている。精神療法的アプローチの基礎は、患者の内的・外的世界の正確な理解すなわちアセスメントにある。それを包括的に論じることはできないので、ここではある導入期の面接を例に、精神分析的観点によってそこから何が読み取れるかを解説したい。なお、事例提供は臨床心理士・杉山明子氏による。

- 患者A──33歳・男性
- 主訴──急性、一過性の独語や幻覚妄想状態
- 精神医学的診断──非定型精神病
- 病歴──大学4年時、妄想状態を呈したが一時的な投薬で改善。就労3年

目に仕事の忙しさから不眠・妄想が出現し2カ月間入院するも、退院後は治療を中断。1年前に、資格取得準備のストレスから、母親への暴力、希死念慮が出現し2カ月間入院。その後は通院していたが、数カ月前から通院・服薬を中断して、再度幻覚妄想状態を呈し再入院した。心理的アプローチは、退院後に現実的な行動を相談・吟味する場を設けて、Aの独断的に推し進める傾向を和らげて、再発予防に役立てることを目的として導入された。
• 家族──専門職自営業の父、元教諭の母との3人暮らし。兄は独立している。

1 — 第1回面接

　Aは、「カウンセリングを担当医から勧められた、自分でもやってみたい」と述べた。彼は、医師に止められているが仕事を始めたいので、自分が何に向いているのか考えたいと言う。治療者は彼の焦りを指摘して、これまでの振り返りを促した。すると彼は自分で書いた年表を広げて説明し、卒論の時期の病的エピソードについて話した。Aは仏教思想に興味があって、「魂の救済をしなければ」というテーマの物語を自分の中で作り上げてしまい、混乱状態で精神科を受診した。その後、親の紹介で何年か就労したが、再び病的状態に陥って1週間ほど入院した。それから通院を止めて家業を手伝った。しかしAはその分野での資格がないことを苦にし、勉強するが叶わず、ストレスから母親への暴力が再発して再入院した。退院後しばらくして、大手会社に就職したが3日で耐えられなくなり、また「魂の救済」が頭に浮かんだ。Aは自分が死ねばこの世が清められると思うようになり、危険に感じて母に頼んで今回の再入院となった。Aは、この機会に自分がどういう方向に進んだらいいのかを考えたいと言った。さらに話すうちに彼は、研究をしたい気持ちと、自立して稼がなければいけないというプレッシャーがあると述べた。治療者が今の専門分野を自分の仕事に選んだ動機を尋ねると、Aは父も兄も行なっているからだと答えた。しかし、Aは自分がそれに向いていないと感じていた。治療者がAの小さい頃のことを尋ねると、彼は幼児期に海外で生活したことを話した。日本に戻ってきたときには、型に合わせる意

識と日本的なものへの憧れがあった。実際には、Aは愛想が良くていつもニコニコしていたようだった。終わりに、治療者が今後少しずつ振り返りつつ考えていこうと誘うと、Aは自分が面接でどうしていけばいいのか尋ねてきた。治療者は、Aにまた1週間後に会って話していくと伝えた。

2 - 第2回面接

　Aは、すでに仕事を始めて主治医に呆れられたことを報告した。彼は疲労を認め、時期尚早とも思ったが、自分に資格がないのを何とかしたい気持ちの方が強かったという。治療者は前回の続きとして、海外から日本に戻ったときの苦労を尋ねた。Aは、苦労はなかったが型に合わせようとしていたと繰り返した。兄と違って、彼は現地校に通っていた。それから、大学時代の恩師に「外国で自由な空気を味わった人が日本で適応するのは難しい、日本で型にはまって苦しい思いをするよりは外へ出なさい」と言われたことを話した。彼には何が苦しい思いかははっきりしなかったが、留学には興味があったという。治療者が家族について尋ねると、Aは父親についてはきちんとしていて経験を重ねている人、母親については叩き上げの努力で地位を築いた人と述べ、母親に自分のことを歯痒く思われていないかと気にかけた。実際の母親はAに、「あなたのペースでやりなさい」と言っていた。それでも、Aには母親がプレッシャーになっていた。彼は、大学院修了後に就職したところを自分から辞めてしまったことを悔やんでいた。彼が本当にやりたいことは研究だが、生活のためには資格が必要だと考えた。彼は、自分の同年代・同期を見て焦りを感じる、と話した。だがAが振り返りをすると、間違い探しにつながり、焦りが増すようだった。治療者は、ゆっくり考えていく必要性を強調して面接を終えた。

3 - 評価

　Aは自発的に話題を選んで話を進めており、言葉での治療的交流に大きな

障害はないと思われる。しかし彼はアクション優位で、許可を求めているようでいても自分のプランに従って動いている。そのプランは、十分に吟味された結果というより、衝動と不安に突き動かされて進められている。その究極の形が、「魂の救済」という精神病的観念である。だから、Aが「資格」と繰り返し言うときには、「パーソナリティの精神病的部分」にとっての意味があると考えられる。それはおそらく、彼の存在理由に関わる。彼にとって資格は、神経症水準のアイデンティティではなく"生きる資格"に近いのではないだろうか。それが危機的状態にあるときには、文字通りに命懸けとなるのだろう。

　こうした点の本当の意味と由来は、治療過程で明らかになるのが期待されるが、現段階でも家族布置と生活歴から精神分析的な仮説を示すことはできる。末子のAは、現地校での挿話にも見られる通り、兄姉たちとは別の扱いを受けていた。彼は海外での苦労について覚えておらず、何も語らないが、家業のための資格を得て初めて一人前というこだわりの背景には、資格を得なければ家庭から放逐されるという無意識的な恐れがあった可能性がある。魂の救済者となるのは、その過剰な補償である。その一方で、留まることは「型に合わせる」ことを意味し、彼のアイデンティティの存続はやはり危ぶまれる。それに関連して、Aには入院中に印象的なエピソードがあった。活動療法の革細工で、彼は型押しをして革に模様を付けるように求められた。すると彼は最初、力を入れ過ぎて革を突き切ってしまった。そのあとは、言われた通り全く型通りにしたので、特に問題は起こらなかった——これは、彼が言う「自由な空気」の内実を示唆している。彼にとって「外に出る」ことは、日本社会どころか現実世界から突き出て、誇大的な精神病世界に入ることを意味していた可能性がある。さもなければ、型通りにして母親の期待通りに動くか。選択肢がこの二者択一である限り、彼は自己の能力を過大評価して無理な試みを何度でも続けるしかないだろう。そこで精神療法には、何ができるだろうか。

4 － その後の経過

　就労・資格取得に対するＡの焦りは強く、それに反比例して治療への動機は低下していった。面接に対しても「仕事を探したいので」「資格試験が迫っていて勉強で忙しい」という理由から、毎週から隔週へ、さらには月１回と間隔を開けるよう要求が続いた。治療者は、心理テストの結果のフィードバックを通して、物事をよく吟味せずに行動に移してしまう点を取り上げ、そうした傾向が自身で作り上げた（妄想的な）世界に没入してしまうことにも関連しているのではないか、と指摘した。Ａは、確かにそうやってすぐに入り込んでしまうところはあると認めたが、現実的な理由を述べて毎週の面接を拒んだ。結局両者の妥協のうえ、隔週での面接とすることが確定した。現実場面では資格受験や就労と慌しい動きが続く中で、面接では現実場面での焦りや行動と、養育上の経験や親との関わり方とのつながりを振り返ることを治療者は促している。Ａは、仕事で自立しようと焦っている一方で、父親任せにしてしまいたい気持ちがあると話している。

5 － 考察

　本例は、精神療法の枠組みを維持することに困難があり、外来の精神科治療自体が軌道に乗っているとは言い難い。拒薬－外来通院中断を繰り返してきた病歴を考慮すると、治療枠の管理のために、今後とも主治医および家族と十分な連携を取ることが必要と思われる。それは予備面接の段階でもすでに認められる問題である。そうした治療構造の不十分な整備は面接場面に影響して、その後の現実場面での慌しい動きや、面接の間隔を空ける要求につながっているようである。もう一方で、Ａの焦りの性質を理解すること抜きには、そうした管理は困難である。

　面接の内容からは、Ａが生育史を通じて、対象（両親・学校・職場）に「全部やってもらう」か「放っておかれる」かのいずれかという極端な関わり方をしてきたことが窺われる。彼が我先に行動するのは、「放っておかれる」

状況を反転させる試みに見える。それでAが行き着くのは、自分で自分を救うという「魂の救済」のテーマだろう。隔週の面接ではAの焦りやアクション優位の傾向から、現実での動きが話題の中心となりがちである。しかし背景にあるAの早期対象関係の動きを見透かしつつ関わることによって、早期に欠けていた経験を提供し、単なる生活相談とは異なる次元での関わりが生まれる可能性があると思われる。

3 おわりに

アセスメント段階からの事例を通じて、見立ておよび治療の枠を維持する必要性と、発達論的な見通しを持った関わりの重要性を論じた。精神病圏の患者への精神療法の依頼は、今のところ限られていると思われる。本章は、そうしたアプローチの意義を説くところにあるが、それは適応を見極めたうえでのことである。また、Jacksonが看護者を訓練して治療を依頼したように、他職種が治療に当たる可能性もある。そうした中で、心理士の専門性が問われるところと思われる。

▶ 文献

(1) Bion, W.R.（1967）Differentiation of the psychotic from the non-psychotic personalities. In : *Second Thoughts*. London : Heinemann.（松木邦裕＝監訳（2007）再考——精神病の精神分析論. 金剛出版）
(2) 福本 修（2002）重度の病態を有する患者への精神療法. *Schizophrenia Frontier 7*; 86-90.
　［▶本書第2部第2章に再掲］
(3) Jackson, M.（2001）*Weathering the storms. Psychotherapy for Psychosis*. London : Karnac Books.
(4) Jackson, M.（2001）Psychoanalysis and the treatment of psychosis. In : Williams, P.（Ed.）A *Language for Psychosis*. London : Whurr Publishers.
(5) Segal, H.（1981）A psychoanalytic approach to the treatment of psychosis. In : *The Work of Hanna Segal*. New York : Jason Aronson.

第4章
気分障害
躁うつ病の精神分析

　本章では、ポジションの基本的な考え方を概説したうえで、Murray Jackson による双極性障害の患者の精神分析的治療を紹介している。精神医学的な意味での気分障害は、幅広い病態を含んでおり、それに応じて精神分析的観点から見たその成り立ちもさまざまである。患者の精神病理を精神分析的に理解できることは、必ずしも分析的な介入ができることを意味しない。Freud がメランコリーを自己愛神経症と呼んで、転移の形成が困難なので精神分析的な介入の対象外としたことはよく知られている。現在では教科書的にそれと同じように、Abraham や Klein が攻撃性と陰性転移の理解を通じて、彼ら独特の対象関係に働きかける道を開いたことが通念になっている。しかし、喪失した特定の対象へのメランコリー的な同一化が非常に強くて喪が進まず、鬱状態が続く症例は、今日でも見られる。その場合、自発性のある自己が欠けているとは断定できないが、情動の幅は極めて限局されている。その一方で、躁鬱病症状が明瞭でも、何処かに保たれた自己とのつながりが見て取れる患者もいる。主体性を育てようとしてそれを阻む問題に取り組む精神分析的アプローチは、Jackson の症例のようにパーソナリティの関与が認められる場合に、特に意義があるように思われる。

1 はじめに

　躁鬱病あるいは気分障害の精神分析療法の総説は、Freud[7]、Abraham[1,2]から始めるのを通例として、Klein[11,12]を経ておおむね 1960 年代前期の Rosenfeld[16]、Jacobson[9]を取り上げて終わる。このことは、その後新たな知見や大きな進歩が見られなかったことを示唆する。実際、Essential Papers in Psychoanalysis シリーズの *Essential Papers on Depression*[6] が含む 1970 年代、80 年代の論文は、シリーズ名に反して精神分析からではなく、認知行動療法、心理社会的アプローチ、生物学的精神医学のものである。心理的因子は、疾患に生物学的な基盤が

あっても、素質・発症・障害の持続化のいずれにも寄与しうる。だが気分障害の治療の領域では薬物療法が第一選択となり、心理的アプローチにしても効果がより確実かつ統計的吟味が可能で、より簡便な方法が研究・開発されているのが現況である。それらの特徴を挙げると、(1) 薬物療法の補助として服薬の重要性を理解するのを助け、前駆症状に対応できるようにする、(2) 疾病による障害や人生状況を含めた現実への適応を促進する、(3) 重要な葛藤（認知の歪曲・対人関係の問題など）を支持的な枠組の中で或る程度扱う、などである。[8]

それに対して精神分析療法は、症状や葛藤をもたらすパーソナリティ構造自体の変化と発達を目標とする。それは一般に、精神病圏の疾患を持つ者には不適と見なされがちで、精神分析・精神分析的精神療法の内部でも、関心は精神病領域からパーソナリティ障害圏に移行してきた。しかし大勢がそうでも、精神分析的な治療は、特にクライン派において限られた数ながら続けられてきた。また、Rosenfeld[18]を発端に精神病圏の治療から移行したパーソナリティ障害圏の臨床研究は、慢性抑鬱状態の精神病理の理解を提供している。従来、躁鬱病は抑鬱神経症や境界性パーソナリティ障害との関連が論じられることが多かったようだが、慢性的な気分障害の背景には、「病理的組織化」[20]と呼ばれるパーソナリティ病理が認められる場合がある。以下では、クライン派を中心に躁鬱病の精神分析的理解の簡単な総説をして、現代における実践例を解説し、気分障害とパーソナリティ構造の関連について触れることにする。

2 躁鬱病の精神分析的な理解の展開

躁鬱病の精神分析的な理解を簡単に振り返る前に、その発想と表現に関して基本的なことをひとつ確認しておきたい。それは、精神分析の対象とその分類の仕方が、精神医学とは異なるということである。精神分析は、鬱病ならば認知療法、というように疾患特異的な治療法ではなく、抱えている精神

的な問題の無意識的な背景を探る方法である。その対象は疾患横断的な人の心の発達と病理であり、描出された状態像や病態は、日常場面で観察されるものや精神医学用語で記述されるものに近くても、精神力動的な概念を用いた再構成であると考えた方がよい。Freud 以後の発展によって、理論化はさまざまな方向に進んだ（自我心理学、対象関係論、自己心理学、間主観性論など）。それらはいずれも、どの事象についてもそれなりの説明を与えるため、相互検討が困難である。まして、他の様式の治療法との直接的な比較は意味を持たないことが多い。したがって、疾病の亜分類を行なわない精神分析の議論は、種々の対象を混在させた医学的には検定できない症例報告に過ぎないように見える。しかし精神分析が、症状の医学的管理を超えた発達・成長の問題を扱おうとしているのは事実である（たとえ成人の患者が対象でも）。以下の総説の部分では理論水準の記述が中心となるが、その臨床的な意味は次節で見る。

　Abraham▼1,2 は、数名の躁鬱病患者の精神分析的治療について報告した。当初 Freud が神経症者の精神病理において性欲動とその抑圧を重視したのに対して、彼は躁鬱病者における愛情と憎悪のアンビバレンスと、愛情の能力を麻痺させる憎悪の優位を指摘した。彼はその起源を、Freud の発達図式を詳細化する形で、口唇期および肛門期のサディズムに求めた。この憎悪は、口唇期固着による過度の依存傾向と、そのために欲求不満に陥りやすい傾向によって強められ、自分を失望させる対象の無意識的な破壊へと通じる。Abraham はまた、部分対象と全体対象を区別し、対象が摂取－排泄－再摂取－同一化と具象的に経験される過程を Freud の構造論を用いて描写し、後の対象関係論に道を開いた。Klein の「内的対象」の概念は Abraham▼7 に由来する。

　Freud▼7 は、メランコリー（鬱病）と躁病を対象喪失の視点から捉えて、メランコリーが対象を失ったことの喪（mourning）の失敗であり、躁病が対象喪失を否認する一形式であると整理した。メランコリー者は、愛情の対象を失ったと認める代わりに、それを取り入れて自己の内に保持し、それと同一化する。Freud はこの論文で、自己とさまざまな対象が棲む〈内的世界〉を示唆した。メランコリー者の過剰な自己非難は、そこでのドラマである。患

者の攻撃性の一部は厳しい超自我という内的対象を形成し、その一方で自我の一部は失った対象に同一化するので、自己非難によって実は自分が同一化した対象を攻撃している。Freud は対象のこの摂取、体内化、内在化がメランコリーに特有の機制であると考えたが、Abraham[2] は、それがより一般的なパーソナリティ形成の精神分析的過程であることを示した。すなわち、内的世界と外界は相互交流しており、それに応じてパーソナリティと内的世界は発達・形成されていく。さまざまな精神病理は、ある特定の発達段階での障害である。

　Klein は、子供の精神分析を通じてさまざまな革新的発見をもたらした。彼女の理論は、妄想分裂ポジションと抑鬱ポジションという概念に代表される。2つのポジションの違いをここでの関連に限って述べると、それは対象喪失をどう経験するかにある。

　抑鬱ポジションとは、主体が対象喪失の喪に成功して対象を象徴的に内在化し、具象的な固執から解放された段階の心的構造である。このとき対象は、主観の投影に応じてその良い面と悪い面が別物として経験される極端に分裂した状態から、自己と分離したより現実的な存在となる。対象を自己の延長ではなく自立したものとして認めることによって初めて、主体は対象と関わることができる。その原型は早期母子関係にあり、離乳による母親の乳房とのつながりを失うことが、対象喪失経験のひとつの範例である。そのことから分かるように、精神分析で言う対象喪失とは必ずしもその対象と死別することではなく、むしろ対象が自分の思い込みを超える生きた対象となって、自分以外の対象とも関わることを許容し、新たな関係の世界に入ることである。言い換えれば対象喪失とは、自分の万能感を喪失することである。だから喪の成功とは対象と生きた関わりを持つようになることであり、喪の失敗とはいわば死んだ（主観的には殺した）対象との関係に囚われ続けることである。通常の成長による母子分離でさえ発達上の課題であり、母親の手助けに伴われての達成であることを考えれば、そこに突然の喪失や虐待などが加わったときの困難とその余波は、想像に難くない。

　対象の統合は、主体の愛情と憎悪の衝動の統合でもあり、自分の衝動に責

任を持つことである。Klein はそこでの特徴的な情動を抑鬱不安として認め、罪悪感と償いの感情の重要性を指摘した。この不安に耐えられないときの防衛のひとつが、対象喪失を否認する躁的防衛である。それは単に対象を失っていないとするのではなく、対象に依存する必要性を認めず対象を万能的に保持しているという無意識的空想であり、対象への勝利感・蔑視・支配を特徴とする。

抑鬱ポジションに発達的に先立つとされる妄想分裂ポジションでは、対象はつねに部分的な特性として部分対象関係にあるとともに、具象的である。つまり、良い対象は具象的に手元にある限りで良く、しかもその評価は容易に変わる。満足を与える対象の不在は、迫害する対象の存在と等価である（Bion）。良さを守るために排除した悪い対象は、内的世界のどこかに残って、迫害的対象として回帰する。このポジションで基調となるのは被害的不安であり、主体にとって生き残ることが課題である。主体は至福・万能と絶望・無力の両極端を揺れるが、それを一貫したものとして経験できない。

Klein はこうした2つのポジションを、精神病が生じる素因と結びつけた。すなわち、抑鬱ポジションを達成することの失敗が後の躁鬱病を、妄想分裂ポジションでの失敗が後の統合失調症を用意する内的構造を形成すると考えた。躁鬱病では対象の喪すなわち自他の分離が達成されず、厳しい超自我が持続し、罪悪感が迫害的なものとして発達する。統合失調症の場合は、妄想分裂ポジションの基本構造（例えば「良い」と「悪い」の分化）すら成立しない混乱と断片化が想定されている。ただし Klein の立論では、発達過程と病理過程が同列に扱われる嫌いがあった。それに対して精神病を精神分析的に本格的に研究した後のクライン派の分析者たちは、それに特有の病理構造を明らかにしようとした。Segal、Bion、Rosenfeld は、それぞれ、(1) 象徴形成能力、(2) パーソナリティの精神病的部分と非精神病的部分、包容 (containing) の失敗、結合への攻撃、幻覚生成過程、(3) 投影同一化の諸用法などについて重要な寄与をしたが、ここでは割愛して、躁鬱病の精神分析的な治療に関して Rosenfeld を取り上げる。

Rosenfeld の経験によれば、躁鬱病者は非常に強い転移を形成するが、そ

れは陽性転移というより理想化で、わずかな欲求不満によって治療者は迫害的と見なされる。患者の中心的な不安は、抑鬱ポジションの葛藤すなわち自分の破壊衝動が自分の依存対象を傷つけたり破壊したりしないかというものである。抑鬱が深ければ深いほど、患者は自分が愛する対象を殺して失ってしまい、自分の力では元に戻しようがないと信じる。この破壊衝動と絶望についての患者に耐え難い不安は、治療では投影されて治療者が経験する。Freud がメランコリーについて描いた「攻撃性の内向」は、より被害的な精神病水準の力動である。精神病性鬱病では、厳しい超自我が生むこの罪悪感がより迫害的であり、躁病では逆に自我はその万能性に同一化して、対象に依存する必要がないかのように振る舞う。

　こうした超自我病理は、治療を通じて徐々に改善されなければならない。それは、治療者が患者のさまざまな投影を受け止め、持ちこたえ、理解することによってなされる。Bion の考えでは、それは赤ん坊の言葉にならない不安を母親が理解のために夢想し包容機能（containing）を発揮する、早期母子関係に喩えられる。治療者はそのために、自分が患者とどのような関係にあるのか、無意識的にどのような役割を担っているのかを知らなければならない。逆転移の理解は、その鍵となる。こうして治療者が投影を包容する一方で、患者が治療者による理解を徐々に受け取れるようになることが期待される。自らの破壊性を認識することによって、投影が減少して超自我の厳しさは緩和されることに通じる。

　以上は精神分析的精神療法全般に通じる治療機序だが、Rosenfeld は躁鬱病に特有の精神病理構造に注目した。それは、パーソナリティの破壊的部分と自己の関係の問題である。双極性に応じて、そこには 2 つの形式がある。鬱病相では抑鬱的な内的対象（母親）との「女性的同一化」が顕著で、健康な自己は自己愛的誇大的自己（自己の破壊的部分である超自我）の加虐的な力に服従し、そこに被虐的な満足を得る。それに対して躁病相では、超自我に服従していた自己は勝利感で興奮した状態で服従から逃げる。これは具象的には、理想化された万能的男根対象との病理的な「男性的同一化」である。自己が誇大化するのに対して対象は蔑視され、その価値を下げられる。躁鬱

の循環は、このような二重の同一化の揺れとも見なしうる。Rosenfeld に付論すると、この対象関係は病間期の寛解状態においても見られる。極端な気分変動が存在しないことは、健康な自己が優勢であることを意味しない。むしろ、自己が「役割自我」の形式において意識化せずに規範に服従しているか、目立たずに誇大的同一化を起こして密かに優越感を保持しているかだと考えられる。

　患者がこれらの同一化から脱却できないのは、自分の攻撃性が「悪い」母親対象を破壊してしまうという確信から抜け出せないためである。この抑鬱不安が克服されない限り、抑鬱ポジションで言う対象との分離と喪の作業は達成されない。言い換えれば、弱い内的対象に攻撃性を向けて失うことはできないので、加虐的－被虐的な倒錯的対象関係の中に攻撃性を吸収してそれを制御しつつ、対象とのつながりを保つのである。攻撃性は自己から排除されて内的対象（超自我と同じである）に投影され、その苛酷度を増す。それが実在の母親の性質と必ずしも一致しないことは、内的対象関係論一般に共通することである。Rosenfeld はその後、この議論をパーソナリティ障害の病理に敷衍して、「破壊的自己愛（destructive narcissism）」として定式化した。

3　現代における実践とその意義

　以下に取り上げるのは、Jackson が報告した、鬱状態からやがて双極性の病像を呈した症例の精神分析的精神療法の経過である。患者は若い女性医師で、交通事故による重度障害の治療と妊娠中絶の研修後に発症した。患者は発症後 5 年間、抗鬱剤、気分調整剤、電気ショック療法でもコントロールできない著しい躁鬱状態の交代を続け、自己破壊的行動と強い自殺念慮のために大半の期間を入院して過ごした。パーソナリティ障害を併せ持った彼女の経過は典型的な躁鬱病のものではないが、だからこそ精神療法が試みられたという事情をよく見ることができる。

　しかし彼女への精神療法は決して平坦な道程ではなかった。抑鬱状態の初

期から精神分析的精神療法が考慮されたが、開始の前日に患者は大量服薬をした。このため彼女は一般病棟に入院し、上記の治療を受けた。5年後に精神分析的に方向付けられた病棟内で精神療法が再検討されたときも、2回の予備面接の後に彼女は自分を非難する幻聴を聞き始めた。これは彼女の重篤な病理（治療的な依存に対する陰性反応）を理解する機会となったが、気分変動と自殺の恐れに対応するために、彼女はより高度に管理された病棟に移されて精神療法は中断された。しかし、患者は精神療法を強く望んでおり、また、大量の薬物によっても心理的因子による患者の容態の易変は制御されないでいた。そこでさらに検討が重ねられ、患者が一応落ち着きを取り戻した数カ月後に3度目の精神療法面接が試みられた。そのときには、最も経験のある治療者であるJacksonが週2回以上の面接を2年間提供した結果、精神科薬の大幅な減量と精神分析（週5回の構造化された面接）への移行が可能となった。彼の理解と関わりが患者に影響を及ぼしたのは明らかなので、それを具体的に見つつ解説を加えていきたい。

　5年前の最初のアセスメント面接で、患者は面接者に、以前から見ている謎の不安にさせる夢を報告した。その夢では、**彼女は妊娠しているが、自分の避妊用コイルで胎児を傷つけていないか恐れていた**。また別の夢では、**死んだとされる彼女の親戚の若者を、彼女一人が助けようとしていた**。彼女は自分の背景として、若い頃から自殺への思いを持ち続けていたこと、父親が激しやすく拒絶的なこと、母親は抑鬱的で父親の暴力が向けられがちなこと、父親の言いなりで彼女を筆頭に子供を5人生んだ母親に対して彼女は保護的であるとともに憤りを感じてきたこと、彼女の婚約者は頼りがいがあり彼女と良い関係にあること、などを語った。アセスメント面接者は、彼女が高い知性と治療への強い動機を持つ一方で、剥奪的な環境に育ち、非常に脆弱で辛うじて完全な絶望に陥らないでいること、彼女の中には自分ではわずかにしか気づいていない自己破壊性があり、自殺の危険が高いことを認めた。結論として、彼女には経験ある治療者が用意された。
　しかしながら、彼女は最初の精神療法開始の前日に自殺企図をした。そ

の後の家族面接と一般診察から、彼女の詳しい背景が分かった。彼女の父親は気分変動の激しい、非常に権威主義的で軽躁的な人物で、叔母・祖母の1人は躁鬱病を罹患していた。母親の兄弟は、4人が血液型不適合で周産期に亡くなっていた。患者の子供時代から両親の著しい不和が続き、父親は彼女が16歳のときに家を出て、後に離婚した。患者は生後18カ月まで母親と良い関係にあったが、その頃妹が生まれ6週間離れて以来、自立傾向が顕著となって、母親とは二度としっくりすることはなかった。この18カ月年下の妹は、強迫症状と拒食症状を持つ精神病水準の障害を患っていた。

　患者は3度目の精神療法を始めるに当たって再入院を拒否したので、Jacksonは外来で治療を始めた。最初の面接で、彼女は前夜の断片的な夢、「妊娠した女性がいて出血していた——私が妊娠している」を告げた。Jacksonは、5年前に彼女が報告した夢との類似を認め、妊娠中絶の実習が発症の契機となったこと、生活史的には彼女の脆弱な母親が妊娠を繰り返していたこと、そして患者が妊娠した母親に対して持っていた可能性のある攻撃的感情を考え合わせて、すでに転移において治療者（何かを生もうとしている＝妊娠した女性——実際には男性だが）が患者の攻撃に晒されていると理解した。実際、目を反らして沈黙する患者を前にして、治療者は希望を維持するのが困難だった。しかしJacksonはそれを患者の破壊性がもたらす危機についての患者からのコミュニケーションと捉えて、〈患者は以前の試みのように精神療法が流産するのを恐れているのだろう〉と解釈した。そして〈夢ではまだそうなっておらず、治療が何か生きていくのに不可欠なものをもたらしてくれるかもしれないと期待しているのだろう〉と付け加えた。患者は、治療者の言葉に反応しなかった。次の回も、患者は黙っていた。10分ほどしたところで治療者は、〈患者の中で何か治療者に話せないことや話したくないことが起こっているのではないか〉とコメントした。すると患者は、「私は深い井戸の縁にいて、悪者だから飛び込まなければいけない、と声が言っています」と囁き声で述べた。それは、現に経験している幻覚を伝えているようだった。治療者は患者が自殺をしかねない不

安を急に感じて、〈患者は自分がその声に従って自殺しないかと恐れており、治療者がそれは本当に起こりうると認めることを望んでいる〉と解釈した。患者は目に見えて緊張を解き、数分してから、「もう井戸の縁にはいません……」と言った。

　精神療法を開始する前にアセスメントをすることは、難しい症例の場合特に必要である。それは背景の情報を得て患者の精神病理や内的世界の様子を知るためばかりでなく、治療的介入に対する反応から患者の精神療法に対する準備性を吟味し、必要な判断と用意をするためである。精神療法を拒絶し全く関心を示さない場合は問題外として、患者が精神療法を希望していても、誤解している場合がある。例えば、症状のコントロールや復職するための手助けといった具体的な現実適応は、結果的に可能となっても直接の目的ではない。具体的な問題についての助言は、別のところで求められる必要がある。精神分析的精神療法の目的は、希望や新しい考え、さまざまな情緒、新たな関わりを生むことができる、生きた心を回復することである。ただし、ほとんどの患者にとって（精神分析的）精神療法は他者との新しい経験であり、目的を知的に言語化できる必要はない。そこで自分の心の動きを新鮮に感じ取ることができれば、それは情動的接触（コンタクト）の始まりである。
　この女性患者は、記述精神病理学的には、当初抑鬱状態が続き、それが何らかの理由で増悪して自殺企図に至ったと見なされるだろう。それに対して「彼女は妊娠しているが、自分の避妊用コイルで胎児を傷つけていないか恐れていた」という反復夢の報告を、彼女が内的世界の葛藤を伝えていると受け止めるならば、少女期からの内的光景とそこでのせめぎ合いを窺うことができる。つまり、彼女は何かを生もうとしているが、それを阻害する部分が彼女の中にあるということである。ただし、患者は表現された葛藤を主体的に経験しておらず、破壊的部分は通常意識されていない外力であり、それが襲ってくると無力である。彼女はそれを、自分では意味を理解せずに夢の形で面接者に伝えている。こうした彼女の反応は、精神療法に対する彼女の動機の強さとあわせて、治療者に期待を抱かせた。しかしこの夢は、理解する対象への期

待でもあり、警告でもある。境界例水準の多くの患者はこのように、治療を実際に始める前から治療に対して魔術的な期待や恐れを抱く（治療は胎児状態にある）。対象（治療者）の側は、それを掴んで患者の中核的病理と結びつけて理解し、適切な治療構造をアレンジする必要がある。特に、暴力・(自己)破壊性のリスクのアセスメントは重要で、それが抑えられないものになったときの対処も考慮しなければならない。それに加えて患者の不安あるいは抵抗の強さから、面接時間と頻度を設定する。

　そのような判断は、当然ながら夢ひとつに基づいて行なうわけではない。生活史上、彼女は母親を助ける良い長女役を引き受けてきたが、彼女の内的世界では、暴力的な父親像と受身的で無力な母親像に由来する加虐的－被虐的関係が支配的である。そして彼女の心底には、妹の誕生によって母親から疎隔されたことが外傷として残っている。しかし妹は現実に障害を持つために、彼女が攻撃性を示すことはますます困難である。最初のアセスメントは、彼女がきわどいバランスの上にあることを指摘した。その5年後にも同質の夢を見たこと（「妊婦の出血」）は、いかに内界・無意識が容易には変わらないかを示している。もう1つの「深い井戸」の幻覚は、それが襲ってくると患者が無力になることばかりでなく、精神病的な融合と素早い気分状態の切り替わりを示唆する——こうした見通しをつけて、治療開始の時期と設定を吟味する必要がある。精神病水準の問題を持つ患者の場合は特に、突発事がつねにありうると覚悟しなければならない。入院施設のバックアップは必須である。

　Jacksonとの治療の第3週には、患者は家庭でも自分の感情を話し始め、母親はその進歩を喜んだ。しかし治療者は、むしろ危険な行動化がありうる徴候と見なした。患者は次のような夢を報告した。「私はテロリストたちによって、地下壕の中に閉じ込められている。テロリストの一人が私を憐れに思って自分の上着を貸した。私は表に逃げ出したが、上着のためにテロリストと間違えられて撃たれた」。治療者はこの夢もまた患者の内的世界の表現として理解して、治療者による助けが患者を怯えさせていると伝えた。

転移の文脈では、患者にとって治療者の助けは、テロリストの憐れみのように危険である可能性があることを意味する。しかしこの夢を見たのは患者であり、すべての要素が患者の何かを同時に表現しているとすれば、テロリストたちとは外の誰かではなく、患者を脅かす患者自身の破壊的部分の、より明確になりつつある表現である。その部分は彼女にとって味方なのか罠なのかは分からない。彼女は自分がその犠牲者なのか実はテロリストなのか混乱しているが、危険な部分を抱えていることは確かである。だから患者にとって、コントロールできない破壊的な力を刺激する、自分の感情を感じたり自分について考えたりさせる精神療法よりも、引きこもったままの方が安全である。慢性的な抑鬱状態にはこのような防衛的機能があるが、それは同時に適切な変化を妨げるものでもある。

治療者が患者の内界を描写すると、患者は初めて顔を上げて治療者を見つめた。次の面接では、患者は別の夢を報告した。「私は燃えている部屋から走り、大きな貨物自動車の運転室に逃げ込む。その持ち主は車の上で寝ているのが見える。私は眠りに落ち、朝起きてみると運転手はいなくなり、世界は月の表面のようになっている。そこは核爆発の跡のように灰となっており、私一人しかいない」。治療者はこの夢を、患者の閉所−広場恐怖のジレンマとして理解した。つまり、面接は患者が治療者と情動的に触れることで破壊的感情を解き放つ危険があり、助けが近づくことは脅威である一方で、面接の外では患者は廃墟に一人残されることを意味した。また、この夢は「核爆発」の可能性を伝えている点で「車の上で寝ている」治療者への警告だった。治療者は、患者の夫と母親に患者の強制入院を提案した。しかし患者が実際に行動化を起こしてはいなかったので、彼らは入院に反対し、治療者も彼らが患者を十分な監督下に置くことで合意した。

だが、夫の注意が緩んだ隙に、患者はリチウムを大量服薬した。患者を救命できたのは、全くの偶然だった。彼女は、3週間一般精神科病棟で過ごしてから、Jacksonの精神療法病棟に入院した。彼は患者の自殺のリス

クに関して、その時点で企図がなかったために、判断が甘くなっていたことを認めた。患者の行動は、命令する幻聴への反応だった。しかし治療チームは精神療法を続けることを支持し、治療は継続されることになった。患者の抑鬱は後退し、復帰3週目に彼女は突然躁転した。彼女は離院して家に戻り、狂ったように部屋の掃除をした。この行動は、躁的償いの一種と解釈された。

その後の半年は、生理前に気分の起伏があっても、彼女の軽躁は治療チームの管理と面接によって克服された。幻聴は収まり始め、彼女は自分の過去の人生と家族への複雑な感情、すなわち精神疾患を持つ妹への罪悪感に満ちた責任感、父親への愛憎などを語りだした。服薬量は減り、欧米特有の精神療法の長い夏休みも無事に過ごした。

しかしながら、病棟での事件によって彼女は再び悪化した。彼女が親しくしていた或る患者が、病棟内で焼身自殺を図ったのだった。患者はひどく動揺し、激しい自傷をしたうえに同じく自分に火を点けようとした。そのため患者は、再び高度管理の閉鎖病棟へと送られた。しかしこの段階では、その6カ月の間も精神療法を病棟で続けることが可能となった。初め彼女の退行は深く、治療者は1カ月毎日10分から30分会うことにした。命令する幻聴の訴えは統合失調症様の病像だったが、彼女は治療者との情緒的接触を保っており、彼が患者に圧倒され彼女は捨てられることになるのを恐れていた。

そのような折に患者は、隠し持っていた剃刀で再び手首を深く切った。彼女の夫は、病棟スタッフを監督不行き届きとして激しく批判した。しかし治療者は患者が夫を通じて彼女自身の破壊性を表現していると考えて、スタッフを支持して動じなかった。そして彼女に自分の考えを直面化した。すると彼女はそれを個人的に受け取って、治療者が彼女に怒っている、と反応した。治療者は彼女が正しいことを認めた。治療者が去ると患者は直ちに担当看護師に率直に話し始め、少し泣いて、昔の失恋の思い出を語った。1時間後には、何週間にも及んだ彼女の鬱は消えて、躁状態となった。

それから7カ月、彼女は躁転と鬱転を繰り返したが、その切り替わりに

は上のような精神力動的な契機が見て取られた。こうした作業を通じて、治療作業を妨げ陰性反応を起こす部分が患者の中に存在することが浮かび上がってきた。夢ではそれは「ブレーキなしで丘を自転車で駆け下りるように患者に説得する男」といったふうに、次第に具体的に擬人化されて現れた。彼女がその部分と共謀関係にあることは、「船を爆破しようとするナチス将軍に自分が協力している」夢で明らかになり、彼女は衝撃を受けた。その頃から彼女は、苦痛に満ちた情動を感じ始め、失意・恥・屈辱・悲嘆といった感情を認め始めた。

患者にとって依存できる対象の接近が一般に、閉所恐怖か広場恐怖か、すなわち「呑み込まれ」か「孤絶」かのジレンマを引き起こすことは、治療者が理解した通りである（ここでは患者を呑み込むのは、治療者というより患者の精神病的部分である）。しかし、破壊性がどの程度刺激され、どのような行動化が起きるかを事前に予測して防ぐことは、実際には困難である。また、激しい行動化は患者にとって危険なばかりでなく、背景にある心理や意味を理解することを妨害する。重症な患者の場合、治療の初期は理解の展望が開けたようでもすぐに揺り戻し（陰性治療反応）が生じて、また行動化に埋められてしまう。中核的病理が明確になるまでには、行動化の制御に多大な時間と労力を要する。激烈な行動化によって衝動が発散されて一時収まったように見えても、考え感じることが優位になるまで行動化は規模や形を変えて何度も反復される（「行動化」の精神分析的な理解については、本書第3部第1章を参照）。

治療関係が徐々に発展すると理解する作業が行なわれるが、そこで治療者に話す患者と、例えばリストカットする患者の間にはつながりがない（だから分裂（schizoid）と言われる）。前者のみと話して後者の活動を取り上げなければ、統合は起こらない。破壊的部分は、患者の心の中に抱えられない限りで、行動化・幻覚・身体化という形で現れるが、外的対象への投影もまたそのひとつである。本症例では、夫による批判の妥当性自体はともかくとして、患者がそれをどう経験しているのかを吟味することは重要である。治療

者はそこに代理性（by proxy）を見て、夫の行動を彼女の破壊性の表れとして患者に解釈した。対象関係の実演（enactment）と呼ばれるこのような状況全体を把握するには、投影同一化の理論が有用である。彼女はその解釈を、治療者の個人的な怒りとして捉えた。それは事実だったが、彼女自身が個人的に反応したわけである。転移解釈が認知的図式の説明ではないのは、生の感情や情動が甦り、それを感じる「自分自身の心」を患者が取り戻すところにある。彼女はこのやりとりを経て、おそらく発病後初めて健康な自己から語ったが、それは一瞬のことで、再び躁的部分に覆われた。

　しかし彼女の心の構造は次第に詳細化され、夢の中に具象的に登場し始めた。そこに浮かび上がってきたのが、破壊作業をするように説得する男と彼女の関係である。それが何者か、彼女の何を代表しているのかが問題だった。それは幻聴を含む症状から彼女の対人関係・社会的機能にまで影響を及ぼしている。こうした各部分の析出・分離を経て初めて、患者は本当に「自分自身の心」を持つことができるようになる。彼女がさまざまな情動を感じ始めたのは、その兆候である。自分の破壊性を認識することには苦痛を伴うが、それは精神内界を豊かなものにすることでもある。ただし、この段階では内的構造が明確になりつつあるということであって、それから解放されたわけではない。

　しかし、彼女がさまざまな感情を感じ始めたことで、彼女に揺り戻しが起こることが予想された。そしてそれは、治療にとって最大の危機となった。彼女の鬱は精神病的性質を帯び、幻聴が戻ってきて彼女に自殺を命じた。彼女は精神療法によって自分が悪化しているとスタッフに述べ始め、患者の人権擁護のための審判機関に訴えたいと言った。治療者は、治療を生き延びさせる力を試されていると考えたが、現実には危険な結果もありうるという苦境に立たされた。治療者は解釈のみで状況を扱うことを止めて、治療を中断するが、次回いつもの時間に面接することを伝えたところ、彼女は賛成した。翌日、彼女は担当看護師の前で少し泣きながら、昨夜夢を見たが治療者はどう思うだろうか、と話した。彼女は面接の機会にそ

れを描写した。「私は空に赤い閃光が走るのを見るが、核爆弾の模擬爆発試験が行なわれることを知っていたので、心配していなかった。突然爆風が来て、私は吹き飛ばされ、恐怖とともにそれが実際に起きたこと、もうすぐ自分が死ぬことに気づく」。治療者はこの夢を、彼女が精神療法を破壊してしまったという恐怖と結びつけ、治療者が苦痛を伴う治療と洞察を破壊しようとする圧力に耐えられるかどうかを見るために、治療の打ち切りを主張していたのではないかと解釈すると、彼女は明らかに安堵して、治療の継続を求めた。この出来事は、治療者が彼女の幻聴よりも強いことを示した大きな転回点となった。後に彼女は、それに先立って治療者が彼女に怒ったときも、治療者が単に職業的・機械的に患者を診ているのではなく、心配していることが分かったと述べた。

　その後、治療は基本的信頼感と希望を伴って進んだが、やはり紆余曲折がないわけではなかった。それでも、彼女の気分の揺れ幅は小さくなり、行動化は突然生じるのではなく、夢が前触れとして気分の変化を伝えるようになった。例えば、抑鬱状態にある彼女が「**誰かが私を、熱気球に乗せてくれようとしている**」という夢を見ると、翌日には昂揚するということがあった。鬱状態に戻る場合も同様だった。

　審判機関に訴えることは患者の権利であり、それ自体の是非を云々はできないが、治療の仕方が悪いからではなく、それに必然的に伴う欲求不満や苦痛に患者が耐えられずに行動化として訴えることも往々にしてある。そこでは現実の取り扱いが優先されるにしても、精神療法と転移の文脈を見失わないことが必要である。Jacksonが「帝国の逆襲」と呼んだこの事態は、前述のエピソードで夫が巻き込まれたのに対して、患者の破壊的部分は社会システムの超自我審級を動かす規模に達している。しかしここでも、患者は治療者の心の自発的な動きと強さに触れたことで、治療の喪失を実感して、自分の破壊性への後悔と対象の価値と、依存感情を認める契機とした。以後、行動化は皆無にはならなかったが、問題が徐々に心の中（夢の表象）に収められるようになっていった。

第2の本格的な転回点で取り上げられ対決されるに至ったのは、Rosenfeld[18]が後に「破壊的自己愛」と呼んだ、患者の破壊的部分である。それは悪と破壊の力を全能視して理想化し、それに同調するよう喧伝・誘惑して麻痺・嗜癖状態にするが、自立しようとし始めると略奪と恐怖支配の本性を現すので、彼はこの自己愛を組織暴力（マフィア・暴力団）に喩えた。成長可能性を持った健康な自己の依存的な部分がそれに囚われると、慢性的に抑鬱状態を呈することになる。しかしその破壊的な部分もまた自己の一部に由来しており、さまざまな恨み・憎悪・否定的感情をエネルギー源としている。本症例の場合、その恫喝が幻聴に現われたり自己が誇大的状態になったりしたように、同一化の揺れは精神病水準にある。

　では、この患者の場合なぜそのような自己愛組織が発達したのだろうか。Jackson[8]はその理由として、母親の包容機能の不全、父親との良い関係の失敗などを挙げている。筆者はここで、妹の誕生の影響を考えてみたい。彼女の母親は出産のために6週間不在にし、以後彼女は母親としっくり和むことがなかったと述べている。つまり彼女は、母親が新しい養育対象を持ったことを母親の絶対的な喪失として捉えて、母親が自分だけの母親（二者関係の対象）からもう一人赤ん坊を持つ新しい母親（三者関係の対象）に変わったとは受け入れなかったということである。その家庭で過ごすことは、彼女にとって永遠に里子に出されたようなものである[14]。それは、もともとの二者関係の中で基本的信頼感が十分に育まれなかったためだが、患者にとっての過去の母親と新しい母親の間に分裂を生む。そして過去の母親が本物であるのに対して、新しい母親は里親のようによそよそしく感じられ、さまざまな投影がなされてますます空想的存在となる。彼女の攻撃性は危険なものとして切り離され、破壊的部分の肥大化に寄与する。そこで問題になるのは、言ってみれば、家庭に居場所を失いはぐれたときにどのような対象－組織の中に入り込むかという、無意識世界における位置関係・地理である。安全と親密さを保障するかのようなこの対象には加虐的－被虐的因子が投影され、自己はいつしか破壊的活動の共謀から抜けられなくなり、圧制を敷かれた虜囚となる。Meltzer[14]はそれを、自己が「閉所」（内的対象の内部に閉じ込められた

状態）として描写した。以上の構図は、彼女ほど極端ではなくても、「役割自我」を通じて会社や組織に空想的一体感を求めては破綻する、母親に甘えられなかった抑鬱者に共通するものである。

症例のその後については簡単に述べる。治療者との精神療法は、治療者の引退によって終結となった。それまでの半年間に、患者の見捨てられ感、嫉妬、破壊と後悔、償いの感情などが主題的に扱われた。彼女は引き続き別の治療者と週5回の精神分析を始めた。新規の治療の5年目の時点では、彼女は流産の不運を乗り越えて男児を出産し、基礎系の医学の仕事に戻ることができていた。その間短期の入院が2度あったが、投薬は2年間カルバマゼピンのみだったとのことである。

4 気分障害とパーソナリティ障害──残された課題

以上の治療経過には、躁鬱病というよりパーソナリティ障害の治療が主たるものではないかという疑問が湧くかもしれない。それは妥当な批判と思われるが、その部分の治療がなされるまで気分障害のコントロールが不可能だったことも確かである。はじめからカルバマゼピンを処方しておけばそれで済んでいたという話ではない。ここで興味深いのは、単極性・双極性障害に限らず、難治性の抑鬱性気分障害にこの種のパーソナリティ病理構造が見られる可能性である。それは、従来から比較されてきた病前性格の問題とも抑鬱神経症・境界性パーソナリティ障害とも必ずしも一致せず、幼少期から支配的な抑鬱感に関わる。

衣笠は、慢性抑鬱状態の患者の中に、精神分析的精神療法が有効である一群がいると主張して、その特徴を次のように指摘している。（1）最近の対人関係の特徴や情緒の不安定性から、抑鬱の背景には特有の病理的パーソナリティがあることが分かる。（2）両親や祖父母を含む家族の中に、剥奪体験や外傷体験を持った者が多い。（3）患者本人の生活歴にも、剥奪体験や外傷体験を持った者が多い。（4）両親のどちらかが非常に厳しい超自我を持ってい

て、患者に厳格な作法や高い目標を要求している者が多い。そして患者自身がその厳しい超自我を取り入れて「抑鬱パーソナリティ」を形成している傾向が顕著である。(5) そのような患者群は、自己愛性パーソナリティ、スキゾイドパーソナリティ、境界性パーソナリティなどの特徴がある自己の部分を持っているか、過酷な超自我、抑鬱気分、自責感、自己不全感を反復する抑鬱パーソナリティの自己の部分を持っているかの 2 群である。そしてどちらも、成長と変化に抵抗する「病理的組織化」[20]をパーソナリティ構造内に形成している。

　(1) から (4) の特徴は、(5) に挙げられたどの群でも見られる。また、(5) が指摘するどちらの群も、部分対象関係を中心として過酷な超自我病理を有する点では共通している。抑鬱感は、それぞれのパーソナリティ構造からも考察できる。例えば、自己愛性パーソナリティは理想化された誇大的自己愛的自己とともに恥ずべき自己を持ち、自己愛の満足と傷つきに応じて気分が変動する。スキゾイドパーソナリティでは、自己の分裂と投影排除により空虚感が生じる。それでは、抑鬱パーソナリティの特徴はどこにあるだろうか。Jackson の症例は、以上の特徴に合致するばかりでなく、病理的パーソナリティを把握する可能性を提供している。実際、彼が依拠した Rosenfeld の論考[16]は、後の「破壊的自己愛」論、そして Steiner の「病理的組織化」[20]論を用意したものである。抑鬱感には、空虚感・疎隔感・無力感を中心とする自己不全感と被害感・自責感が混ざっている。その心境は、自分の本来の人生を持つことができない捕虜または囚人のそれに近い。それは構造的にも、健康な自己が投影同一化によって厳しい内的対象（超自我）に呑まれた位置にいるからである。慢性的な抑鬱感は本来の情緒をシールドする（Bion の「グリッド」[3]第 2 行）が、そのような防衛的な意味に加えて、Rosenfeld、Meltzer が論じた構造的・地理的認識を持つことが理解のうえで重要と思われる。

5　おわりに

　本章では、精神病圏の精神分析的治療を実践してきた分析者 Jackson による症例報告を中心にして解説した。ほとんど万策尽きたかのような経過の症例でも、情動的な関わりを試み続けて心的世界の構造を明らかにできるならば、精神分析的精神療法への批判のひとつである非効率性は、十分な観察と関与のための機会として認められる。もう1つの批判である非経済性についても、見通しなく長期に高度のケアと管理を要する症例では、むしろ構造化された面接の方に有利な点があると言える。そればかりでなく、そこで得られた知見は、難治性の慢性抑鬱のパーソナリティ構造と力動を解明する可能性を秘めている点で、今後とも有力な治療法であるとともに重要な研究課題として認められるだろう。

▶ 文献

(1) Abraham, K.（1911）Notes on the psycho-analytical investigation and treatment of manic-depressive insanity and allied conditions. In : Abraham, K.（1927）*Selected Papers on Psycho-Analysis.* London : Hogarth.
(2) Abraham, K.（1924）A short study of the libido, viewed in the light of mental disorders. In : Abraham, K.（1927）*Selected Papers on Psycho-Analysis.* London : Hogarth.
(3) Bion, W.R.（1962）*Learning from Experience.* London : Heinemann.（福本 修＝訳（1999）経験から学ぶこと．In：精神分析の方法Ⅰ——セブン・サーヴァンツ．法政大学出版局）
(4) Bion, W.R.（1967）*Second Thoughts.* London : Heinemann.（松木邦裕＝監訳（2007）再考——精神病の精神分析論．金剛出版）
(5) Caper, R.（1999）*A Mind of One's Own : A Kleinian View of Self and Object.* London : Routledge.
(6) Coyne, J.C.（1986）*Essential Papers on Depression.* New York : New York UP.
(7) Freud, S.（1917）Mourning and melancholia. In : *S.E. XIV.*
(8) Jackson, M.（1993）Manic-depressive psychosis : Psychopathology and individual psychotherapy within a psychodynamic milieu. *Psychoanalytic Psychotherapy 7-2*；103-133.
(9) Jacobson, E.（1976）*Depression : Comparative Studies of Normal, Neurotic and Psychotic Conditions.* New York : International UP.
(10) 衣笠隆幸（2001）特集にあたって（特集：慢性抑うつの精神分析的精神療法）．精神分析研究 45-4；33-34.
(11) Klein, M.（1935）A contribution to the psychogenesis of manic-depressive states. *Int. J. Psycho-Anal.*

16; 145-174.
- (12) Klein, M.（1940）Mourning and its relation to manic-depressive states. Int. *J. Psycho-Anal. 21*; 125-153.
- (13) Klein, M.（1946）Notes on some schizoid mechanisms. *Int. J. Psycho-Anal. 27*; 99-110.
- (14) Meltzer, D.（1992）*The Claustrum : An Investigation of Claustrophobic Phenomena*. Perthshire : Clunie Press.
- (15) Rey, J.H.（1994）*Universals of Psychoanalysis in the Treatment of Psychotic and Borderline States*. London : Free Association Books.
- (16) Rosenfeld, H.（1963）Notes on the Psychopathology and Psychoanalytic treatment of depression and manic-depressive patients. *Research Reports of the American Psychiatric Association*; 73-83.
- (17) Rosenfeld, H.（1965）*Psychotic States*. London : Hogarth.
- (18) Rosenfeld, H.（1987）*Impasse and Interpretation*. London : Routledge.
- (19) Segal, H.（1981）*The Work of Hanna Segal*. New York : Jason Aronson.
- (20) Steiner, J.（1993）*Psychic Retreats : Pathological Organizations in Psychotic, Neurotic and Borderline Patients*. London : Routledge.（衣笠隆幸＝監訳（1997）こころの退避——精神病・神経症・境界例患者の病理的組織化．岩崎学術出版社）

第5章
妄想性パーソナリティ障害

　本章は、パーソナリティ障害の中でも精神病に類縁性のある、妄想性パーソナリティ障害を臨床的主題としている。心理士向けの講座に寄稿したものなので、医療観点の紹介に割いているところがある。しかし分類は 2000 年発表時の DSM-IV に基づいており、2013 年 5 月に DSM-5 が発表されたことで、一部の議論は過去のものとなりつつある。ここでの議論は、狭い意味での被害性の強いパーソナリティ障害と、広い意味での猜疑性（paranoid）の賦活されやすいパーソナリティの両極の間で行なっている。提示した症例記述も、経過の説明や精神病理の理解に傾きがちだが、アセスメント作業の参考にはなるかもしれない。

1　はじめに

　妄想性パーソナリティ障害は、さまざまな意味で難しい問題をはらんだ病態である。それは疾患として DSM-IV、ICD-10 の中で診断基準を与えられ定義される以前から、Kraepelin、Kretschmer をはじめとする精神医学者に注目され、記述現象学的な研究がなされてきた。そこでの関心は主として統合失調症の診断との関連にあり、生活史や性格・行動特徴の基盤は、遺伝負因・体質などの生物学的因子に求められた。一方で近年の精神分析的研究では、幼児期の外傷、特に虐待、圧制的な親の養育、屈辱感と無力感の経験が、このパーソナリティの形成因として論じられている。患者の投影傾向・猜疑性・敏感性などの心理機制の理解は、成因を生物学的に把握する精神医学と矛盾はしないが、両者の間には溝がある。
　精神分析的な研究は、そのアプローチの方向から 2 つに大別される。1 つ

は、精神病と神経症の境界という古典的な意味での境界例の中に含まれる病態の研究である。あらゆるパーソナリティ障害を分類する「パーソナリティ構造論」を提唱した Kernberg は、妄想性パーソナリティ障害をパーソナリティ機能が精神病水準にあるものとして位置づけた。これは性格病理をカテゴリーとして扱う自我心理学の流れに沿ったものであり、精神医学のモデルとも親和性がある。もう1つは、パラノイド（被害性／猜疑性）を特定の不安・防衛様式・対象関係の様式（次元）として捉え、諸次元間の力動を研究するアプローチである。その代表的なものがクライン派による、心的経験と機能の位置（position）としての「妄想分裂ポジション（paranoid schizoid position）」である。

実地では、経験のある精神分析者でも「妄想性パーソナリティ障害」の診断に習熟しておらず、取り上げ損ねる場合がある。コロンビア精神分析センターでは、100人の患者のアセスメントで精神分析的面接と記述精神医学的半構造化面接の両者を行ない、結果を比較した。後者で妄想性パーソナリティ障害を示唆された12名はいずれも、前者では明確に言及されていなかった。12名のうち8名は精神分析に不適とされ、残りの2名がドロップアウトした。このリサーチでは、事前の予想以上に妄想性パーソナリティ障害を持つ患者が精神分析を求めてきたが、ほとんどが不適と結論された。このことは、面接頻度の低い精神分析的精神療法にも不適であることを必ずしも意味しないが、治療的アプローチが困難なことは確かである。

さらに困難を増すことには、精神病や神経症と診断できないだけでなく、どのパーソナリティ障害とも分類できない症例が存在する。その中でも妄想性パーソナリティ障害と関連があると思われるのは、問題なく通常の社会生活を営んでいるように見える人たちが被害的反応や破綻を来たしたような例である。これは、平常時には基本のパーソナリティによって防衛され被胞された（encapsulated）パーソナリティの精神病的部分が活性化し、代償不全を起こしたためと考えられる。以下では、妄想性パーソナリティ障害を捉える概念枠を紹介するとともに、そのような症例にも触れることにする。

なお、以上とは別に、訳語上の困難がある。その通称は「妄想性パーソナ

リティ障害」と訳されているが、内容的には paranoid は、「猜疑性」と訳した方が近い。実際、迫害観念は有しても固定的な妄想（delusion）を持たないことがその定義の一部であり、語義矛盾を生じている。これは実用上それほど問題ではないが、「妄想分裂ポジション」と言う際の paranoid も具体的な妄想を指しているわけではないことに、注意しておく必要がある。

2 精神医学における妄想性パーソナリティ障害の位置

　この領域ではすでに総説がいくつもなされているので、諸家から手短に要約する。
　DSM-IV では、妄想性パーソナリティ障害は、他者の動機を悪意あるものとして解釈するような、広範な不信と疑い深さによって特徴づけられる。この定義は、疾患単位を画定しようとするさまざまな先行研究の試みが合流したものである。その源流は、「精神病質人格」を研究したドイツ精神医学にある。Kraepelin は初め、好訴妄想をパラノイア（妄想性精神病）の一型として、妄想的な確信の度合いに応じて「好訴者」と「好争者」を区別した。その後、彼は精神病質人格のひとつとして、パラノイド人格を記述した。それは、不信を示し周囲から不当に扱われ、敵意・干渉・弾圧の対象になっていると感じることが特徴である。Bleuler はパラノイド体質の三徴（trias）として、「猜疑性・誇大性・迫害感」を挙げた。彼はまた、彼らの視野の狭さ・過敏性・反応興奮性・地理的移動による問題解決を指摘している。Kretschmer は「敏感関係妄想」として、羞恥心と自負心がともに強い「敏感者」が、外界との緊張を発散できず妄想を形成していく過程を記述した。Schneider は「狂信的精神病質」の 2 種として、誤った信念に基づき積極的に争いを求める好訴型と、受動的・秘密主義的だがやはり他者への誤った疑念を抱いている奇矯型を挙げた。DSM-IV による分類は、以上のような諸概念を踏まえて、別表のような診断基準を掲げている。
　他者への不信と疑い深さは、誰にでも現れうる。しかし妄想性パーソナリ

表　DSM-IVの診断基準

301.0　妄想性パーソナリティ障害に対する診断基準
A. 他人の動機を悪意のあるものとして解釈するような、広範な不信と疑い深さが成人早期に始まり、以下の4つ（かそれ以上）によって示されるような、さまざまな状況で明らかとなること。
(1) 十分な根拠なく、他人に利用され、危害を加えられ、騙されるという疑いを持つ。
(2) 友人・同僚の忠実さや信頼できるかどうかについての不条理な疑いに、心を奪われている。
(3) 情報が悪用されるという根拠のない恐れのために、他人に秘密を打ち明けたがらない。
(4) 善意の言葉や出来事の中に、隠された自分を貶す・脅す意味を読む。
(5) 恨みを抱き続け、侮辱されたこと・傷つけられたこと・軽蔑されたことを許さない。
(6) 自分の性格・批評に対して他人には分からない攻撃を感じ取り、すぐに怒って反応したり逆襲したりする。
(7) 配偶者・性的パートナーの貞節に対して、繰り返し不条理な疑惑を持つ。
B. 統合失調症、精神病性の特徴を伴う気分障害、他の精神病性障害の経過中にのみ起こるものではなく、一般身体状態の直接的な生理学的作用によるものでもない。

［註］統合失調症の発病前に基準が満たされている場合には"病前"と付け加える――［例］妄想性パーソナリティ障害（病前）。

　ティ障害に特徴的なのは、それが患者の思考様式・感情経験・対人関係に、広範で持続的な影響を与えていることである。彼らは攻撃を予測して、隠れた意味や意図をあくまで捜し求める。その思考に柔軟性はなく、現実判断は歪んでいる。情動的な緊張は強く、屈辱感や恨みを経験しやすい。他人との交流では、支配され侵害されるように受け取りがちである。そして自分はつねに犠牲者であると見なし、自分の落ち度や問題を見ることは極度に苦手である。この点は被虐性パーソナリティ障害に似ているが、妄想性パーソナリティ障害には後者の隠れた操作と支配が欠けている。自負心が強く他罰的なところは自己愛性パーソナリティ障害の一部に重複するが、後者では恨みを積もらせた末に暴力的に爆発することは稀である。

　彼らの臨床経過・予後については、十分に知られていない。長期経過では、精神病に移行する者も少なくないと思われる。DSM-IVでは、一般人口中の有病率は0.5〜2.5%とされており、これは境界性パーソナリティ障害のそれが2〜3%であるのに比して特に少なくは見えない。しかし受診者中の比

率は精神科入院患者の1%ほどで、外来患者ではさらに少ない（それに対して境界性パーソナリティ障害は、外来患者の11%、入院患者の19%を占めるとされている）。つまりこの診断はそれだけ稀で、後から付けられることが多い。上の診断基準は「病的嫉妬（morbid jealousy）」に類縁した状態を含む。その基礎にこのパーソナリティ障害が認められると診断しても、実益は乏しい。また、病院に来ないか積極的に避ける者が多いので、配偶者や同僚が問題を認めて連れてこない限り、事例化しにくい。統合失調症の初発者もまた経過の初期に似た態度を示すが、こちらの方が事例としては多く、臨床的には、若年で妄想性パーソナリティ障害の診断が適合する患者のインテーク面接をしたら、むしろ精神病性破綻の始まりに注意を払った方がよい。

　妄想性パーソナリティ障害は精神病とスペクトラムをなす病態として、妄想性精神病（パラノイア）との関連が考えられている（統合失調症との関連では、統合失調型（schizotypal）パーソナリティ障害が考えられている）。これはKretschmerの〈気質〉－〈病質〉－〈精神病〉という古典的スペクトラムと同じである。ただ、躁鬱病に対応する気分障害がパーソナリティ障害（DSM-IVの第II軸）ではなく第I軸に含まれているのは首尾一貫しておらず、しかも、妄想性パーソナリティ障害を第II軸に入れることも疑わしくする。このように、妄想性パーソナリティ障害は身体医学と心理学の境界にある概念であり、疾病分類学上は興味深いが臨床での使用法は限定された概念である。

3 精神分析的な観点による「妄想性パーソナリティ障害」

　パラノイアの精神力動的な研究は、Freudのシュレーバー論を皮切りとする。これは精神病を論じているが、paranoid（被害性／猜疑性）という力動は、性格障害あるいはパーソナリティ障害に関連して以後も論じられてきた。ただ、彼がその中核を「同性愛衝動の外界への投影による防衛」と定式化したのは、能動性－受動性を直ちに男性性－女性性と結びつけた社会的文化的制約によると見なされている。現代では強調されるのは、実際の外傷的な養育

環境とともに、根底の支配される恐怖（精神病的不安）、極めて低い自己評価（脆弱な自己感と迫害的超自我）、基本的信頼の欠如と攻撃性（部分対象関係と原始的諸防衛機制）である。

　精神分析の中のひとつの大きな流れは、Freud、Abrahamに端を発する精神－性発達論に基づき特定の発達段階へのリビドーの固着を各種疾患ならびに障害の起因とする、自我心理学である。ここではその展開の詳細に立ち入る余裕はないが、対象関係の観点は、より病理の重い障害を治療的に扱おうとしていった。この両者を統合しようとした代表的な試みが、Kernbergの境界パーソナリティ構造論である。

　Kernbergは、神経症パーソナリティ構造、境界パーソナリティ構造、精神病パーソナリティ構造という3つの病態水準を、あらゆるパーソナリティ障害を論じる準拠枠として提出した。三者を分けるのは、(1) 同一性統合の程度、(2) 常用される防衛機制、(3) 現実検討能力の差である。神経症パーソナリティ構造では、(1) 自己表象と対象表象が混同されず、かつ矛盾した側面を総合したものとなっており、(2) 抑圧を代表として、反動形成・隔離・打ち消し・合理化・知性化などの高度の防衛によって内的葛藤を防衛しており、その葛藤の解釈によって心的機能は改善し、(3) 自己と非自己、内界由来と外界由来のものを区別し、自己と他者を現実的に評価することが可能である。境界パーソナリティ構造では、(1) 自己表象と対象表象は区別されているが再編成され矛盾する側面は分裂し、(2) 分裂（splitting）を中心として理想化・投影同一化・否認・万能感・価値切り下げなどの原始的防衛が用いられているが、その解釈によって心的機能は改善し、(3) 現実との関係および感情は動揺する。それに対して精神病パーソナリティ構造では、(1) 自己表象および対象表象の境界は失われがちか妄想的な同一性を有し、(2) 防衛機制は境界パーソナリティ構造と共通して原始的だが、患者を解体と自己－対象融合から防衛しており、解釈は退行を生じさせ、(3) 現実検討力は失われている。Kernbergはこれらに、不安の耐性・衝動制御・思考過程・昇華能力などの自我機能・超自我の形態を考慮しつつ、精神分析的性格類型学に組み合わせて、統合的な体系をまとめあげた。妄想性パーソナリティ障害は

彼の言う精神病パーソナリティ構造を有する。それは、精神分析は当然として、洞察志向表出型精神療法にも概して不向きであることを意味する。

　Kernbergがさまざまな性格特徴の群をカテゴリーと見なし、百科全書的に列挙し、パーソナリティ障害を分類したのに対して、「演技性」「強迫性」などをむしろどの患者においても何らかの時点で登場しうるパーソナリティ形態の一種として捉える立場がある。Kleinは、特定の不安・防衛様式・対象関係のまとまりとして捉え、心的経験と機能の2つの位置（position）を提唱した。それが「妄想分裂ポジション」と「抑鬱ポジション」である。これらは経験を抽象する理論概念であると同時に、内的な経験の描写となっている。妄想分裂ポジションは、乳児の最早期の心性とされるとともに、成人の心を構成している。そこでは、悪いものは自己の中から分裂・否認・投影によって対象へと処理され、良いものはすべての解決として極度に理想化されている。しかしこのような処理は対象の性質の現実の一部にしか基づいていないので極めて不安定であり、つねにバランスの崩壊と報復の危険の中で生きている状態である。それに対して抑鬱ポジションでは、対象の価値と自己との関係が現実的に把握されており、その不快な面は抑圧または昇華されている。

　実のところ、Kernbergは原始的諸防衛機制のリストを、Kleinの妄想分裂ポジションの考え方からそのまま採用している。彼の3パーソナリティ構造論は、どちらのポジションに位置しているのかをかなり固定的に捉えたものである。神経症パーソナリティ構造は抑鬱ポジションに、精神病パーソナリティ構造は妄想分裂ポジションに、そして境界パーソナリティ構造は両ポジションの間の揺れにほぼ対応している。しかしKleinにとって、それは経験様式である。パラノイド性は妄想性パーソナリティ障害者に限定されず、程度と持続の違いはあれどのような被分析者にも（患者に限らず）あるものである。それはセッションのどの場面でも現れうるので、その理解にはまさに'here and now'での転移の把握が要求される。結果として、網羅的な分類を放棄した代わりに、各症例が提示する世界に沿って作業することになる。その強みは、治療者が診断的な固定観念を持たず、精神病的側面を含めた患者

の未知の面の現われに注意を向けることを精神療法の主な課題とする点である。その一方で、転移の理解とその普遍性が強調されて、個々のパーソナリティ障害に特異的な問題と困難が過小評価される危険性はある。

　以上は精神分析あるいは精神分析的精神療法を通じた理解であるが、実際に妄想性パーソナリティ障害の臨床的研究で強調されているのは、支持的な技法である。その点について、簡略ながら一般的に共有されていることに触れておきたい。

　まず強調されているのは、治療目標に関して、野心を持たず患者が必要とする時間をかけ、患者が可能なところまで進むことである。これはどのような治療においても共通することではある。だがそれが特に強調されるのは、1つにはその病態が慢性疾患のそれであり、問題の解消や大幅な改善よりも大きな破綻がないように気をつけ、対人関係のトラブル回避を含めて日々の養生を心がけるのを助けるというマネジメントが問題だからである。もう1つには、彼らが当人よりも周囲に対して危険で、余計な介入は事態をこじらせるからである。彼らの転移感情は移ろいやすく、濃厚で否定的になりやすい。さらに、境界・距離を保ちつつ、オープンな態度を心がけることも重要である。彼らは容易に非現実的な期待を高めて傷つき、裏切られたと受け取る。彼らは言葉を具象的に受け取りがちで、象徴として含意を探ることが困難である。彼らにとって相手の見解を受け入れることは屈辱・服従に、受け入れないことは拒絶そして復讐される恐怖につながりやすいので、治療者のコメントは患者がどう扱ってもいいように、患者のこととしてでなく面接室の二人の間の空気のようなものについて述べた方が無難なことがある。彼らの攻撃と否定的態度を前にすると治療者は恐怖と無力感を感じるが、それは彼らの敵意や怒りの裏にある、彼らの投影された感情である可能性がある。現実歪曲に関して"敵か味方か"の位置に立たず、彼らの情緒的窮地に触れるようにすべきである。投影という防衛方法の解釈は、転移の「あたかも (as if)」性が失われて攻撃として受け取られがちなので危険である。「表層から深層へ」「抵抗から内容へ」といった通常の原則は、当てこすりと焦らしの嫌がらせと受け取られかねない。情動面よりも認知面に注目して、出来事の

連鎖の理解を促すことは、一定の援助となりうる。

　一方、包容(containment)と解釈を中心とする精神分析的アプローチは、パーソナリティに「精神病的部分」があっても、「非精神病的部分」とつながりを持つことができる限りで有効である。しかし臨床的に「妄想性パーソナリティ構造」と呼称される状態の場合、両部分が別々に機能しているかのように想定して関わっても困難なことが多い。

4　症例

　以下の症例はいずれも、精神分析的精神療法が限界に直面したことでパーソナリティ特徴が再検討された例である。それらは治療的には成果を上げていないが、この障害が臨床上どのように展開しどのような困難をもたらすかを知るには、参考になると思われる。

1 - 症例 1

- **症例**——東欧出身の 36 歳女性 L ／翻訳事務所勤務
- **受診経過とアセスメント**——出身国での最初の結婚による 8 歳の息子と、次のイギリス人夫との間に 3 歳の息子がいる。現夫は患者と離婚協議中である。患者によれば、夫は L のアメリカ旅行中にクレジットカードを無効にして L を路頭に迷わせ、現在は患者と長男には地下室のみを与え家の他の部屋との通路は封鎖し、次男を階上に住まわせ L に会わせないようにしている。L は、学校で不適応を起こしている長男担当の臨床心理士から精神療法を勧められて、「結婚の失敗の原因を考えたい、同じミスをしないようにしたい」と希望した。アセスメント面接前の質問表では、L は長男誕生前にも結婚したが破綻したことを明らかにし、3 回の結婚の失敗の原因を自分の子供時代からの問題によるのではないかと考えていた。父親は極度に厳格な軍人で、不在が多かったが、帰ってくると三姉妹を恐れさせた。L は妹とは親しかったが、

Lの母親と優秀だった姉は、Lを笑いものにした。Lは、他人のことを信じられないと書いていた。Lは自分の子供時代をほとんど思い出せず、3歳の次男の部屋へのドアが閉じられていることはそれを象徴しているようだった。Lには人生が価値のないものに見えているようだった。しかしLは、自分の憂鬱な考え方を子供に伝えたくない、と考えていた。アセスメントでは、専制的な父／夫に無気力に従い、自分の思考を放棄して状況に流されるLの被虐性が注目された。Lには、精神分析的精神療法への参加が勧められた。

・治療経過——Lは、すでに2年近く続いていた筆者の運営する集団精神療法に、途中から参加した。それはLにとって、東欧からイギリスへの移住に似ていた。Lの被害的傾向は直ちに現れた。Lは最初のセッションでさまざまな質問を受けて、上司の無理解・搾取、同僚の妬み・告げ口について語った。治療者はそれを、Lのグループリーダーやメンバーに対する感情として解釈した。Lは次の回、息子の病気を理由にグループを欠席した。Lの求めている治療は、次第に明らかになった。ある回で彼女は"肯定療法"について語った。それは、「私は良い」と毎日百回書いていると良くなる、というものだった。その一方で、Lは離婚調停がますます自分に不利に進んでいることを報告し、他メンバーがどのような助言やコメントをしても取り入れなかった。自分の要望や立場を正確に伝えれば弁護士も役に立つはずだと言われると、Lは「私の苦労や不幸がどうしてあなたたちに分かるのか」と怒った。彼女は地域のコーラスの集まりに毎週参加して、集団精神療法には隔週しか来ないようになった。Lはこのように自分の問題を直視するのを避け、来たときには自分の身の上を嘆き援助のなさを恨んだ。さらに、他メンバーが恥を忍んで話をするとLは嘲笑し、それを批判されると「自分が感じた通りのことを言っているのだから悪いことではない」と反論した。他メンバーがLの配慮のなさと挑発性を取り上げると、Lも初めは防衛的だったが、最後には侮辱したことを謝罪した。夏休みが近づくと、Lは早めに休暇を取って故郷に帰った。再開してからも何回か欠席したLは他メンバーに咎められ、激しい応酬をした。Lは責められ攻撃されたと感じ、グループの終了後、治療者に詰め寄った。Lは、グループにはもう来ないと言い、グルー

プに来ていたことが自分の家庭医に知られないように求めた。治療者が次回もグループに来てL自身の考えを話すように勧めると、治療者が先の点の保証をしない限り、治療者の上司に苦情を申し立てるか情報開示請求を出してLの面接記録ファイルを公開させる、と脅して去っていった。以後、Lはグループに現れず、出席を促す手紙にも反応しなかった。

• **考察**——Lのアセスメントではパラノイアは対象（夫）に位置づけられ、Lはその支配を受け入れている点で加担者ではあるにしても、主としてその被害者と見なされていた。Lの被害的傾向の記載もあったが、それほど重視されなかった。パーソナリティ障害の診断としては、抑鬱性パーソナリティ障害あるいは被虐的パーソナリティ障害というところだっただろう。しかし集団精神療法が始まると、Lの不信と猜疑性は前面に出て、他メンバーと摩擦を起こした。それはひとつには既成集団の中の異邦人という力動の影響によるが、そもそもはLが、悪いものはすべて外界に投影して自分は良いことにする（"肯定療法"）からだった。彼女はグループを良いグループ（コーラス）と悪いグループ（集団精神療法グループ）に分裂させ、後者には隔週に来て、自分の問題と耐え難い感情を捨てる場所に使った。他のメンバーを嘲笑して屈辱感を与えたのは、L自身の感情の排泄的な投影同一化と理解される。同じ否認と分裂は、母国／イギリスにも見られた。グループはLの投影の解釈にある程度役に立ったが、Lの被害感情・犠牲者意識・グループへの嫌悪も強めた。メンバー同士の口論によってLの投影が押し返されると、彼女は自分の責任転嫁を理解するのではなくそれを攻撃として経験した。彼女は集団精神療法の時間が終わってから治療者に詰め寄り、上司への告発や告訴を持ち出して治療者の中に不安と被害念慮を掻き立てた。これは、Lが自分自身の迫害不安を投影する先として、治療者およびグループを選んだためと思われる。そして治療者は不要かつ危険な対象となったので、Lは再び戻ることがなかった。これは、彼女が結婚相手や生活地・就職先を転々とすることになるのと同じ機制と思われる。

　一般に集団精神療法は、妄想性パーソナリティ障害者に不向きとされている。その理由は、彼らの一般的な被害傾向が助長されるからだけでなく、治

療者が自分を排除して他メンバーと交流するというエディプス状況自体に耐えられないからだと思われる。治療者は、患者の言い分をすべてそのまま肯定しなければ、"敵"の肩を持っていると経験される。しかし、本例のようにアセスメントでその徴候が十分に拾い上げられないことも多く、パラノイド性が明らかでも、個人精神療法の設定では治療的変化が期待できず、治療選択としては集団精神療法しかない場合もある。

2－症例 2

- 症例──中東出身の 28 歳男性 A ／コンピュータ管理研修生
- 受診経過──A は、一般家庭医から専門クリニックの医師に紹介された。A は 14 歳のとき、母国の学校でいじめに遭ったことをきっかけに破綻を来たし、某地の医療を受けてきた。両親は不仲で、何度か離婚の危機を経てきたが、妹の誕生以来家庭は落ち着いていた。A は精神健康上の理由から徴兵を免れて、18 歳からイギリスに滞在している。彼は 20 歳から 25 歳まで、思春期専門のクリニックで治療を受けた。A は誰とも成熟した関係を結べず、女性とも親しくなれなかった。質問表では、A は自分の問題として慢性的な抑鬱と怒りを挙げた。彼は 13 歳から精神療法を受け始め、14 歳のとき神経衰弱となり、以来ロンドンに来るまで薬物療法を受けていた。地理学者で 60 歳代の父親は若いときには極度に短気で、A の母親との争いが絶えなかった。A は父親について、若いときに父親を亡くして子供たちが独立するのを不安に感じている、と分析した。50 歳代で元小学校教師の母親は、父親より遥かに優しく保護的だが、意見の相違に絶えられない点では同じだとされていた。A には 4 歳下の弟と 15 歳下の妹がいた。A は女性と付き合ったことがなく、「自分が女性を誘惑できるとは思えず、一生このまま孤独ではないか」と心配していた。彼は自分のことを何でも話せる治療者を求め、苦しい過去を思い出すことも乗り越えるべき課題だと書いた。前の治療が終わって以来世話になっていた女性の知人については感謝しつつも、アドバイスが宗教的だと皮肉まじりに描写していた。A は質問表のうち、住居・教育歴・職業歴に関

する部分を返さなかった。

• **アセスメント**――Aは最初日中の予約を与えられ、「勤務見習い期間中なので夕方以降にしてほしい」と希望した。それに合わせて、筆者が面接者として会うこととなった。Aは少し遅れて来ると、面接室でまず水を一杯希望した。彼は面接者から〈Aにとって何が有益な治療かを考える機会〉という治療相談の主旨を聞くと、面接に慣れた調子で、勤務先で上司に注意を受けたショックを語り始めた。Aは半年間見習いとして雇われており、3カ月過ぎてレビューを受けた。そこで彼は、「非常に憂慮している」と言われた。彼は「プロとして仕事をしていない」と評されたが、彼にしてみれば、要求されるレベルをこなせるなら、今の4倍の給料は出てしかるべきだった。Aはこの仕事を踏み台にしてさらに先の夢を描いていたので、すべてがご破算になったように感じた。彼の楽しみは、去年から始めたサルサだけだった。彼から他の話を聞くのは困難だったが、〈それだけ期待していたのは、これまでの人生が難しかったからだろう〉とコメントすると、彼は十代の頃の経験を少し話した。彼は成績がトップクラスで、教師たちからはVIP待遇を受けたが、周囲の生徒は"レベルの低い連中"で彼を妬み、彼の靴や服をグジャグジャにしたり、数々の嫌がらせをした。両親はいつも不仲で、学校で苦労しているAのサポートにはならなかった。彼は学校に行けなくなり、試験だけ受けて卒業した。彼の幼児記憶は、「何か巨大なドームの中にいる……大き過ぎて外が見えない」、そして「ある村の小屋に、母親とAが先に着く。鍵を持った父親が来るのを待っている間、母親が寒がったのでジャケットを掛ける。母親は感動し、Aも喜ぶ」というものだった。夢には弟・妹が不在で、Aは自分が母親を独占していることを認めた。しかし〈母親や教師といるとAはリラックスしている。今もそうなのは、特例的な時間に来ておそらく面接者からVIP待遇を受けている気持ちなのだろう〉と解釈すると、強く否定した。続いて述べた彼の夢は、「**同僚のエチオピア人に用件を伝えようとするが、なかなか伝わらずにイライラする**」というもので、連想は、「Aから仕事を習っているのに無遅刻無欠席というだけの理由で彼の方が採用された。線路に落ちてひかれて死ねばいいのに」というものだった。聞いている面接者には、上

司の"憂慮"の理由はAが人を憤慨させるからだと分かったが、Aは自分に問題があるとは思わなかった。なおもエチオピア人の話を続けるAに、〈Aは面接者がエチオピア人のように話が通じない、と怒っているのだろう〉と解釈しても、「面接者はAを助けるためにいるのだから」と取り合わず、"敵"に対する復讐心を述べ続けた。

　次の回、Aは約30分遅れて現れた。そして彼は、彼を呼び止めて叱責した上司と彼の仕事を"盗んだ"エチオピア人への批判を続けた。彼は、サルサの楽しみが台無しにされたことを怒っていた。彼にとってサルサの良さは、一人の女性に一緒に踊ることを断られても、いくらでも代わりがいることだった。面接者がサルサでのVIP待遇と仕事場でのAの惨めさを対比するとAは賛成したが、上司によるAの評価に怒り続けた。〈遅刻したことで面接者にどう思われるだろうかと思っている〉と解釈すると、「はっきり言って、今はそんなことは全く気にしていない」と答え、自分のペットボトルを取り出して飲み始めた。彼は同僚を罵り続けたが、自分の将来への不安も漏らした。彼は駅の浮浪者を自分の将来に重ね、自室でも恐怖に囚われ、自分がどこにいるか言い聞かせなければならなかった。面接者が〈職場でも、要するに経験がなくてどうしていいのか分からないのでは〉とコメントすると同意し、前の治療者からもAが両極端になりがちだと指摘されたことを振り返り、5年前と同じ問題を抱えている、と言った。だが彼の話は、職場への不満に戻った。面接者がコンサルテーションの中でのAの仕事ぶりをどう評価するかという問題を取り上げると、「何の対応も関係ない」と、この面接が一種のレビューである現実も否認した。彼にとって治療は、いつもなら言えない自分の考えを自由に述べる場だった。〈面接者のコメントについて考えることに関心がないように見えるが〉と言うと、AはVIP待遇を求めて面接時間を変更したのではなく、治療歴を雇用者に伝えていないので職を失う可能性があるからだ、と反駁した。面接者は、〈面接者が言ったのは、同級生とトラブルがあってそれを教師に話しても解決にならなかったように、職場で起きた問題について面接者に単に発散のために話していても同じ繰り返しになる、という意味。そういう状況にどうして入ることになるのか見ないと変

わらないのではないか〉と話した。彼は賛成したが、自分の能力が認められないどころか盗まれるのでは、と同僚を攻撃し続けた。

　面接者は面接の後、前精神療法医から診療情報を得る機会があった。その報告書は、Aが十代に両親に暴力を振るっていたことを記載していた。精神療法はAが19歳のときに始められ、週2回で5年続けられた。Aは初め、極めて回りくどくおもねる話し方をしていたが、絶えず猜疑的で被害的に感じているのが分かった。当時の彼は周囲の人々、特に彼が劣っていると見なしたアフリカ系男性に脅かされていた。彼は高飛車で傲慢に振る舞うため、実際に周囲と問題を起こした。彼は他人への恨みと恐れを毎日反芻した。彼の人生は強迫的行動のために困難に満ちていた。その一方で、治療者に対する陰性感情は全く否認されていた。彼は面接を、外での困難と憤懣を吐き出す場として用いた。彼は女性と性関係を持てないことを苦しみ、初めその理由を自分の外見のせいにしていた。彼は強い男になろうとして、武術に励んだ。治療の3年目には売春婦を買うようになったが、通常の女性パートナーはできなかった。治療の終わりに当たって、前治療医はAを精神分析専門クリニックに紹介した。しかし、アセスメントの結果、精神分析は不適と判断されていた。

• **考察**——一般に、紹介状から患者の実際の姿を正確に知ることは容易ではない。そして患者の障害が著しいほど、その自己描写には歪曲が混じる。ただしそれが初めから把握できるとは限らないので、ここでは実際の経過順に記述した。アセスメント面接の前に記入してもらっておく質問表でのAの自己分析は内省的に見えても、両親の批判を目的としている。また、女性との交際について「誘惑できるかどうか」と記述するのは異様であり、Aを助けている友人たちについても感謝しているようでいて尊大である。しかしこれらは示唆に過ぎず、何かを結論するには確実さに欠ける（ちなみに妄想型による質問表への回答のもう1つの典型は、警戒からほとんど本心を明かさない、空疎な記述である）。

　Aは治療相談の段階であるにもかかわらず、すでに自分の欲する治療が自分の都合に合わせて得られると思っていた。それは仕事が仮採用期間中で

あることと見事に一致したが、Aは転移解釈をすべて否認した。Aが5年以上個人精神療法を受けてきたとは信じ難いほどだった。幼児記憶から、AのVIP意識は母親の独占感に由来していることが示唆される。「外が見えないドーム」という夢は、具象的に乳房と解釈することもできる。しかし、彼は前治療者／現面接者を、自分の鬱憤と不快な経験を排泄する相手として用いている。彼の関わりは、「便器乳房（toilet breast）」（Meltzer）へのそれである。彼にとってサルサ教室の女性たちは自分の都合通りに扱う売春婦と同等であり、憧れ理想化するというより、おそらく嫌な思いを吐き出す相手である。この点の解釈もまたAの否認に遭った。Aは、現実を自分で創り出し、自分に供給していた。彼のパラノイド性は尊大さと鈍感さも混じっており、「厚皮型（thick-skin type）自己愛性パーソナリティ障害」（Rosenfeld）に近い。しかしAの実像は、作業の本質を理解せず単に面接に来るということだけで正採用されようとしている、Aが描写するエチオピア人同僚に近い。自分の望むものだけを盗み取るような関わり方も、彼自身の一側面の投影のようである。

　彼が投影に十分成功せず、自分の現実として受け入れざるをえなくなりつつあるのが、浮浪者に終わる恐怖である。自己愛的な構えは、それの防衛である。精神療法の見込みは、この恐怖を真摯に受け止め自分で何とかしようと考える彼自身の部分と接触を保つことができるかどうかに掛かっている。だがそのためには、彼の防衛を取り上げる必要がある。アセスメントへのスーパーヴィジョンでは、それが可能かもしれないのは、精神分析的集団精神療法と判断された。

3 - 症例 3

- **症例**──摂食障害を持つ28歳の女性C／司書見習い
- **受診まで**──Cは19歳のとき、旅行先のイタリアで急速に体重を30kg以下に落とし、拒食症と診断されて3カ月入院したことがあった。Cは身体的には回復したが食欲は生まれず、心理的にはその後も同じ状態が続いている

と感じていた。最近になって、体重が落ち始めたので受診を希望した。また、両親との関係が悪いことも自覚していた。両親はこれまで冷淡で愛情に乏しく、Cはガイドを受けたことも激励されたこともなく、彼らが年老いて歩み寄りを求めているのに嫌気がさしていた。質問表では、Cは自分の問題として、自己評価の極端な低さと家族との関係の悪さを挙げた。62歳の父親はCの母親とは再婚だった。父親は鬱病の既往があり、自己中心的・偏屈で暴力的だった。家庭に関心がなくCの子供時代を通じて不在がちで、Cは彼を軽蔑していた。57歳の母親は主婦で、自己評価が低くストレスを感じやすい神経質な性格だった。母親は苛立つと乱暴な態度を取りがちだった。また母親は家庭内の問題を隠し、子育てとの関連を認めようとしなかった。Cは兄にはなついていた。Cが14歳のとき、兄が実兄ではなく異母兄であることを知ったが、両親は彼に、彼が21歳で結婚する前日まで伝えなかった。弟は極めて暴力的で、Cは22歳まで殴られることを恐れていた。弟は薬物に依存し薬物取引を行ない、逮捕歴があった。彼は生家から出され、里親を転々とした。Cは18歳で自活するようになり、体調を崩したイタリアで一年過ごした後、49歳の教師と付き合い始めた。Cは彼が安定と支持を提供してくれたので週末会い続けているが、一生過ごしたい相手とは思わなかった。Cは名門大学を完璧主義的な勉強によって優秀な成績で卒業し、その後図書館に勤務している。Cは今でも体重が増えることに恐怖心があり、食事を著しくコントロールしていた。

- アセスメント――出産の近い女性面接者がCに4回会った。面接者は、面接を通じてCの態度に大きな変化を認めた。初めCは、面接者が質問によってリードしないことを、冷淡で拒絶的と受け取った。Cは、自分が他人の望みに合わせて自分のアイデンティティを作りがちで、その分直観的に誰にでも合わせられることが自慢だと語った。その反面、自分自身のアイデンティティや願望がなく、流されているように感じた。Cは、年上のパートナーが保護的で安定しているのに対して、同年輩の男性友人たちは刺激的で意欲を掻き立てるところがあり、自分がどちらも求めていて2つに裂かれるのを感じていた。家族に関しては、父親の前妻はイタリア人で、Cの兄は別の女性

が母親だったことが明らかにされた。Cの母親はそれを承知で結婚し、彼を籍に入れていた。Cは両親が無配慮であることに怒りを感じ、彼らからのアプローチを拒絶していた。だがアセスメント中に父親と接触して、就職に関して予想外に好意的なアドバイスを得たことから、彼女の印象は変化し始めた。女性面接者に対しても、最初の嫌悪と怒りから転じて愛着を感じ、短期間で終わることを残念に思うようになった。面接者は出産でCを置いていくことになるのを心配し、夏休み明け直後から夜間に面接を提供できる治療者すなわち筆者を、異例の早さでアレンジした。

• **治療経過**──開始前の予備面接では、Cは不安げで緊張していたが、新しい治療者に会うのでやむをえないこととしてそれを受け入れていた。彼女はアセスメント面接も最初はひどく難しく感じられたことを思い起こし、自分のさまざまな問題を一刻も早く解決したい、と決意を固めていた。しかしながら、治療者が〈治療頻度は週1回、期間は1年以上でいつまでかは相談して決める〉と伝えると、Cは驚愕の表情を見せた。彼女は治療もまたアセスメント面接のように、2〜3週おきに数回会えば終わると思っていたのだった。Cは治療の開始に同意したものの、1年以上という長さに深刻な顔をした。

　治療は初回面接から、直ちに行き詰まった。Cはノックもせずに緊張した表情で面接室に入ってくると、どこから始めていいか分からない、と怒り始めた。何の指示も与えず黙ってCの話を待つ治療者は、壁のような存在だった。彼女は、自分の問題に取り組む固い決心をしていて、そのためには一切時間を無駄にしたくなかった。治療者が彼女の治療開始への不安に言及しても、それは時間の無駄の一部だった。しばらく居心地悪くしていたが、彼女は、「友人と話していても気後れがする、自分に自信がないからそのことを治療で何とかしたい」と述べた。すぐに彼女はじれて、「自分が一番傷つくことを言ったのに治療者は何の反応もしない」となじった。つまり、「自分に自信がない」と自ら話したのが、「一番傷つくこと」だった。治療者は、Cがこの後それについてもっと話すのかと思って待ちながら聞いていたので、Cの繊細さが予想外で驚かされた。Cにとっては、治療者が何か話すのは、Cが言ったことに対してのみで、それもひどく遅れてごくわずかだった。Cは、

極めて強い被害的不安を示していた。2回目の面接前に彼女はクリニックに電話をし、治療者がどのような者かを知ろうとした。時間通りに現われたCは非常に否定的な態度で、毎回主題を決めて1つずつ片付ける、という彼女が正しいと考える治療の進め方に従わない治療者を非難した。彼女は治療者の地位と資格を問い詰め、それが彼女の満足するものではないことを理由に別の治療者を求めた。治療者との難しさをCと明らかにする作業は困難だったが、1つの理由は「そもそも言葉がよく聞き取れず、言っていることが分からない」というものだった。〈治療者の与えるものがわずかで欲求不満になり怒っている〉という解釈には反対しなかったが、Cに自分を振り返る余地はできなかった。〈治療者が自分と異質で耐え難い〉という解釈は受け入れなかった。次の回Cはキャンセルし、さらに後から、同じ治療者には会わないというメッセージを残した。治療者が治療者または別の面接者と振り返りのミーティングを持つという提案を手紙で書くと、Cは別の面接者を希望した。

　Cはさまざまな都合を理由に何回かキャンセルしたので、実際に別のシニアの女性面接者と会ったのは5カ月後だった。Cは、治療面接での不安と混乱を語り、アセスメントのときのように質問やリードをしなかった治療者の技法を非難した。そこで明らかになったのは、Cが治療者の沈黙を代表とする面接の無構造性に強く迫害され、その不安に耐えられなかったということだった。それでもCは治療の必要を感じて何かを求めていたが、面接者は治療結果を踏まえて、現時点ではCに精神分析的精神療法は不適と再アセスメントし、より支持的なカウンセリングを勧めた。

• **考察**——受診の時点でCには精神医学の診断としては、摂食障害の既往が認められるのみで、パーソナリティ障害として診断される特徴は見られなかった。Cの強迫傾向は明らかでも、強迫性障害および強迫性パーソナリティ障害と診断することは、適切とは考えられない。家庭の中の多くの秘密、両親と弟の抱えている問題から、依存を受け入れる対象がCに欠けていることが示唆される。彼女の強迫性は疑似的な独立の試みとして、拒食症は受け入れない対象への同一化として理解することもできる。だが精神病水準の問

題は、アセスメントの時点では注目されなかった。Cが最初面接者に表明した強い陰性感情は、比較的すぐに去り、最後には逆に強い愛着を持つようになった。治療の開始によって被害感情が爆発したことを考慮すると、この愛着は模倣的に同一化した対象を失うことへの原始的な不安であった可能性が高い。そのことに焦点を当てるよりも現実的なアレンジを急いだアセスメントの過程は、Cがある程度洞察を得たり面接を活用したりすることができたのは確かにしても、全体として躁的防衛の行動化となったと考えられる。毎週定期的に会い年単位で進展が見られるようになる過程が精神療法であるという基本的なことが否認されていたのは、その傍証である。Cが素早く効率的に治療を済ませたかったもう1つの大きな理由は、治療者が別の人間になったことだろう。Cが特に治療者を困難に感じたことを理解する1つの鍵は、病歴の中にあるように思われる。Cは19歳のとき、イタリアで拒食症を急性発症した。Cにとって今回の経験は、外国人が意図を明瞭にせず意味のはっきり聞き取れない言葉を語ったという点でその反復となった可能性がある。イタリアは、父親の最初の妻・兄の母親などCの家庭の秘密が隠されている場であり、Cはそこで相手の意図が理解できず、それを悪意による排除として受け取り被害的な退行を起こしたかもしれない。さらに拒食症の背景には、無意識的空想として被毒妄想があった可能性がある。Cの家族が単に基本的な世話をしないだけでなく、虚偽（毒）を通用させてきたことを考慮すると、それは必ずしも飛躍ではない。Cが羨望によって対象に毒づきその報復を恐れているとも解釈できる。Cの麻薬中毒の弟の場合は、毒を理想化しているとも言える。だがこれらは、臨床素材の伴わない思弁的な可能性に留まる。

　このように著しい原初的対象（primary object）の分裂は、容易に解消するものではない。Cは知的には高い機能を示しても、情緒的には被害的不安を中和＝包容（containing）する能力をほとんど持っていない。その治療のためには精神分析療法が最も有力な方法のひとつだが、その設定自体が迫害的に経験されるというジレンマがある。また、最初の面接者によって精神療法が行なわれていても、本質的に別の展開をしたという保証はない。最も基本

的な問題に触れ始めたときに、現実的なことを理由に治療を去るのは、よく見られることである。ともかくも、この時点ではCの根本的な無意識的疑念（"対象から与えられているのは毒か栄養か"）に触れない支持的なカウンセリングから始めることが必要だと判断された。

5 おわりに

妄想性パーソナリティ障害を持つ患者では、精神療法の基盤となる基本的な信頼が危ういため、治療関係を保つことは困難である。彼らから見ると、関わる対象は敵意の投影を受けて容易に危険となり、帰属する場を持つことができない。彼らは現実生活でも住居や職場を転々としていくことになりがちである。それは回避的な行動だが、神経症的な葛藤からではなく被害念慮に由来する。慢性統合失調症者で言われる「二重帳簿」では、妄想世界と現実世界が矛盾しながら奇妙に両立しているのに対して、彼らはどちらの世界にも属せない境界人である。彼らは難治性で難題を引き起こし、多くは被害的恐怖と無力感を治療者の中に投影排出して、どこかへと去っていく。だがそこには、基本的信頼関係の世界から追放された彼らの、実存的な苦境を見ることができる。

本章では、精神医学から見た妄想性パーソナリティ障害について素描し、続いてパーソナリティ障害群のうち精神病水準のものを精神分析的に理解しようとする代表的な2つのアプローチを紹介した。最後に、症例を3例提示した。彼らのパラノイアは、［症例1］では被虐性の中に、［症例2］では自己愛の中に、［症例3］では強迫性の中に隠されていた。

▶ 文献

(1) Akhtar, S.（1990）Paranoid personality disorder : A synthesis of developmental, dynamic and descriptive features. *American Journal of Psychotherapy 44*；5-25.
(2) Kernberg, O.（1976）*Object Relations Theory and Clinical Psychoanalysis*. New York : Jason Aronson.

(前田重治＝監訳（1983）対象関係論とその臨床．岩崎学術出版社）
(3) Kernberg, O.（1984）*Severe Personality Disorders.* Yale University Press.
(4) Meissner, W.W.（1978）*The Paranoid Process.* New York : Jason Aronson.
(5) 増茂尚志（1998）妄想性人格障害．In：牛島定信・福島 章＝編：臨床精神医学講座 第 7 巻 ―― 人格障害．中山書店、pp.53-61.
(6) Oldham, J. and Skodol, A.（1994）Do patients with paranoid personality disorder seek psycho-analysis? In : *Paranoia : New Psychoanalytic Perspectives.* New York : International Universities Press.

第6章
精神療法と倒錯の問題

　本章（執筆は 2001 年）の主題は、対象関係論的に見た倒錯である。この領域については Meltzer、Joseph らを代表として、クライン派によるさまざまな興味深い論考がある。しかし私が関心を抱いたもう 1 つの臨床的源泉は、タヴィストック・クリニックに隣接されたポートマン・クリニックでの仕事で、その事例検討の定期ミーティングにオブザーバーとして参加することができた。ここのスタッフからは、つねに暖かいものを感じた。クライン派のシニアスタッフはほとんどおらず、現代フロイト派と独立派の分析者が中心だった。以下で紹介する Glasser は、同クリニックの精神的支柱の一人だったように思う。彼の仕事は、Donald Campbell によって *Understanding Perversion and Violence : Mervin Glasser's Contributions to Psychoanalysis* (Routledge, 2013) という題で編集され、近く刊行される予定になっている。

　本章は精神病理学系のムックに依頼を受けて寄稿したこともあって、精神病理の記述が中心になっている。自分で読み直して、症例にどう難渋したかがほとんど伝わらないのは、驚きではある。これは筆者の防衛というより、提示の文脈の影響が大きいだろう。

1　はじめに

　古くて新しい問題である性倒錯の関連領域に、反社会的行動や犯罪に通じる嗜癖や暴力（他害と自傷）などがある。これらは同一の事象ではないが、臨床的に重なり合い、共通項が認められる。実際イギリスのポートマン・クリニック（Portman Clinic）では、このような問題を抱えた人々に対して、一定のアセスメントの後に治療を提供しつつ研究をしている。以下では、精神分析を理解の枠組みとしてこの領域を概観することにしたい。

2 Freudとセクシュアリティの精神分析

　Freudに由来する精神分析は、性（sexuality）の問題を中心に据えて論じてきた。彼が言う「無意識」は、性的現実としての無意識である。Freudの初期の論文「性理論三篇」は、彼が人間の心理ばかりでなく身体・行動における性の位置および役割とその病理を解明しようと試みたものである。

　性倒錯の精神分析的な理解は、Freudの有名な定式「性倒錯は神経症の陰画である」に始まる。彼にとって神経症は、精神－性的発達過程のある段階への固着があり、そこへの退行によって多形倒錯（口唇・肛門・性器という性感領域に関連した部分欲動）が抑圧された表現を示したものである。Freudは欲動を衝迫・目標・対象・源泉へと分解し、その正常からの逸脱によって現象論的に性倒錯を定義しようとした。例えば、正常な性行為の目標は性器的結合であり、その前段階を引き延ばして満足を得ることは倒錯的とされる。陰画と言われる所以は、倒錯では性が抑圧されるのではなく享受されているように見えるからである。

　だが、この図式が性倒錯と正常との質的相違を十分に捉えているとは言い難い。雑多な事象が「性倒錯」として一括されているうえに、Freudの基本モデルが神経症だったために、エディプス・コンプレックスからすべてを説明しようとしていた。彼は後に、性倒錯の心的機制として「(去勢の現実の)否認」および「自我の分裂」という構造を提示して、より複雑なモデルを提唱した。また、彼の二大欲動論は、自己保存欲動と性欲動（リビドー）から生の欲動と死の欲動へと修正され、攻撃性・破壊性を取り上げるようになったが、多くの問題は残された。

3 Freud以後──攻撃性と対象関係の質への注目

　Freud以降の展開とは結局、神経症モデル以外による心の理解の発展であ

る。Glover[8]は、倒錯を精神病の陰画として捉えようとした先駆者である。神経症と倒錯の違いをまとめると、(1) 心的機能水準が象徴的水準か具象的水準か、(2) 中心的葛藤が三者関係か二者関係か、(3) 対象関係が全体対象関係か部分対象関係か、(4) 性発達の理解が精神－性発達論に基づくか性別同一性 (gender identity) を含むか、などに見ることができる (いずれも前者が神経症圏の理解である)。以下ではそれらを含む主題として、暴力の精神分析的理解、核コンプレックス、倒錯的対象関係を取り上げる。

1 – 暴力の精神分析的理解

　暴力・攻撃性を本能あるいは欲動とするのは、満足の行く説明ではないが、それらが基本的で重要なものであることを反映している。長年にわたってポートマン・クリニックにおいて性倒錯者・犯罪者たちを精神分析的な設定で見てきたGlasser[7]は、暴力をその性質から大きく2種に分けて考察した。これは動物生態学を取り入れた説明で、他の行動科学とも整合性があり受け入れやすいと思われる (ここでの暴力は、相手の身体への意図的な危害を指す。言葉による攻撃や物への暴力ないし偶発的な加害は、心理学的に質が異なる)。

　彼が挙げる2種の1つは、自己保存的暴力 (self-preservative violence : S-P) である。それは生体の安全を守るための防御反応のようなもので、危険を取り除くことを目的とする。危険は、外界から物理的に由来するものばかりではない。パーソナリティ構造に自己統合の脆弱性や懲罰的な超自我がある場合、挫折や屈辱のような自己評価を無にする心理的体験は、自己保存への脅威となる。一見したところ動機の不明な暴力や非合理的暴力の背景には、このような脅威がありうる。例えば自分から去ろうとするパートナーを殺してしまうのは、相手を決定的に失うことになるが、それは自己感を毀損された耐え難さをその場で取り除く衝動が、合理的な判断を上回った結果である。

　それに対して相手に復讐したり苦しめたりすることで快感を得る暴力を、Glasserは加虐的被虐的暴力 (sado-masochistic violence : S-M) と呼んで区別する。

表 自己保存的暴力と可虐的被虐的暴力の対比[7]

特徴	自己保存的暴力（S-P）	加虐的被虐的暴力（S-M）
目的	危険を否定すること	対象を保存し苦しめること
	対象を無にすること	
機能の水準	原始的	さまざま（洗練されている場合もある）
持続性	比較的短期	延長されるのが通例
性質	突発的	熟考的
対象関係	二者的→なし	三者的→あり
発達論的水準	核コンプレックスの内容	エディプス・コンプレックスの内容
リビドー	なし	あり（前性器的）
原始的水準における自己愛の脆弱性	なし	各リビドー段階にあり
自我機能	原始的（自我機能の萌芽を含む）	同上
超自我関係	なし	あり（主として三者的）
情緒――不安	あり	なし
情緒――快感	なし	あり

　彼の考えでは、それは自己保存的暴力をリビドー化したものである。この暴力では、対象が苦しむことが必須の要素である。両者の特徴と対比は、表に見ることができる。実際の傷害や殺人では、加虐的被虐的暴力から自己保存的暴力への移行が認められることがある。つまりS-M暴力の範囲に収まっていたのに、加害者が相手の命乞いする姿に投影された弱い自己を見て受け入れ難かったり、復讐の恐怖に駆られたりして、S-P暴力を振るう場合である。

2 - 核コンプレックス

　表のうち、Glasserが性倒錯の心的機制の中核にあると提唱する「核コンプレックス」という概念について補足しておく[5,6]。彼によれば、これは正常の発達過程に見られる葛藤だが、性倒錯の問題を持つ者はこの段階への固着から脱却できないでいる。

それはいくつかの構成要素からなる。第一に、彼らには強い安全希求があり、理想化された母親との融合空想を持つ。しかしながらこの自己愛の充足欲求は、母親側に投影された貪欲さによって融合が自己を呑み込まれ抹殺される恐怖に転じるか、あるいは、(やはり投影された) 母親の自己愛的態度によって希求を無視され拒絶される経験をする。こうして生じる殲滅不安 (annihilation anxiety) に対して、防衛的反応は、(a) 引きこもるか、(b) 自己保存的暴力に訴えるかであるが、前者は捨てられる不安および解体不安と孤立および抑鬱につながり、後者は危険な対象を破壊することで母親を完全に喪失することに通じる。そこで攻撃性が自己へと向けられると、再び危機に見舞われる。

彼らはこの状況を、攻撃性の性愛化 (sexualization) によって解決しようとする。すなわち、対象への攻撃性を加虐性 (sadism) に転じることによって、対象を支配しつつ完全には失わないように制御するか、自己に向けられた攻撃性を被虐性に転じることによって対象との関わりを保とうとする。その結果、対象との距離は調節されるものの、本来の自己愛の充足が叶えられることはないので、倒錯行為の行動化と悪循環は続く。このような中でできあがる自己同一性は、内在化したものではなく真似たもの (simulation) である。

ところで、Glasser はロンドンでは現代フロイト派に属しており、いわゆる「死の欲動」を認めるクライン派とは立場が異なる。これまで死の欲動の存在を認めてきた Klein やその第二世代の Segal、Rosenfeld らは、臨床上の難治性や破壊性にその派生物を見たが、自己を破壊する力の純形を実体として提示したわけではない。クライン派第三世代に属する Feldman▼3 は、それを破壊的な心理学的な力として解釈し、さらにその本質を、対象をただ破壊することよりも、対象を痛めつけ対象から生命を抜き取ることに見ている。Glasserと Feldman の学派は異なるが、注目している事象とその背後の問題の理解には、共通性がある。

3 ─ 倒錯的対象関係

　Glasser が治療の対象としたのは、露出症・服装倒錯・小児性愛・同性愛などの問題を持った者とともに、自己愛性パーソナリティ障害者たちである。一般に、倒錯行為が自我異和的かその行為によっても解消しない強い不安や症状がない限り、倒錯者たちには受診や治療継続の動機が乏しい。また、司法精神療法▼2の領域が確立していないと、触法患者に適切な治療設定ができない。それにしてもその知見は、治療に反応しないさまざまな患者の難治性を理解していくうえで、重要な指摘に富む。倒錯が生き方と不可分になっている者たち（Meltzer▼10による、（1）習慣的倒錯、（2）中毒／嗜癖的倒錯、（3）犯罪的倒錯という分類のうち（2）（3）に該当する）には治療的アプローチが困難でも、それがパーソナリティを構成する主要成分のひとつである際、治療が成り立つためには倒錯傾向の本態を把握していることが必要だからである。

　性倒錯の理解が対象関係論の中で重要性を増すようになる先鞭をつけたのは、Freud のフェティシズム論・マゾキズム論である。それを現代的文脈で本格的に論じたのは、Meltzer▼10であり、Stoller▼11、Chasseguet-Smirgel▼1、Joseph▼9である。ここでは Meltzer の構想を簡単に紹介するが、彼らに共通するのは、憎悪や破壊性への注目である。倒錯の本質は単に行為の例外性にあるのではなく、本来達成されるべき創造的目標を捻じ曲げて壊すこと、価値と反対のもの（フェティッシュ対象）を作り上げて弄ぶことの快感の中にある。これが、性を巡る社会的・文化的道徳と風俗が保守的なものから革新的なものにどれほど揺れようと変わらない倒錯の核である。もともと"perversity"とは「ひねくれ」のことである。それがさらに一般化されて、性交渉に限らず協同作業を通じて何かを生み出すのかそれともスポイルするのか、現実に直面するのか紛い物を作り出すのかの選択の中に、倒錯性が窺われるようになった。それを解剖学的－具象的な表現に戻すと、子宮を直腸に貶め、赤ん坊より排泄物に価値があるかのごとく崇め奉る態度である。この直截的な表現は、加虐性（sadism）という名称の由来となった Sade の小説に見ることができる。

4 – Meltzer の構想

Meltzer は、セクシュアリティの領域に2つのメタ心理学的な区別を導入した。1つは、「大人のセクシュアリティ」と「幼児のセクシュアリティ」の区別であり、もう1つは、「多形的（polymorphous）」と「倒錯的（perverse）」の区別である。リビドーの派生物がさまざまな形を取って現れる多形性は、フロイトでは幼児のセクシュアリティの特徴とされていた。しかしそれは、大人にも見られる現象である。その性質はリビドー的でほぼ良いものであり、破壊的で悪い「倒錯的」傾向と混同するべきではない。

大人と幼児の多形性の違いは、大人では親的な内的対象が摂取同一化によって確立しており、自我が「超自我理想」を通してエスと二次的に関わっているのに対して、幼児では、自我がエスと直接関係している点である。その結果子供は遊びを、夢と同じく内的葛藤を解決するために用いる。内的葛藤の代表は、嫉妬と競争心を伴うエディプス・コンプレックスである。幼児は、対象を断念したり満足を延期したりしないで済む方法を探り、模倣と投影同一化（侵入性同一化）を行なうために、性感領域（口唇・肛門・生殖器）の混同を生じる。それでもそれは、倒錯とは動機が異なる。

それに対して**倒錯**は、自己愛組織の表現であるか、抑鬱不安に対する防衛である。自己愛組織の一型は、嗜癖（addiction）に見られる。それは具象的に言えば、「良い」子供の部分が、両親像への依存を止めて絶望の気分の中で、自己の「悪い」部分に対して嗜癖的となり受動的になることである。自己の破壊的部分は、初めは良い対象に対して苦痛からの保護者として登場し、次に官能と虚栄の召使いとして現れる。それは内的現実と外的現実を混乱させ、万能感を高まらせ疑似現実を作り上げる。その残酷で虐待者の面が現れるのは、自己が退行に抵抗したときである。パーソナリティの中の破壊的部分の働きは、実社会の犯罪者たちの振る舞い（誘惑と脅迫）と並行させて考えれば理解しやすい。

以上は治療に抵抗するパーソナリティ内の「自己愛的病理的組織」の問題で、Meltzer ほか Rosenfeld をはじめとして O'Shaughnessy、Steiner らクライン

派がこぞって取り組んだ。その性倒錯とのつながりは、直ちに認め難くても、現象的にも理論的にも連続している。筆者の経験したこのような理解を必要とする症例を、以下に簡略的ながら素描する。

4 症例

　30代後半の男性教師A。Aは生後9カ月で養子に出されたが、養父母とは良いつながりができなかった、と感じていた。彼によれば養父は、教養がなく弱くて妻に支配された男だった。養母は身勝手で、患者を自分の人形として近親姦的な関係に巻き込んだうえ、夫の不能と無能を攻撃する武器に使った。Aは思春期になってから養母に反抗し、関係は決裂した。以後彼は不安・抑鬱・恐怖症状や、性的志向の混乱（異性愛か同性愛か）を経験した。10年間の結婚生活で2人の息子ができたが、妻はAに唆されて浮気をして妊娠した。それを知って彼はひどく混乱し、クリニックを受診した。

　彼は集団精神療法にしばらく参加していたが、それはリーダーの都合で中断した。彼は知的に高く一見洞察力と動機づけがあり、外傷的な生活史があることから精神分析的精神療法に適していると見なされ、改めて個人精神療法が勧められ、筆者が担当となった。

　すると彼は、それまで十分に把握されていなかった倒錯的な精神病理を展開した。彼は自分の苦しみを理解され、それを克服するためではなく、自分の方が優れていることを示すために治療に来ているようだった。彼は集団精神療法に出席しながら、自宅でセルフヘルプグループを開きそのリーダー役をしていた。だが模倣によって、彼は自分の不安と苦痛がどこにあるのか、かえって分からなくなっていた。

　Aは時折自分の問題と障害への意識を示したが、それによって助けを求めるようになるというよりも、責任転嫁するか世話を受けるのを当然視した。彼は、受診前の危機の時期には、個人教師として生徒の家に行くと、その時間教える代わりにベッドに横になり、お茶を出され授業料をもらってい

た、とのことだった。このような病理的な依存がある一方で、彼は治療関係を、相手に自分を認めさせる生存競争の場として用いていた。

　この状況の打開は困難だったが、治療者がAのパフォーマンスを指摘して、Aは自分が傷ついたときに特にAの話が脇に逸れることを指摘すると、そこでどう感じたかは個人的なことではないか、と反応した。Aは、治療とは自分の気持ちを話すところだという考えに驚き、今まで自分の話をしているつもりでいたので当惑した。

　治療者がAの偽りの部分に翻弄されないようにすると、患者のパーソナリティ構造が見え始めた。Aは、根の弱い苗を強い幹に植える園芸を好んでいた。これは彼が絶えず行なっていることだった。彼は自分のあり方を強い根に接ぎ木することによって弱さを感じなくて済むようにしていた。彼は母親との決裂以来、さまざまな対象に自分を接ぎ木して生き残ってきた。ここ数年の主な対象は治療だった。しかし結果的に治療および自己を枯れさせ、自分自身で歪曲している現実から抜け出すことができなくなっていた。

　こういったやりとりの後ようやく、患者は治療者の言葉を聞くようになった。長期休暇にはAが同性愛的な行動化をしたことで、彼が分離を否認するために融合を理想化しつつも混乱を起こすのが確認された。治療はその後も難航したが、倒錯の病理はさまざまな形で顕在化し、当初約束した2年間の治療の終結を迎えた。その後Aは紆余曲折の末、週3回の個人精神療法を始めることにした。

　Aが主に用いた自己愛的対象関係は、**寄生的対象関係の乗っ取り型**（*parasitic object relationship, takeover type*）と呼ぶことができる。それは、生後愛着を発展させたばかりの頃に養子に出され、いわば茎の根元で切られた経験を逆転させる無意識的空想に由来すると思われる。しかしこの接ぎ木は、偽りの自己を発展させて彼が現実に接触し現実から学ぶことを障害したうえに、彼の助けとなりうる対象を枯らしていた。治療の中でこの問題が同定されることで、倒錯的な寄生的関係を取り上げることが可能となった。

5 おわりに

　Meltzer のモノグラフは、40 年前に書かれたものである。その後は、パーソナリティ障害の精神分析的な研究においてより発達早期の問題が強調され、セクシュアリティの問題は脇にやられてきた観がある。一方で、性倒錯とその関連領域は、精神医学や精神療法の埒外に置かれてきた。しかし、上記のような患者は今後増加していくと予想されるばかりでなく、虚飾や不正の誘惑に呼応するパーソナリティの倒錯的部分はどの患者にも（実際には誰にでも）あり、臨床上注意すべき領域と思われる。

▶ 文献

（1）Chasseguet-Smirgel, J.（1984）*Creativity and Perversion*. New York : W.W. Norton.
（2）Cordes, C. and Cox, M.（Ed.）（1995）*Forensic Psychotherapy*. London : Jessica Kingsley.
（3）Feldman, M.（2000）Some views on the manifestation of the death instinct in clinical work. *Int. J. Psycho-Anal*. 81 ; 53-65.
（4）Freud, S.（1905）Three essays on the theory of sexuality. In : *S.E. VII*.
（5）Glasser, M.（1986）Identification and its vicissitudes as observed in the perversions. *Int. J. Psycho-Anal*. 67 ; 9-17.
（6）Glasser, M.（1992）Problems in the psychoanalysis of certain narcissistic disorders. *Int. J. Psycho-Anal*. 73 ; 493-503.
（7）Glasser, M.（1998）On violence : A preliminary communication. *Int. J. Psycho-Anal*. 79 ; 887-902.
（8）Glover, E.（1933）The relation of perversion formation to the development of reality sense. *Int. J. Psycho-Anal*. 24 ; 486-503.
（9）Joseph, B.（1989）*Psychic Equilibrium and Psychic Change*. London : Routledge.
（10）Meltzer, D.（1973）*Sexual States of Mind*. Perthshire, Scotland : Clunie Press.（古賀靖彦・松木邦裕＝監訳（2013）こころの性愛状態．金剛出版）
（11）Stoller, R.（1995）*Perversion : The Erotic Form of Hatred*. London : Karnac Books.

第7章
メルツァーの発展

　私がロンドンに留学した 1993 年秋以前に Meltzer について知っていたことは、彼の著作のいくつかを見てはいても、かなり限られていた。Bion を訳した関連もあって *The Kleinian Development*（『クライン派の発展』）と *Dream-Life*（『夢生活』）は読んであり、さらに *Studies in Extended Metapsychology*（『メタ心理学の拡張』）を手にする機会があったが、そこには各章ごとに短い説明が臨床素材の隙間を埋める程度にしか書かれておらず、全体の構図はもうひとつ分からないでいた。

　タヴィストック・クリニックでは、彼自身によるプレゼンテーションを一度聞いた以外には成人部門で彼の話題を聞くことはほとんどなかったが、C&F（児童・家族部門）の中では、本人を目にすることはなくても、基本的で規範的な存在のようだった。また、日本人留学生たち、なかでも平井正三氏は熱心に読んでいるようだった。「そんなに言うなら」ということで、私も読んでみることにした。ちょうど、妙木浩之氏から『現代のエスプリ』の小此木啓吾先生との企画で、「別冊 精神分析の現在」に書くように誘われ、それで 1995 年にまとめたのが本章である。

　The Psychoanalytical Process（『精神分析過程』）(1967) は、「投影同一化」を基軸にして精神分析の過程を抽出したものである。Meltzer がそれを心的世界の形成と変容に関わる必須の鍵として、徹底して精神分析に内在する論理を追究している点で、成人の精神分析で見られる「投影同一化」のさまざまな形態を論じた他のクライン派分析者たちによる論文とはまた別の感銘を受けた。それが子供との分析的な関わりから生まれていることは理解できたが、その領域に馴染みが薄かったこともあって、Meltzer の記述からさらに骨子のみを抽出した。結果的には、彼が『メタ心理学の拡張』で論じていることの骨格も把握しやすくなったように思われた。しかしながら、『精神分析過程』が発表当時にクライン派全体から Klein その人の理論的真髄を表していると評価されたかというとそうではなく、Segal はすでに否定的だったらしい (http://www.harris-meltzer-trust.org.uk/pdfs/Gammill.pdf)。Meltzer が Klein および Bion によって導入されたメタ心理学的観点として整理した、それぞれ「地理的」観点と「認識論的」観点については、『夢生活』に実例が豊富である。

　次のセクションで取り上げたのは、*Apprehension of Beauty*（『精神分析と美』）である。この比較的新しかった著作は、「美的葛藤」(aesthetic conflict) に理論的に初めて注目し、Klein の妄想分裂から抑鬱へというポジション展開の流れを、乳幼児観察の経験を参照して再検討するなどの点で、オリジナルなアイデアを含んでいる。ただ、「美的」の内実が

やや不明瞭で、内面をも含めて経験される「美しい母親」を巡る葛藤ならば、不可知の内面＝Oの方こそ重要で、「美しさ」そのものは、表面に吸着するように感覚的に惹かれてしまう自閉症的経験に近いのではないかとも思われる。あるいは、「美しさ」を対象の性質として経験できるようになるという点で、二次元に埋没せず立体的に対象と関わることができるようになった心性を想定しているのだろうか。対象について、言葉もなく「美しい」とするのは放心・無心状態（mindless）に近い感じがする。

Meltzerの主著のひとつ *Sexual States of Mind*（『こころの性愛状態』）は、邦訳のおかげで近づきやすいものになっているが、全体の構図は分かりやすいとは言い難い。2003年にその内容を概説した論文は、見取図に役立つところもあると思われるので、第8章に再録した。また、実質的にMeltzerの最後の著作となった *The Claustrum*（『閉所』）（1992）についての紹介は第9章に収めた。『閉所』はMeltzerの書いたものの中でも最も面白いもののひとつだと思うが、彼独自のイディオムだからこそ表現されている世界である。

何かの折に、*Sincerity and Other Works* を編集したA. Hahnに作業中の理論的著作が2、3あるようにお聞きしたが、Meltzerの死後出版されているのは、まだ事例検討集のみである。オリジナルな思考を打ち出したどの著者についても言えることとして、その強力な把握力のために、別の言葉を用いて考えるのは困難になることがある。Meltzerの表現の全体がもたらす"美"に圧倒されずに、一つ一つの観察とそれについての判断を吟味していく必要があるのだろう。今後、Marisa Pelella Melega および Carmo di Sousa Lima の自閉症症例への Meltzer のスーパーヴィジョンが出版されるという（*Post-Autism : A Psychoanalytical Narrative*, by Marisa Pelella Melega with supervisions by Donald Meltzer ; *Studies in Autism*, by Carmo di Sousa Lima : Case supervisions by Donald Meltzer）。その優れた観察眼が表されていることを期待している。

Meltzerの著作は、今ではほとんどをPEP-WEBというサイトで読むことができる。歴史的経緯はいろいろあったのだろうが、Margaret RustinによるMeltzerの紹介は、バランスの取れたもののように思われる（http://www.melanie-klein-trust.org.uk/meltzer）。

1 はじめに

　Donald Meltzerが現代クライン派から離れて、1995年時点（本章執筆）ですでに十数年経つ。彼は児童精神科医の訓練を受けていたアメリカから1954年にロンドンに渡り、Kleinの没する1960年まで彼女と分析を続けた。このKleinの「末っ子」[1]は唯一の息子であるかのように、1960年代にはクライン派を代表する中堅の一人あるいは旗手として振る舞ってきた。彼が

Klein の諸概念の理解に基づいて精神分析を再編成した仕事として、『精神分析過程』（*The Psycho-Analytical Process*）（1967）、『こころの性愛状態』（*Sexual States of Mind*）（1973）▼9 を挙げることができる。だが、彼を中心とする集団とクライン派内の他の集団の間には、特にトレーニングを巡って葛藤が生じるようになり、最終的に彼は英国精神分析協会と決裂した。

　『メラニー・クライン トゥデイ』（*Melanie Klein Today*）▼18 の E. Spillius の編集方針から分かるように、Meltzer の 1970 年代以降の論文はクライン派に属すると見なされていないようである。

　実際に別なものとして分けると、そこに相違は見られる。Spillius は特に Meltzer が異なる点として、「部分対象身体言語で無意識的空想を、患者に直接解釈する」技法を挙げている▼17 （本書第 1 部第 1 章参照）。理論的理解においては、残るクライン派は同じく乳児的水準の経験を扱うにしても、より機能を重視するとされる。また彼は、E. Bick の理解を基にして「付着同一化（Adhesive identification）」（1974）▼17 を論じたが、メルツァー・グループ以外は、失敗した投影同一化以上の特徴があると考えない。

　Meltzer 自身の関心もまた、ほぼ 1975 年を境として大きく変化する。彼は以後、Bion の示唆した特殊な記号およびその指す事象をメタ心理学的に深化することを目指している。『クライン派の発展』（*The Kleinian Development*）（1978）▼10 は、時期的にも内容的にも、2 つの流れの移行段階と捉えることができる。彼はその第 3 巻で Bion の概説を試みていたが、ほぼ祖述に留まっていた。『メタ心理学の拡張』（*Studies in Extended Metapsychology*）（1986）▼12 では、Bion の構想を継承しようとして、新たな心のモデルの大きな見取図と諸概念・問題意識の臨床的な肉付けを目指している。『精神分析と美』（*The Apprehension of Beauty*）（1988）▼16 は、従来の精神分析的発達論の図式を、臨床および乳児観察の設定からの知見を取り入れて大幅に書き換えた。これらの包括的な論考に対して、1990 年代に入って発表された『閉所』（*The Claustrum*）（1992）▼13 は、特殊な投影同一化すなわち侵入的同一化を、「内的対象の内部での生活」として描写・研究している。▼5

　このような関心の相違と推移はともかく、現実的には Klein を受け継ぐも

のとして、それを遥かに上回る共通する核が存在する。身体（部分対象）言語で無意識的空想を理解すること自体は Klein 以降一貫しており、それが完全に廃棄されることはない。無意識的空想の中でも、投影同一化は中心の位置を占め続けている。Meltzer の流れを汲む H. Echegoyen は、Meltzer の考えを大幅に取り入れた技法書『精神分析的技法の根本』（*The Fundamentals of Psychoanalytic Technique*）（1991）を著している。Meltzer への興味は、このような間接的な形で、静かに浸透していくかもしれない。1994 年には、Meltzer は 15 年ぶりに、公的なカンファランスで英国精神分析協会の他の分析者と並んでシンポジストを依頼された。同じく、彼はいつものクルニー・プレスからではなく、カルナックから論文集を出版した。

　以下ではまず、クライン派の基礎概念に即した論述として『精神分析過程』を取り上げ、次に、Bion に依拠しつつ展開している近年の『メタ心理学の拡張』および『精神分析と美』を紹介したい。

2　投影同一化・摂取同一化から見た精神分析の過程——『精神分析過程』

　精神分析過程は、転移の発展とその理解を中心に展開する。クライン派においては、転移を構成するものは内的対象関係の表現である無意識的空想であり、それは投影同一化——そのあらゆる形態と用法を含めて——を通じて表出される。そして内的世界は、対象の摂取と解釈の働きかけの摂取同一化によって形成される。Meltzer の言う「自然史」は、精神分析的な設定（setting）の下における、転移とそのクライン派による解釈の展開である。その結果精神分析過程は、投影同一化・摂取同一化を基軸に、原始的超自我として機能する内的対象が自我理想として機能する両親結合像に変容し、良い対象の内在化に至るまでと理解される。あるいは具象的な言い方をすれば、内的混乱を乳房に投影している状態から、良い乳房を取り入れて離乳するまで、さらに別な言い方をすれば、妄想分裂ポジションの支配する状態から、同一性の混乱と機能の混乱を解消し抑鬱ポジションの閾、喪の作業に至るまで、と理

解される。その先にあった Meltzer の科学的構想、すなわち技法と設定に支えられた精神分析過程の分節化に続いて、さらに評価の方法、病因論と予後論を確立しようとする試みは、その後達成されたかどうか不明だが、ここにはクライン派の特徴をよく見ることができる。

　Meltzer は『精神分析過程』において、精神分析の領域を心理学的医学・教育・育児（child-rearing）の三角形の間に画定し、心の構造に基づく精神分析過程のメタ心理学を定式化しようとした。クライン派に限らず現代イギリスで分析の焦点として強調されるのは、パーソナリティの乳児的部分の理解である。投影同一化が重視されるのは、それが乳児的部分の基本的な防衛だからでもある。

　『精神分析過程』のもう1つの特徴は、子供の分析を中心として解説されていることである。彼は臨床を進めていくうえで、実際的に問題となりうる諸事情を詳しく論じている。しかしここでは、成人の精神分析過程について考えたい。Meltzer は子供の分析の特権性を強調する一方で、大人の精神分析過程と質的な差はないとしている。筆者は子供の場合が精神分析過程の「最も純粋な形」かどうかも、子供と違って大人に要する配慮についても、一般化して語る立場にはないが、2つのことを付記しておきたい。1つは、子供の分析が明らかにした心的過程の普遍的な相について。内的・外的現実および思考・行動の交点にある遊び（play）を自由連想と等価と見なしたことによって、そのような表面的な区別を超えて、すべてを心理的な次元つまり無意識的空想から理解する可能性がもたらされた。それは逆に大人の分析にも適用され、面接室内のあらゆる表出を転移として理解できるようになった。もう1つは大人の場合との相違だが、それは個別的に触れることにする。

　彼は、次のような過程を抽出する——I「転移の収集」、II「地理的混乱（geographical confusion）の整理」、III「領域の混乱（zonal confusion）の整理」、IV「抑鬱ポジションの闌」、V「離乳過程」。これは一種のサイクルとして、面接の各回のこととしても、週ごと（土日の休暇）、学期ごと（約2週の休暇）、年ごと（夏休みは約1カ月の休暇）とより大きな周期での動きとしても理解できる。Etchegoyen はこれを分析全体の経過に適用して、それぞれを

初期（I）・中期（II + III）、終結期（IV + V）と対応させている。治療者の現在−不在（presence-absence）のリズムはパーソナリティ構造の内在化を助け、精神分析過程を全体として、I 寄りから V 寄りへと移行させていく。だが臨床上重要なのは、この周期がフラクタルな構造として、規模に関わりなく治療者とのあらゆる接触−分離の機会に見られることである。最もミクロには、面接の中のひとまとまりのやりとりがこれに相当する。治療者の長引いた沈黙は、分離と同じ効果と力動を生じる。

　以上のような要約は、分析作業の特徴的な推移を抽象的に述べただけである。実際の介入には患者が瞬間瞬間にさまざまな面を持ち出すのに応じた内容解釈が伴うので、Meltzer の挙げる実例から分かる通り、現実の作業は変化しやすく錯綜した動きを対象とする。ここでは、この骨子のみに関して説明を加えたい。

1 − 転移の収集

　精神分析を始めることは、年齢を問わず患者にとって新しい経験である。厳密には、あらゆる出会いはいつも新しく、精神分析の面接は毎回が新しい経験であるはずだが（Bion）、日常生活から精神分析に初めて入る際には、まず分析的な設定が新たな経験である。患者は無意識的空想と潜在的転移として、うつろいやすいながら、設定に関連した治療者の振る舞いに反応し、分離の問題への転移を向け始める。Meltzer が「転移の収集」と呼ぶのは、分析者が患者の向ける投影同一化を解釈して、より深い不安を顕在化させること、患者の設定への理解を進めて、不安が設定の中に包容されるようにする作業である。患者は初め意識的かつ外界のことに眼を奪われがちだが、クライン派に特徴的な強力な 'here and now' での転移解釈によって、患者の言動すべては「自由連想」としての価値を帯び、無意識的な内的世界の表現として理解されるようになる。

　Meltzer の説明では子供の場合、親との「二人精神病（folie à deux）」がない限り、大人が反復して「そこにいる」だけで内的対象の代理として選ばれ

る。それは大人＝治療者によって理解が提供されることに加えて、パーソナリティ組織がまだ不安定で流動的だからである。それに対して少なくとも大人の場合は、投影同一化による外界を巻き込んだ形でのパーソナリティ構造の安定性のために、投影排除された部分を面接室に連れ戻す、積極的に「収集」する態度が必要なように思われる。分析者が「そこにいる」ことの価値は、否認されやすい。さらに、分析に来る無意識的動機の半面は、分析者を使った病理的バランスの維持であることを念頭に置く必要がある。Meltzerと着想は異なるが、B. Joseph の「心的均衡（psychic equilibrium）」論は、「転移の収集」の問題に参考になると思われる。

　分析が開始され、治療者との接触＝理解される経験が始まるとともに、休暇によって分離が導入される。パーソナリティの乳児的部分は依存と分離に反応してさまざまな形で防衛しようとするが、最終的に、大量投影同一化（massive projective identification）に訴える。それは結果として、主体－対象の混乱をもたらす。その解決が次の課題である。

2 － 地理的混乱の整理

　地理的混乱とは、無意識的空想の中で、自己と対象の位置関係が大量投影同一化のために混乱していることである。投影同一化を用いる背景にある問題はさまざまだが、要点は、乳児的部分を外的対象または内的対象に大量投影同一化を行なって、乳児的無力さ（infantile helplessness）を否認したり、対象との分離を否認し対象を支配したりすることにある。当然ながら、投影同一化にはいわゆる行動化が含まれる。患者が乳児的部分を外的対象に投影し大人として振る舞うとき、また、分析者の中に投影し対象の中に入って分離を否認するとき、不安は感じられない。治療の休暇に反応してキャンセルを繰り返す患者は、単にどこかに行って関わりを避けているのではなく、乳児的部分を対象＝分析者の内部に投影し分離を否認しているのである。極端な例では、「肛門自慰（anal masturbation）」の活用によって、投影された部分は対象の内部に侵入し隠れてしまう。この過程が逆転されない限り、心理の理

解は意味をなさない。解釈の課題は『閉所』が書くように、不安に満ちた子供がどこに隠れているかを見つけ出し、患者の中の適切な場所へと戻すこと、すなわち大量投影同一化を解釈して対象関係を再建し、不安を再び感じるようにすることである。

この段階では分析者は投影同一化する対象のひとつである。だがその機能は次第に集約され、部分対象関係水準の関わりながら、心的苦痛を排泄する容器として働くようになる。Meltzer はそれを「便器乳房（toilet-breast）」と呼んだ。もう 1 つの主要な機能である「授乳乳房（feeding-breast）」は、分裂排除されている。外的な分析者を転移の中で便器乳房として反復使用することで、この便器乳房の機能は内在化されていく。乳児的同一性を自分で抱えられるようになると、大量投影同一化は放棄される。分析は次の段階に進む。すると分析者との間には、限定された型の依存が成立するようになる。自己と対象の境界の確立は、正常と狂気の境目であり、境界例患者や精神病患者ではこの段階の脱却に何年も要する。この時期の難しさから、Meltzer は『閉所』で質的な再検討を試みた。

3 ─ 領域の混乱の整理

II「地理的混乱の整理」が主に乳児的無力さの否認に関わるのに対して、III「領域の混乱の整理」は乳児的部分の理想化すなわち大人／子供の関係の逆転あるいは区別の消去による、領域（Zones）と対象関係の様式（Modes）が混乱した無意識的空想に関わる。いずれも E.H. Erikson から借りた用語で、領域は性感領域、様式は性感領域とその対象の相互作用を指す。(1) 興奮と感覚的満足の追求を伴う、あらゆる領域の性器化・性愛化、(2) 部分対象の美しさの理想化と独占、(3) 身体産物の理想化を通じた対象との相互理想化──によって、各領域の本来の機能と質の差異が攻撃破壊され、否認あるいは脱価値化される（例：乳首＝ペニス＝舌、口＝膣＝肛門、尿＝精液＝唾液、糞便＝ペニス＝赤ん坊の同一視あるいは混同）。その機制は、分裂・投影同一化・万能的支配・否認などの原始的防衛である。解釈は、これらの機制を

扱う。この時期の課題は、乳児的部分を自己愛の放棄から両親のカップルに依存する経験へともたらすことである。それは、依存される良い対象「授乳乳房」の確立に通じる。

　これらの混同によって、本来は排泄物であるものが理想化され、生産的行為が排泄行為に貶められる。Meltzer の「肛門自慰」とは、侵入的な投影同一化による地理の混乱に、糞便の自己愛的な評価と乳房と臀部・肛門と膣・ペニスと糞便の混同という領域の混乱が加わった病理組織である。母親の乳房は臀部と同一視され、それをさらに自分の臀部と同一視することで、自分の肛門をいじることが母親に侵入する空想を裏打ちする。ここで扱う混乱には境界例論でよく見かける単なる「良い／悪い」ばかりではない内容があり、その射程範囲は広い。ただしこの場面はまた、大人の患者に対して解剖学用語を直接使うことに違和感を招くと思われるところでもある。無意識的空想の理解として部分対象／身体言語の象徴解釈を強調するか、より機能とその場での治療関係内での交流を重視するか、立場の分かれるところである。

4 – 抑鬱ポジションの閾

　この段階の中心的課題は、良い対象特に母親の乳房が、悪い対象および自己の破壊的部分の攻撃に耐えながら償い（reparation）と保護（protection）の機能をする能力への信頼を確立することである。破壊と再建、絶望と希望、苦痛と喜びのリズムから感謝の経験が浮かび上がり、そこから良い対象への愛情・配慮が生まれる。ここはまた、「授乳乳房（feeding breast）」が「便器乳房（toilet-breast）」と同一であることを知ることで、被害的不安が減少し抑鬱的不安が増加する、心的な苦痛の転換点である。それとともに、自己への関心の集中から対象への配慮が生まれる。乳房への攻撃は、その内部にいるペニスへの憎悪によるが、父親のペニス・睾丸は次第に、乳房の力の根元としてその創造的・修復的機能を認められるようになる。

　それに対して破壊的な乳児的部分は、良い対象の価値に冷笑的な攻撃を繰り返し、信頼を破壊しようとする。破壊的部分が分裂排除されている限り、

不信は解消されない。別な言い方をすれば課題は、自己の分裂の解消・分裂の程度の緩和である。それまでの分析の成果によって、患者は内的・外的現実の関係が多少とも改善されるので、かつての苦しみを忘れ分析への熱意が薄れがちになる。しかし、外的な乳房（分析者）の内的状況を修復する力は、愛情を作り出すが、それを守る強さや安定を欠く。冷笑、不正直、自己憐憫の宣伝、分析者の思考する能力への攻撃は、破壊的乳児部分の活動である。それでも、分離の機会に現れる破壊的活動が取り上げられると、週の中間は分離の影響に汚染されずに、分析が進む。

　統合は、2つの水準での課題である。第1に乳児的水準では、良い対象を自己の他の部分や他人と共有するという問題である。乳房への乳児的固執嫉妬（possessive jealousy）、貪欲さと、エディプス・コンプレックスがそれぞれに関わる。第2に大人の水準では、自分の心的現実に責任を持つようになるという問題である。自己憐憫が蔓延するのは、この欠如によるものである。

　ごく簡単に図式的に書いたが、この段階に最も行き詰まり（impasse）による中断が生じやすい。その原因は、設定および技法の不適切さと患者の発達史における外傷に求められる。

5 – 離乳過程

　この段階の説明は、各サイクル（面接・週・学期……）ではなく本当の終結において該当する。精神分析の終結のモデルを大きく分けると、誕生と離乳がある。[3] Klein にとって、それは乳房の喪失すなわち離乳と重なり、後の排便訓練やエディプス対象の喪失などで反復して経験される。この段階では、部分対象関係は全体対象関係化し、両親の性的関係の生殖的側面が関心の焦点となる。母親の乳房への乳児的摂取的依存の内的確立および大人の部分の成熟が達成された結果、分析は終結するが自己分析は以後一貫して続く。自己分析は、分析者への羨望や競争心に基づくⅡ「地理的混乱の整理」、Ⅳ「抑鬱ポジションの閾」の疑似自己分析ではなく、分析的過程と方法の良さと美しさの理解に基づく。

乳児的水準では、早すぎる終結への恐れと、「母親の赤ん坊たち」への抑鬱的配慮との間で綱引きが起こる。大人の水準では、分析過程の美的・知的価値を認める態度が生まれる。乳児的部分は分析者個人に愛着するが、大人の部分が、真実を発見する精神分析過程と方法を認めるので、自己分析に移行が可能である。
　分析の装置を内在化した患者は心的現実を十分に評価し、夢とその分析により興味を持つ。夢の中で患者は、出来事の観客の立場から他人と関わるようになり、周囲の人物が自己の一部であると理解できるようになる。それでも解消されないパーソナリティの分裂排除された部分を Meltzer は示唆している。
　彼は終結の様態として、終結、外的事情による中断、治療の行き詰まりによる中断と3つに分類して検討しているが、ここでは省略したい。以上の見取図は、Meltzer も注記しているように、分析者が自分の活動の生気を維持したり同僚との科学的コミュニケーションのためのものであって、面接室の瞬間瞬間の力動の理解には不向きである。彼は最後に、精神分析活動を続けるためには他の分析者との協会、セミナー、スーパーヴィジョン、学会が必要となることを強調している。

3　Bion の継承と発展——『メタ心理学の拡張』

　W.R. Bion が現代クライン派の発展史において、Freud − Abraham − Klein − Bion という系譜の中に位置づけられるほど傑出した存在であることは、ほぼ共有された理解である。それは一方では彼が、集団心性、統合失調症の分析、投影同一化のコミュニケーション的側面、精神分析的経験の研究などにおいて精神分析を刷新したからだが、その流れを明らかにした Meltzer の貢献も小さくないに違いない。特に『夢生活』(Dream-Life) は、夢を意味の生成および内的対象の展開の場とすることによって、この流れの意味する内的現実の次元を明快に論じている。

Bion は統合失調症者の分析経験から、感覚資料・原始的情動を、心的に経験される領域の外としてベータ要素と呼び、それが記憶され夢思考・無意識的思考の素材となるアルファ要素に変換されて、初めて心的世界の一部をなすとした。そして、この変換する心的な機能をアルファ機能と名づけて探究しようとした▼³。これを皮切りに、彼は思考（thoughts）の諸様相、思考作用（thinking）の成立と機能を論じた。その中でも、包容機能（containing）の考え方は、容器−内容（♀♂）という分析的カップルの抽象とともに、精神分析的精神療法一般の根本として広く受け入れられている（「解題▼³」）。しかし、彼がイギリス精神分析でかくも重視され敬意を払われているのは、未知をそのまま経験すること（「負の能力（negative capability）」）、心的世界の究極的現実に前提なく迫る精神分析的態度を明確にしたからである（「記憶なく欲望なく理解なく（no memory, no desire, no understanding）」）。

　その一方で、Bion が考案したさまざまな記号は、PS ←→ D を除いて顧みられることが少ない。『注意と解釈』（*Attention and Interpretation*）以降の Bion は、ほとんど引用されないのが実状である。それに対して Meltzer は、Bion が箴言的に示唆したいくつかの根本的な設定を組み込んだ、革新的な心の見取図を描こうとする。前章で見た投影同一化が占める割合は、もはや一部分に過ぎない。以下では、その概略を見るとしよう。それは Bion の要約ないし応用に見えるが、彼の経験に基づく独創的な理解が織り込まれている。

　Meltzer は Bion を受けて、情動（L［love］・H［hate］・K［knowing］）を精神分析の中核に据え、その経験の様式に根本的な分割を認める。それは心的（mental）生活と原始心的（proto-mental）生活であり、後者の放心・無心状態（mindless）の領野は、これまで理論が mind（心・精神）に与えてきたものよりも、遥かに広いのである。それは、情動的な意味・象徴（symbolic）、意味・象徴の不在（non-symbolic）にも対応する。Meltzer はここにさらに、自閉症の理解から得た独自の心的次元論を重ねる――三次元・四次元、一次元・二次元の経験。これらの境界に位置するのが、破滅不安・破局的変化であり美の享受である。Bion の最初の一歩は、アルファ要素／ベータ要素の間に引いた分割だった。彼は、その間にある謎めいたアルファ機能に関連し

て心および心的領野の成立と危機を扱ったが、その不成立・失敗・崩壊については、とりわけ関連づけずに項目ごとに述べるに留まった。Meltzer は原始心的あるいは放心・無心状態（mindless）の領野の広がりを認め、これらを一括して「原始心的装置（proto-mental apparatus）」との関わりから論じようとしている。

　この帰結は遥か遠くに及ぶ。パーソナリティの発達のモデルは、漸進的に発達する時期・相（phase）の変遷から、心的－原始心的の間をつねに揺動する領野（field）における無限の選択と絶え間ない流れへと、大きく変化する。「始まり－半ば－終わり」という虚構の説明は放棄される。「胎児－乳児－子供」における生物学的な発達は、認知的発達の内的論理と一致しない。従来の部分対象／全体対象、妄想分裂ポジション／抑鬱ポジションの発達的な位置づけも疑問を付され、その揺れは誕生時から観察される。これによって、Klein のポジション論は書き改められることになる。

　まず、心的（mental）生活と原始心的（proto-mental）生活の特質を把握しておこう。心的（mental）であるとは、情動的・象徴的・内界志向的・質的・審美的等々と形容される。思考すること・パーソナリティ・情動的経験・象徴形成・判断・決断・変形・言語等々は、その特徴である。それに対して原始心的（proto-mental）は、非－象徴的・名指しうるもの（nominative）・外界事実的・量的と形容される。心的な生活と対照的に、行動・本能・学習された社会的反応・習慣・自動的反応・意図の伴わない行動等々がその特徴である。興奮・衝動は直ちに行動に結びつく。いわば、心に対する脳の神経活動である。動物行動学の説く刷り込み（imprinting）、神経生理学の言う促進（facilitation）による行動にほぼ等しい。翻って心的生活では、経験から学ぶことがなされ、情報の蓄積ではなく経験の受肉化がなされる。

　心的装置は、「思考（thoughts）の圧力」を取り扱い、それを思考作用によって組織化・発達させようとする。Bion が抽出した「容器」－「内容」は、原始的で無意識的なコミュニケーション様式であり、経験から学ぶための心的装置の一部をなす。それに対して、原始心的装置は、「増加した刺激を自己から取り除く」ためのものである。それの行なう排出行動は、以下のよう

に整理される——(1) アルファ機能の逆転、(2) 感覚器官の機能の逆転（幻覚心性・妄想）、(3) 生理組織への排出（心身症）、(4) 基礎仮定集団の力動に従った社会的行動。

(1) は Bion が『経験から学ぶこと』の中で提出した、「奇怪な対象」が形成される機制だが、後に見るように Meltzer は、無意味な語りを撒くベータ幕も含めて、逆転の様態を総合的に理解している。(2) は『変形』の中で論じられた機制である。(3) (4) は Bion の論考の中でごく片鱗的に現れたものであって、Meltzer による発展を表すものである。

Meltzer は Bion の心身症的障害についての見解の変遷を、断片的な記述を拾い上げて次のようにたどる。

(1)『集団における経験』(1961) から——象徴形成・思考・判断・決断を経由しない、基礎仮定に基づいた論理操作としての集団力動。この次元では情動的経験の心的表象が欠けており、それを身体状態として解釈し身体状態および行為によって反応していると示唆される。

(2)『経験から学ぶこと』(1962) から——アルファ機能論の展開。排出手段のひとつとして、無意味の疑似コミュニケーションであるベータ幕が論じられる。Meltzer はそれを、Bick が描写した「第二皮膚」形成の「口達者」方法と関連づけている。

(3)『精神分析の要素』(1963) から——原始心的装置に訴える別の排出方法として、集団心性への退行・身体化が挙げられる。

(4)『変形』(1965) から——さらに別の排出様態、すなわち知覚様式としての幻覚・幻覚心性および疑似思考体系としての妄想形成がここで論じられる。確実性の感覚が、原始心的な領野の中に含められる。

(5)『注意と解釈』(1970) から——パーソナリティの発達が、全く新たに破局的変化の観点から再定式化される。すでに論じられたものに加えて、「嘘」が不安を避けようとする機制として取り上げられる。

(6)『忘却の曙』(1979) から——パーソナリティの構造と社会的構造がいかに互いに反映し合っているかが示唆され、夢思考や合理性の外にあ

る諸過程は、妊娠後期に作られる、パーソナリティの身体－精神病的部分（soma-psychotic）を形成する胎児的部分に位置づけられる。

Bionの言う「誕生の区切り（caesura）」は、心－身の前出生時の組織の分裂排除されたコミュニケーション不能な部分または全体を、置き去りにしがちである。自己と対象の最初の分裂－理想化が極端なために分裂排除された「パーソナリティ内の基礎仮定集団」がどのような影響を行使しうるかについて、MeltzerはBionを大胆に発展させた。分裂排除が根強く残っていると、破局不安・混沌恐怖・暴徒・恐怖政治が典型的な集団心性型の過剰な迫害不安のために、社会的性格は強い影響を受ける。自動的な服従を通じて、その時々の基礎仮定集団の指導者に対し絶え間ない懐柔を行なうことで、安全感と快感は得られるが、個人性・集団の中に表現を見出しえないパーソナリティのかけがえのない思考する部分は犠牲にされる。そして反抗しようとすると、集団指導者の部分は、生理学的回路を通じて致命的な復讐を行なう。Meltzerは発癌が集団組織化された性倒錯の無意識的な構造と意味として理解できる症例を挙げている。

Meltzerは、心身現象に接近するために必要なこととして、治療者が投影同一化によって侵入され経験された世界とは非常に異なる、子宮内経験を含む患者が夢想できない、表象されていない情動的経験を発見しなければならないと説く。これは『閉所』で展開される主題である。

「パーソナリティ内の基礎仮定集団」は、さらにこれからも精錬されるべき概念と思われるが、放心・無心状態（mindless）の一様態を「組織人間」に見ることができる。組織人間にとっては、集団の中での地位が自分の安全保障となる。彼はこの地位の基礎となる集団の安定のために働く。しかしそのパーソナリティは発達せず、集団の中で自分の地位と安全を得る技術が向上するだけである。組織人間にとって、服従することが唯一の価値であり、それは下位の者へと送り返される。賞賛・信頼・依存の対象を内在化することによって成立している個人心性にとって、これはパラノイアの世界である。Meltzerの例（生後約11カ月で昼間託児所に預けられるようになった男児が、託児

所の文化に"順応"する観察経過)が示唆するのは、家庭の剥奪によって乳児的部分が、親密な家族関係の領域と社会的関係の領域で分裂し、柔軟性・優しさ・感受性等を犠牲にして、基礎仮定心性と共謀していくことである。▼12

　最後に象徴形成についての Meltzer の考察を見ておく。この過程の中心機制は、Freud が『夢判断』で述べた「圧縮」である。ただし Bion は、単なる集塊（agglomeration）（ベータ要素の場合）かまとまり（coherence）（アルファ要素の場合）かという質的な差異を導入している。アルファ機能の逆転は、象徴形成の逆進行であり、情動的経験の断片化の程度と排出の様式に応じて、排出される情動的経験に 3 種類を考えることができる▼16（pp.228-240）。

(1) アルファ機能に拒絶された、生の感覚資料すなわちベータ要素（グリッドの A 行の段階からの逆行）。感受された知覚・情動が、感覚器官へと逸らされる排出。
(2) 圧縮の途上にある断片的な神話素・物語素（グリッドの C 行の段階からの逆行）。そこには意味のまとまりの痕跡があり、疑似社会的行動を通じて排出される。例えば、Bion が「ベータ幕」と呼んだ面接での強迫的な無意味な語りである。ベータ幕的な行動は、自動的な服従・不服従であり、子供の過活動から基礎仮定集団成員の考えなしの遵奉（mindless conformity）までを一括して捉えることができる。
(3) 形成された象徴が、攻撃され分断された断片（グリッドの E 行の段階からの逆行）。Bion が「奇怪な対象」と呼んだ「ベータ要素＋超自我・自我の痕跡」が最も顕著に排出されるものだが、Meltzer は幻覚という総括の下に、幻覚心性（hallucinosis）・中毒・嗜癖を含める。

　こうしてさまざまな臨床的現象の中に、原始－心性の領野の病理として、今まで十分認められてこなかったつながりを見出すことができる（「心身症－過活動－ベータ幕－基礎仮定心性－幻覚－妄想形成－嗜癖－容認された考え（received idea）－創造的思考」）。▼16

4　Meltzerの新境地──『精神分析と美』

　Meltzer は Freud の4つのメタ心理学観点、すなわち力動的・発生的・構造的・経済的観点に加えて、Klein および Bion の理解から、それぞれ地理的（geographic）観点と認識論的（epistemological）観点を抽出した。Klein は具象的部分対象を、心的空間を構成するものとして位置づける。彼女にとって、精神−性発達論が通時的に見なす各期（phase）（口唇・肛門・男根）は、発達上のあらゆる断面で認められる共時的な性感領域（zone）である。その混乱は、地理（geography）の問題として捉えられる。Bion の思考・思考作用・心的装置とその障害についての問いは、知に関する問題領野を切り開いた。それらは、認識論的観点と総称される。

　両者に依拠しつつ、Meltzer が独自に取り上げたのは、美的（aesthetic）次元である。それは最初、Bion の PS ←→ D とグリッドに欠けるもの（前者では価値あるいは質との関わりの変化、後者では成長の項）として、真実との結びつきを巡って謎めいた形で言及されていたが[10]、『メタ心理学の拡張』においてその概略が、そして『精神分析と美』において構想の細部が明らかにされた。そこでは、情動的結合・情念的経験（passionate experience）が何よりも意味を持っている。問題は満足させる対象ではなく、賞賛と畏敬の対象の存在／不在である。Bion は L・H・K に対する − L・− H・− K を示唆したが、多少とも詳しく論じたのは、思考作用を破壊する力としての − K の一因子である羨望のみだった[3]。Meltzer の理解では、人間の心が世界を経験する最初から、3種の情動的結合を巡ってプラスの力とマイナスの力がせめぎ合っている。L・H・K がアルファ機能を通じて象徴的表現を求めるのに対して、− L・− H・− K はそれに逆行する。それは美的感受性と、清教徒的厳格主義（puritanism）（− L）、偽善（hypocrisy）（− H）、俗物根性（philistinism）（− K）あるいは冷笑的態度（cynicism）、ひねくれ（perversity）の力との格闘である。

　Meltzer が乳児の発達上原初的な課題とするのは、**美的葛藤**（*aesthetic conflict*）

である。彼はKを「畏怖した（in awe）」とも言い換える。乳児は誕生すなわち世界との出会いにおいてその美を、衝撃を以て情動的に経験する。彼は寓話風に述べる、「初めに美的対象ありき、そしてその美的対象は乳房であり、乳房は世界だった」と。この「乳房」は、乳児を授乳し抱え、見つめ夢想する、母親の腕であり眼であり頭である。「美しい母親」の経験報告は、臨床経過にも乳児観察にもほぼ普遍的に見出される。そこでWinnicottをもじって言われる――「通常の美しい献身的な母親とその通常の美しい赤ん坊（ordinary beautiful devoted mother and her ordinary beautiful baby）」。しかしこの母親と乳児の美的対面は、産後すぐが頂点で長持ちしない。母親は産後抑鬱になりがちであり、乳児は美の衝撃に耐えられないためである。精神分析は対象の不在・喪失に焦点を当ててきた。母親的対象の不在が乳児に影響を与える、とするのが従来の理解の仕方である。ここにMeltzerが付け加えるのは、その存在、「美」の衝撃がもたらす葛藤である。この現前する対象についての葛藤の方が先行する。

　美的葛藤の中心的苦痛は、美的対象の外部すなわち母親の表面的な美しさと対比して、対象の内部の質が不確かで、不信と疑惑に傾きがちなことにある。美しい母親は、なぜ表情が曇るのか？　なぜ眼の輝きは、乳房は、現れたり消えたりするのか？　何を思い、何を考えて行動しているのか？　乳児には謎であり、情念を掻き立てられているだけ苦痛も強まる。象徴機能の萌芽は、胎児に遡って考えられる。だから乳児は感覚的な質を把握できるが、対象の内的な質すなわち良さ／悪さの理解には、思考と判断を要する。だが乳児にはそうするための経験の蓄積がなく、不確実性に耐える能力もない。そこで不在の対象を迫害対象と見なすBionの公式が働き、乳児は妄想分裂ポジションに後退する。Meltzerの新見解では、抑鬱ポジションが妄想分裂ポジションに先立ち、生後数カ月での抑鬱ポジションは、達成ではなくむしろ回復である。後の抑鬱ポジションと生後直後のそれを同一視してよいかどうかは疑問があるが、Meltzerの改変は、認知機能の理解の発展とも接続可能である。PS←→Dが最初から存在するとし、不安定にせよ或る程度の高次機能を想定することは、例えば「覚醒不活動状態（alert inactivity）」（F.

Pine）に注目する現代的知見に一致する。乳幼児の経験する他の出来事、例えば置き去りにされること、離乳、次子の出産、保育所に出されること等々は、通常分離不安の引き金として理解されるが、いずれも乳児にとって母親の本心が分からず、美的葛藤を引き起こすものである。母親は、分離を経験させる不在の対象として、また情念を掻き立てる美の苦痛に満ちた衝撃を与える現在する対象として、二重の対象である。

　この考えは、Meltzer が自閉症児の心的機能の研究から得た、**心的次元論**に裏打ちされている。美的葛藤を言い換えれば、二次元の表面的・感覚的経験と三次元の意味・心の経験の間にある、大きな飛躍である。

　Meltzer の心的機能における次元論を簡単に要約すると、以下のようである。▼15 （1）**線的または一次元的経験**——その様式は、対象からの引力と反発力に基づく偽足のような接近－接触－撤退であり、時間的次元は距離から区別されない。Freud が元来想定していた欲動は源泉・目的・目標の固定した曲線運動で、一次元的である。交感・副交感神経系やホルモン系の機能様式も同様である。経験を一次元に還元するのは自閉症の中核的機制で、記憶と思考の余地はなく心が介在しない状態（mindless）である。（2）**面的または二次元的経験**——対象の重要性は、その感覚的特質において認められる。自己の在り方もまた文字通り表面的で、他者の外見や行動の表面的性質の模倣（mimicry）に終始する（付着同一化）。そこでは心の中に内的空間が存在しないので、思考は発達できない。集団行動、思考を麻痺させる標語や宣伝に駆り立てられた政治的行動などは、この様式下にある。時間表象は、発達を含まない循環的なものである。変化の脅威は、表面の性状の破壊として感覚的に経験される。（3）**三次元的経験**——対象および自己に腔が認められ、投影を受けとめる／貯える容器として立体化する。衝動と興奮の間に思考・意味が導入されたが、投影同一化が支配し、対象の内部に侵入すること／外部に出ることが主たる経験様式である。時間は、投影同一化によって対象の中に入る／対象から去る空想を通じて揺れとして把握され、不可逆的な流れとしては理解されない（喪失の否認）。（4）**四次元的経験**——この経験様式に到達するのは、自己愛と万能感による対象支配が克服されたときである。対象

の存在と自律性は認められ、時間が非可逆的であり、喪失した対象は戻ってこないことが理解される。ここにおいて初めて、新たな同一化として摂取同一化が可能となる。

　このように、一次元・二次元的機能様式と三次元的機能様式の間には、大きな閾がある。そこでの課題は、心を持つことができるか、心と関わることができるか、それとも放心・無力状態（mindless）になるかである。心は意味・隠喩を生成する機能であり、意味とは、世界の美との親密な関係である情念の根本的な表れである。単なる他者の外見による美的衝撃は、思考の湧くアルファ要素を生むことができない。なぜなら二次元的関係は付着同一化的自己愛的で、そこには理解されるべき異質な他者の心がないからである。自閉症的な乳児が一次元的様式に戻るのは、母親の抑鬱的状態が、乳児にとって投影同一化で貫き通せそうになく、母親の内部・三次元を理解できそうにないためである。乳児は不確実性のもたらす苦痛を回避しようとして、乳児を放り投げる母親に同一化し、自分の情動を放り投げる態度を取る。[12] ちなみに、妄想分裂ポジションは自閉症児の治療においては回復過程に、むしろ進歩として出てくる。

　二次元（鏡）と母親の顔の違いは、Winnicottにおいても示唆されていた。[19] また、Winnicottの「偽りの自己」は「付着同一化」に類縁性がある。ただし、Winnicottの記述は断片的である。Kleinもまた、乳幼児が知識欲（epistemophilia）を持ち母親の内部（胎内）に強い関心を示すことに注目していた。そして知的活動の制止は、乳児が母親の身体に加虐的な攻撃を加える空想の結果を恐れたためであるとしている。ただ彼女は、母親の身体内部への関心にある「侵入的で猥褻な好奇心」（攻撃性の投影）と「知および理解への渇き」を明確には区別しなかった。Meltzerの「美的葛藤」は、乳児の攻撃性ではなく、不確実性に耐える能力の不足に関わる。美的感受性の回復は、抑鬱ポジションの閾と関係する。K結合（理解の探究と真実への畏敬）は、PsとDの閾において、関係をLとHの両価性の行き詰まりから救い出す。逆に美的葛藤からの撤退は、冷笑的態度・ひねくれ・趣味の俗悪化として現れる（−K）。

5 おわりに

　Meltzer の考察のメタ心理学的展開を概観してきた。付随して明らかになったのは、Klein、Bion、Meltzer における乳児像の相違である。Klein の乳児はおどろおどろしくも、母親および自分の身体の具象的空想に没頭し、恐怖と羨望に支配され、糞と尿と涙にまみれている。Bion の乳児は、心の次元を持ち母親と交流しているが、感覚的経験と情動があってもほとんど身体は存在しないかのようである。

　それに対して、このように『精神分析と美』で詳述された Meltzer の乳児は、美の世界とその謎に感受性があり、美的葛藤という不可避的な試練を被りながらも成長を志向する、極めて健康で活力を持つものである。Klein では死の欲動の派生物だった羨望は、情動的結合を妨げるマイナスの力（－L・－H・－K）として理解される。心的な苦痛は、パーソナリティの発達に必須のものとして意味がある。それは乳児観察・発達心理学の最新知見にも一致している。それぞれの像は、著者の何かを反映しているのだろう。少なくとも Meltzer が、旺盛な好奇心の持ち主であることに疑いはない。講演での彼の印象から、彼にはまだ活字化していない多くのアイデアがあるようである。

　本章は理論的な骨子の祖述であり、読者がさらに Klein、Bion、Meltzer の著作に近づくガイドとなればさいわいである。

▶ 文献

(1) Astor, J.（1989）A conversation with Dr Donald Meltzer. *Journal of Child Psychotrapy 15-1*；1-13.
(2) Bion, W.R.（1975）Brasilia clinical seminars. In：*Clinical Seminars and Four Papers*. Abington, England：Fleetwood Press, 1987.
(3) Bion, W.R.（1977）*Seven Servants*. New York：Jason Aronson.（福本 修＝訳（1999）『精神分析の方法 1─セブン・サーヴァンツ』法政大学出版局）
(4) Etchegoyen, H.（1991）*The Fundamentals of Psychoanalytic Technique*. London：Karnac Books.
(5) 福本 修（1994）母親の秘密の小部屋の住人たち．*imago 5-9*.［▶本書第 2 部第 9 章に再掲］
(6) Hinshelwood, R.（1994）*Clinical Klein*. London：Free Association Books.（福本 修・木部則雄・

平井正三＝訳（1999）クリニカル・クライン——クライン派の源泉から現代的展開まで．誠信書房）
（7）Joseph, B.（1989）*Psychic Equilibrium and Psychic Change.* London : Routledge.
（8）Meltzer, D.（1967）*The Psycho-Analytical Process.* London : The Clunie Press.（松木邦裕＝監訳（2010）精神分析過程．金剛出版）
（9）Meltzer, D.（1973）*Sexual States of Mind.* Perthshire, Scotland : The Clunie Press.（古賀靖彦・松木邦裕＝監訳（2012）こころの性愛状態．金剛出版）
（10）Meltzer, D.（1978）*The Kleinian Development.* London : The Clunie Press.
（11）Meltzer, D.（1984）*Dream-Life.* London : The Clunie Press.（新宮一成・福本 修・平井正三＝訳（2004）夢生活．金剛出版）
（12）Meltzer, D.（1984）*Studies in Extended Metapsychology.* London : The Clunie Press.
（13）Meltzer, D.（1992）*The Claustrum.* London : Karnac Books.
（14）Meltzer, D.（1994）*Sincerity and Other Works.* London : Karnac Books.
（15）Meltzer, D. et al.（1975）*Explorations in Autism.* London : The Clunie Press.
（16）Meltzer, D. and Williams, M.H.（1988）*The Apprehension of Beauty : The Role of Aesthetic Conflict in Development, Art and Violence.* London : The Clunie Press.（細澤 仁＝監訳（2010）精神分析と美．みすず書房）
（17）Spillius, E.（1994）Developments in kleinian thought : Overview and personal view. *Psychoanalytic Inquiry 14-3* ; 324-364.
（18）Spillius, E.（Ed.）*Melanie Klein Today, Vol.I and II.* London : Routledge.（松木邦裕＝監訳（1993）メラニー・クライン トゥデイ①＋②．岩崎学術出版社）
（19）Winnicott, D.W.（1971）*Playing and Reality.* London : Tavistock Publications.（橋本雅雄＝訳（2000）遊ぶことと現実．岩崎学術出版社）

第8章
ドナルド・メルツァー『こころの性愛状態』[*]

1 はじめに

『こころの性愛状態』(1973) は、精神分析者 Donald Meltzer の理論家として卓越した才能が発揮された、幼児性欲・思春期・自己愛・性倒錯など人間のセクシュアリティ (sexuality) を巡る事象を包括して精神分析的に理解しようとした力業の所産である。彼は Klein に依拠して、Freud 以来の概念上の混乱を整理し理解の基盤を築いた。そして Bion を媒介してセクシュアリティに含まれていた情動と意味・価値とのつながりを明確にすることで、医学とも社会・道徳的観点とも異なる、性に対する精神分析の観点を確立している。

2 Freud とセクシュアリティの精神分析

精神分析は、人間の心理ばかりでなく身体・行動における性の位置と役割を、そしてその病理を解明しようとしてきた。その基礎を築いたのはやはりFreud である。彼は患者による感情転移の経験を通じて患者の無意識に接近する通路を発見した。そこに見出されたのは、性欲動（リビドー）の表象代理としての症状だった。彼の初期の知見をまとめた「性理論三篇」(1905) は、その後エディプス・コンプレックス、自己愛、反復強迫と死の欲動などの概

念が加えられるたびに改訂されていったが、Freud の思考の原型となった。

　その探究を踏まえたうえで、本書を通じて Meltzer が明確化しようとしたことのひとつは、幼児的セクシュアリティ（infantile sexuality）と大人のセクシュアリティ（adult sexuality）との区別である。精神分析はあらゆる性現象を問題視しているのではなく、それが取り扱うのは、大人のセクシュアリティに混入した幼児的セクシュアリティおよび幼児的対象関係と、倒錯的セクシュアリティおよび倒錯的対象関係なのである。だから、一般にありうるイメージに反して、精神分析は成人としての性生活の逐次報告を求めておらず、その内容についてのプライバシーを尊重している。もっとも、内容を隠そうとしたり強迫的に話そうとしたりする態度は、幼児的セクシュアリティの一部であり精神分析の作業の対象となる。Freud は単に子供にも性欲およびその派生物が存在することを示そうとしたのではなく、精神分析の対象である幼児的セクシュアリティと倒錯的セクシュアリティを画定するという、最初のメタ心理学的試みを行なったと言える。

　「性理論三篇」で提起された Freud の有名な定式は、「性倒錯は神経症の陰画である」というものだった。神経症は、幼児が精神性的な発達過程に示す多形性セクシュアリティ（口唇・肛門・性器という性源域に関連した部分欲動）に基づく願望への退行・固着と、その抑圧に由来すると理解されていた。その結果、この図式では性倒錯と正常の性的発達過程の一部を理論上区別することが困難だった。Freud は後に、倒錯の独自の機制として「否認」および「自我の分裂」を示唆し、より複雑なモデルを提唱するようになったが、いくつもの未解決の問題を残した。

3　Freud 以後とクライン派

　Melanie Klein の先駆者 Karl Abraham は、Freud と同時代のベルリンの精神分析医で、Freud の精神−性発達論の図式を細分化した。彼は患者の心的世界における身体器官の具象的な意味を理解しようと努め、前性器構造

(Organization) の概念を発展させて、パーソナリティ構造を論じる道を開いた。だがそこには Klein による心の地図が欠けており、「内的世界」およびそこに住む対象の概念がなかった。

　Klein は Abraham による理論的・精神的な支持を得つつ、プレイから振る舞いまで、幼児の非言語的表出の背後にある無意識的空想と内的世界を探究した。彼女が描き出したのは、精神病性不安に苛まれる幼児たちの心的世界である。そこには乳房・便・尿・ペニスなどさまざまな具象的対象が部分対象として現れた。彼女はさらに前エディプス期の不安と攻撃性および防衛・対象関係を研究し、ポジションの概念を提唱した。妄想分裂ポジションおよび抑鬱ポジションは、精神性的発達段階に取って代わるものではなく、どの局面においても現れる解体と統合とのダイナミックスに関わっている。

　クライン派に対して、発達論が欠けているという批判を向ける者は少なくない。Elliott Jaques の「中年期危機」論は、中年期の障害を基本的に離乳の問題の反復と見なした。その構図は正しく、反復を一貫した形で提示するところにクライン派理論の強さがあるが、乳児期の問題が大人へと飛躍していると感じさせることも事実である。Meltzer は、「幼児的」「思春期」「大人」といった概念に、時期的以上の構造的・メタ心理学的な意味を与えた。その際に中核となるのは、Klein が見出した具象的な内的対象に満たされた心的空間（空間としての心）と、分裂・理想化・投影同一化などの部分対象間の法則である。

　例えば、思春期は自己同一性が問われ始める時期である。その移行は、次のように理解される。潜伏期には自己の諸部分が家族へと投影同一化されており、その分裂は硬直的である。思春期には、自己と対象におけるそのような分裂が揺らぎ始める。だが、彼らはまだ実際に現実に対処することはできないので、「ギャング」の一団に自分の身を置き逃避するという防衛が選ばれる。これを投影同一化の観点から見ると、パーソナリティの一部が、外的世界の登場人物たちに抱えられているのである。

　このように投影同一化の考え方を押し進めると、社会の中の組織とパーソナリティの中の組織は、ある程度まで一致することが分かる。ここで重要な

のは、成長するとは何かということである。Freud は神経症治療の目標として、「愛することと仕事をすることができるようになること」を掲げたが、これも大人の能力の回復を意味する。これは、子供らしさがないという意味ではなく、むしろ子供の部分をも統合しており、それを育てる親的対象が内在化されているということである。それに対して、パーソナリティの幼児的部分が親的対象に同一化して万能的に振る舞っている事態は、擬成熟（pseudo-maturity）である。

4　Meltzer の構想──多形的セクシュアリティ

「大人」－「幼児」に加えて Meltzer が基本とするもう 1 つの分割は、「多形的（polymorphous）」か「倒錯的（perverse）」かである。多形性とは、簡単に言えばリビドーの派生物がさまざまな形を取って現れることで、Freud では幼児のセクシュアリティの特徴とされていたが、現象としては大人にも見られるものである。それはリビドー的でおおむね良いものなので、破壊的で悪い「倒錯的」傾向と混同されてはならない。

大人と幼児の多形性の違いは、大人では、親的な内的対象が摂取同一化によって確立しており、自我が「超自我理想」を通してエスと二次的に関わっているのに対して、幼児では、自我がエスと直接関係している点である。その結果子供の遊びは、夢と同じく内的葛藤を解決するために用いられる。一方、大人の遊びは仕事と責任からの一時的解放すなわち余暇である。両者には、対象との関わり方と象徴水準の違いもある。子供では、対象に服従して愛情と保護を得ることが目標（goals）となるが、大人は目的（aims）を持って仕事をし、方法と原則に忠実であろうとする。

Meltzer が大人のセクシュアリティおよび幼児的セクシュアリティを論じる場合、それは大人と幼児を代表とするが、或る一人の中のパーソナリティの諸部分も指す。Meltzer が内的世界に認める"家族"は、父親・母親・息子・娘・母親の胎内の子供の 5 人である。これは心的機能と構造を、内的対象に

よって具象的に表現している。現実の親子関係は、内的な世界の成熟度を反映し、その葛藤を表したり解決の機会を提供したりしている。最終的に、内的なカップルが取り入れられ彼の言う「超自我理想」が生まれることで、パーソナリティの大人の部分が成立する。

幼児的な多形セクシュアリティは、嫉妬と競争心を伴うエディプス・コンプレックスに支配されて、対象の断念や満足の延期ではない解決法を探そうと試みる。それは成人の場合と異なり、欲求と欲望ではなく興奮と不安に駆り立てられた行為である。そのために、Meltzer流に言えば、息子と娘の部分がカップル形成を試みるか、胎内の子供を装って両親の性関係の中に侵入することによって、性関係の基本点である原光景に参与しようとする。そのような模倣と投影同一化（侵入性同一化）の結果、性源域（口唇・肛門・生殖器）は混同される。それでも、倒錯とは動機が異なっている。

以上から、Meltzerは多形的セクシュアリティの病理を、次のように整理する。問題が発達の遅れ（制止または未成熟）によるのか偏奇（倒錯）によるかで臨床的な対応は異なるので、これらは重要な整理である。

- 制止——（a）迫害不安の過剰によるもの。ほとんどつねに、自己愛的自慰倒錯を伴うか、（b）抑鬱不安の過剰によるもの。通常、両性性の強い分裂と結びついている（強迫的）。
- 未成熟——（a）大人／幼児の多形的セクシュアリティの分化不良、（b）幼児的領域混乱によって多形的傾向が強化されたもの、（c）欠陥的摂取同一化による不十分な性器的反応（欠陥的対象との同一化で、強迫的な型の制止と密接に関連している）。

5 倒錯とパーソナリティの倒錯的部分の問題

それに対して倒錯は、（a）自己愛組織の表現（サド－マゾヒズム）であるか、（b）抑鬱不安に対する防衛（内向した対象選択と領域の混乱）であ

る。Meltzer の言う倒錯とは、単に異例の性行為ではなく、パーソナリティが悪い対象に占拠され、生殖本来の創造的目的ではなく破壊的目的に奉仕するようになった事態である。それは良さの見かけを保ちながら、誘惑、脅かし、混同、良い部分が、抑鬱、分離、嫉妬に耐えられないことなどを活用して、良いものを悪いものに変更し、出し抜くことに勝利感を持つ。倒錯とはこのような、ねじれた目的に尽くす心の性的状態である。

　構造上それに密接に関連しているのが、嗜癖（addiction）である。それは幼児的構造を持つ自己愛組織の一型で、パーソナリティの大人の部分が行動をコントロールするのを弱め無効にするものである。具象的に言えば、「良い」子供の部分が、両親像への依存を止めて絶望の気分の中で、自己の「悪い」部分に対して嗜癖的に受動的になることである。

　このような倒錯的セクシュアリティは、どの精神病理にも含まれている。それは内界で起こるドラマであるが、行動化され外界で実演される。先の内的家族のような具象水準では、倒錯者は家族の部外者・敵として、例えば夢では詐欺師・麻薬売人として表れ、虚偽と毒によって家族との依存的なつながりを攻撃する。パーソナリティの中の破壊的部分の働きは、実社会の犯罪者たちの振る舞いと並行させて考えれば理解しやすい。自己の破壊的部分は、初め良い対象に対して苦痛からの保護者として登場し、次に官能と虚栄の召使いとして現れる。それは内的現実と外的現実を混乱させ、万能感を高まらせ疑似現実を作り上げる。その残酷で虐待者の面が現れるのは、自己が退行に抵抗したときのみである。

　悪い対象が支配する原因のひとつは、自己が抑鬱的苦痛の防衛として良い部分を分裂投影した結果、愛情能力を喪失することである。また、良い対象の良さへの羨望は、その良い性質を破壊し逆を行なうことで競争に勝利し、倒錯的な満足を得ようとする。行き着くのは、迫害的・抑鬱的のどちらの不安・苦痛もないが、生のない世界である。

　以上は治療に抵抗するパーソナリティの中の「自己愛的病理的組織」と呼ばれる問題で、H. Rosenfeld を始めとして E. O'Shaughnessy、J. Steiner らクライン派がこぞって取り組んだが、Meltzer はその先鞭を付けた。

特に Meltzer 独自の理解は、破壊的部分が暴虐によって恐れ慄かせる（dread）にしても、最悪の事態からの保護を提供していると主張しているとする点である。これは、悪習や悪の組織からでも抜け出し難いのと同じ事情である。そこで彼の見る最悪とは、独占欲的嫉妬、エディプス的競争心、離乳の恐れから殺した母親内部の赤ん坊に対する、恐怖（terror）の経験である。彼がこの嬰児殺害が引き起こす恐怖を重視する理由は明確ではないが、おそらく、それが羨望に基づく母親の生殖／創造力と自己の未来に対する根源的な攻撃と破壊であるからと思われる。

6　その後──『自閉症研究』(1975)『閉所』(1992) への発展

　本書が執筆されたのは、性を巡る文化的大変動のさなかにおいてであり、いくつかの章は、その跡を留めている。変動はその後も続いているが、彼は性心理と性行動を各人の責任に返すことで、時代と文化を超えた枠組みを提供した。しかし、本書が切り開いた展望は、その後の精神分析の流れの中に必ずしも引き継がれていない。パーソナリティ障害においてより発達早期の問題が強調されるにつれて、セクシュアリティの問題は脇に置かれるようになった観がある。しかし、本書は関係性の倒錯の理解に必須の諸概念を提起している。

　その後 Meltzer は、本書に大きな追加や改訂を施さなかったが、研究主題としては、次のような関連が見られる。

　まず、フェティシズムの対象についての理解である。例えば靴フェティシストが女性のハイヒールを偏愛するのは、女性が去勢されているという現実を一部受け入れつつも、ファルスをハイヒールに置き換える形でそれを否認している、というのが一般的な精神分析的定式である。Meltzer は、フェティシズムの対象が単なる部分対象ではなく自閉症の機制と共通する「分解された（dismantled）対象」であることを指摘する。言い換えれば、対象は感覚要素に分解されることで容易に模倣的に再生されるが、そこには生命（感情）

が伴わない事態である。これは、耽美的なフェティシストが人との関わりを持っていないことを描写している。

　もう1つは、Meltzer による倒錯の分類である。彼は倒錯を、(1) 習慣的倒錯、(2) 中毒／嗜癖的倒錯、(3) 犯罪的倒錯に分けている。命名から想像できるように、(1) は倒錯の要素と機制を兼ね備えていても、「恐怖」が欠けているので、倒錯に把捉力がない。それに対して (2) (3) では、倒錯がパーソナリティ構造に組み込まれ、その生き方と不可分である。彼は後に『閉所』の中で、「生活空間」としてのその性質を研究している。

　　* Donald Meltzer (1973) *Sexual States of Mind*. Perthshire, Scotland : The Clunie Press. (古賀靖彦・松木邦裕＝監訳 (2012) こころの性愛状態．金剛出版)

第9章 母親の秘密の小部屋の住人たち
ドナルド・メルツァー『閉所――閉所恐怖現象の研究』

1 はじめに

　Donald Meltzer は、初めアメリカで小児精神科医およびアンナ・フロイト派の訓練を受け、その後イギリスで最晩年の Klein の分析を経験した。彼はかつてはクライン派を代表する分析者として知られ、自他ともに Freud － Klein － Bion の流れを受け継ぐ俊英として任じていた。3巻からなる *The Kleinian Development*（『クライン派の展開』）(1978) を読む限りでは Meltzer による彼らの解説はあまり簡潔明瞭ではないが、*Dream-life*（『夢生活』）(1984) ではそれぞれの業績の評価と残された課題が明快に要約されている。彼は Klein － Bion の諸概念に潜在していたモデルとしての価値を引き出して、単なる解説を超えて新しい概念をいくつも編み出し、独自の体系を築いていった。

　精神分析過程を分析者＝「良い乳房（good breast）」との関係から一貫して論じた *The Psycho-Analytical Process* (1967)（『精神分析過程』）は、その端緒である。同じ時期に書かれた論文 "The Relation of Anal Masturbation to Projective Identification"（「肛門的自慰と投影同一化の関係」）(1966) では、種々の地理（Geography）および領域（Zone）の混乱（自己／対象、子供／大人、直腸／性器／乳房、排泄物／食べ物など）を記述するとともに、投影同一化の侵入的側面・病理的組織・倒錯などの研究を進めた。

　彼は例えば Klein － Bion から、乳房－乳首の関係を容器－内容の最初のカップルとして抽出した。この乳首は父親のペニスとして機能し、部分対

象関係水準の前性器的エディプス状況を形成する。特にBionに関しては、Meltzer以前には精神病論を除くと「♀♂」、「PS ←→ D」程度しか理解されず、他の概念は用いられていなかったが、Meltzerは「アルファ機能の逆転」の機制に重要な位置を与え、さらには最後期のBionから「パーソナリティ内の基礎仮定集団心性」「身体－精神病」「考える乳房（thinking breast）」等々の概念を引き出していったのだった。自閉症治療グループとの研究では、Esther Bickの「容器としての皮膚」という考えを、空間および時間の次元を経験する心的機能の議論へと発展させた。

しかし、クライン派の主な関心は精神病患者・乳幼児からパーソナリティ障害へと移り、それにつれて、Meltzerの位置は徐々に本流からずれていった。実際、技法的にも理論的にも、メルツァー派は強調するところが現代クライン派と異なるようである。最もよく引き合いに出される解剖学的用語を直接使用するかしないかという相違は、乳児的転移の理解に由来する。メルツァー派にとってそれは前言語的経験かつ身体感覚を基盤としているのだから、無意識的空想を解釈する表現が具象的になるのは理論的な帰結である。これは或る意味で初期Kleinに忠実だが、ほとんどのクライン派はそのような用語を患者とのやりとりに使うことは有害無益として放棄している。逆から言い換えれば、Meltzerは解剖学的部位の機能と構造を重視するとしつつも、機能よりやはり内容に関心があり、Segal － Bionの「象徴形成」論を参照していない。

Bionその人が後には『名人伝』に出てくる弓を忘れた名人のように自分でつくった概念や装置をすっかり御払い箱にしてしまったのに対して、Meltzer自身はBionの概念を梃子に採用しながら、精神分析を独自のBion － Meltzer版に書き換え続けた。彼はFreudの４つのメタ心理学的観点（力動的・発生的・構造的・経済的）に地理的（geographic）・認識論的（epistemological）側面を加えてその「拡張」を行ない、思考機能や幻覚等々について論じ、*The Apprehension of Beauty*（『精神分析と美』）（1988）ではBionの情動理論に基づいて「美的対象（Aesthetic object）」を中心に据え「ポジション」概念を二次的なものとして、FreudおよびKleinを実質的に乗り越えようとしている。

2 「閉所」の発見

　理論的地盤を整備したところで、彼はあらためて、閉所恐怖現象を軸として内的対象の内側での生活を主題に取り上げた。それが『閉所——閉所恐怖現象の研究』（D. Meltzer（1992）*The Claustrum : An Investigation of Claustrophobic Phenomena.* London : The Clunie Press.）である。

　「内的対象」は Abraham を受け継ぎ Klein が児童分析の経験に基づいて見出した、無意識的な経験や空想の中で内的世界に存在する対象である。それは曖昧かつ神秘的な概念として論議を招いたが、投影と取り入れの交錯する対象関係の核をなし、クライン派における転移の原盤の地位を占めている。しかもそれは、Meltzer が『夢生活』で明らかにしたように、Freud では実質の乏しかった内的現実をもう1つの世界として構成し、そこで独自の推移を示すものである。子供は内的対象を、母親や自分の身体内にある極めて具象的な対象（赤ん坊・父親のペニス・糞便・尿）で、その性質を迫害不安や原始的攻撃衝動あるいは理想化によって染め上げられたものとして無意識的に経験する。それが外的対象に投影されて、子供にとっての両親像は実際とのずれを生じる。成人では子供の場合の遊びほど見て取りやすくはなくなるが、例えば身体痛の背後に、迫害的な内的対象の活動を認めることができる。これは一般には象徴形成水準の原始性とあわせて理解されるところだろう。

　Meltzer もまた内的対象およびその展開手段である投影同一化についてさまざまに論じてきたが、本書の主題は、内的対象を内側から経験すること、すなわち「生活空間」としての内的対象についてである。

　3部からなる本書の第1部は、この問題が、Klein から出発して彼のこれまでの研究の中でどのように触れられてきたかの総括である。彼の投影同一化研究の発端は、主に外的な対象に作用する稀な精神病的機制と見なしがちだった Klein の理解に、飽き足らなくなったことにある。対象の内部との関わりは、治療場面では面接室への入り方、その中での振る舞い、空想に反映される。論文「肛門的自慰と投影同一化の関係」では投影同一化について、

投影の側面すなわち対象への侵入と、同一化の側面すなわち内的対象に同一化して万能的になることが示唆された。侵入の空想、母親の内部にある部分対象への同一化、それの投影同一化による母親との同一化への逆転は、対象の内部／外部の混乱、心的現実／外的現実の混乱といった「地理的混乱」をもたらす。この精神病的な問題を解決することが、重症患者においては最も時間を要する精神分析の主たる作業の段階である。それは、分離への不耐性、過剰な被害的不安、万能的支配を解消し、広範に及ぶ投影同一化を回収していくことである。

彼はこの問題を回顧するにあたって、精神分析過程についての彼の構想、すなわち「転移を集めること」→「地理的混乱を整理すること」→「領域の混乱を整理すること」→「抑鬱ポジションの始まり」→「離乳過程」という基本的な流れは否定しない（「領域」とは、主要な性感領域と支配的な部分対象関係を指す）。しかし今や、この投影排除した部分の回収が当初の予想よりは容易ではないことを認める。それは、躁的万能的同一化の裏側にある閉所恐怖への考察が欠けていたためである。さらに倒錯の研究から、自慰的過程とそれに伴う閉所恐怖・閉所偏愛（claustrophilia）の重要性が再認識され、Meltzer流の「自己愛組織」論が発展した。

「閉所」の性状は、侵入による内側からの報告と外側からの想像によって記述できる。後者は患者と分析者の想像ばかりでなく藝術作品が助けとなるが、それは侵入行為と内部への寄生の影響を受けている前者の光景とは異なる。Meltzer は *Studies in Extended Metapsychology*（『メタ心理学の拡張』）（1986）では、「投影同一化」を「侵入的同一化」と区別し、それに対応して前者によってコミュニケーションを受け取る対象の内部を「容器」、後者によって貫通する対象の内部を「閉所」として区別した。コミュニケーション的な投影の場合、その入口は対象と皮膚の非性愛的領域の特殊な感覚に限定される。しかし侵入の場合あらゆる感覚と腔は、眼は露出によって、耳は嘘によって、鼻は屁によって、という具合に潜在的な入口となる。侵入の様式は暴力から、取り入ったりコミュニケーションの誘いを悪用したりするものまでさまざまである。そこに共通するのは「招かれざる者」であることに由来する不安で

あり、さらには、この侵入者が実は親密さの世界、美の世界から追放され、それを見ることも触れることも味わうことも対象を通して二次的にしかできないことである。

3　3つの区画

　Meltzer は「閉所」に独特の区画区分を認めて、本書第 2 部でその地図——母親の頭／乳房・直腸・性器の中での生活を描く。そこには Meltzer の部分対象への偏愛が強く現われ、パーソナリティの構造を重んじる現代クライン派の立場からすると、H. Rey による広場恐怖との関連（claustro-agoraphobia-philia）が欠けているが、極めて興味深い内容である。
　母親の乳房－乳首のカップルは、Meltzer によって頭－眼のカップルと重ねられ、物質的栄養ばかりでなくあらゆる心理的な豊かさと理解と知識の源泉として外側から関わるときに経験される。それが侵入によって影響された対象の内側では、受容性は篭絡、相互性は共謀、理解は秘密の看破に変質する。住人は侵入的同一化によって誇大性を身に付け、才人・鑑定人・批評家を装い、何でも知っているという態度を取るが、実際には思考と判断の能力を欠いた流行の奴隷であり何も知らない。自分にいかがわしさを感じていても、他人と何処が違うのか分からない。彼らの情動には直接性がなく、真の確信がないのを冷笑と嘲りで隠蔽している。Proust が描いたスノッブの住む社交界である。Meltzer はこれを「洞察の明晰さの妄想」と命名した。彼らは母親の頭／乳房の区画に留まる限り、時間の経つのを知らず、怠惰に任せて苦労をせず、何にも愛着せず、Ivan Goncharov による同名小説の主人公オブローモフのように永遠の休暇を無為に過ごすことができる。閉所の外では、彼らには風が吹けばハリケーンに、消化不良が癌に、分離が遺棄に感じられる。しかし自分に不都合なところは眼に入らない人たちなので、自己満足は簡単には揺るがない。そして性器的区画に住む性に取り憑かれた人々、直腸に住む不潔な輩に軽蔑を向ける。

性器的区画に棲息する者たちは、男根崇拝の原始宗教に支配されており、頭／乳房の住人に較べて明らかにより混乱している。彼らは肉体を飾り立て、男はマッチョに、女は媚態に訴え、逆らえない魅力を持ったファルスあるいはそれに絶対的な力を持つ者となろうとする。そこでの本質的な対象は勃起したペニスである。この同一化に対する彼らの不安は、疾病恐怖や妊娠恐怖に現われる。性に強迫的な関心を抱く思春期の集団と違って、彼らは実際に倒錯に陥る危険を感じており、性愛を享受することはできない。

　直腸の区画では、恐怖による圧政と服従が基本構造であり、サディズムが瀰漫する。社会的形態で言えば全寮制学校から強制収容所まで幅があるが、生き残ることが唯一の価値である。ここでの言いようのない恐怖は、奇怪な対象の世界の中での絶対的孤独である。外側から見れば内的な母親の直腸は、赤ん坊たちが汚した跡から、内的な父親およびその性器が母親と子供を助ける場である。しかし肛門的自慰や肛門的攻撃において侵入された内側から見ると、そこは糞塊のペニスが支配する、思考ではなく基礎仮定集団の、表面的に従うか権力の手先となるかの選択しかない「ビッグ・ブラザー」（George Orwell）の世界である。反駁できないものはすべて真実となり、親密さからの行為は操作と偽装の技法に変質する。糞塊のペニスは、悪い対象と自己の冷たい部分（－LHK）からなる、原始的な悪性の自己対象である。住人はそのペニスとなって地下世界を支配するか、またはそれを被虐的に迎える母親的対象に同一化する。彼らは絶望からの救済を求めて、自殺的な試みをする。

　しかしこの世界に棲む患者たちは概して、情動的な監禁状態からの解放ではなく、心身症的な症状の除去のみを求めて分析にやってくる。分析者は彼らが誰かを人質に抱えているような危険な印象を受けるが、表向きには彼らは、倒錯性と絶望を立派な社会生活の構えで覆っている。

　以上3つの区画の描写は、パーソナリティの乳児的部分のアイデンティティの在処を示すものである。彼らはこのような世界の中に棲んでしまうことによって、この心的現実を否認している。

4 閉所の住人と精神分析

　彼らは親密な情動的関係をつくることができないので、転移は通常の経過をたどらない。また患者は頭から直腸へ、直腸から性器へといった区画の移動を示し、分析者の心の中での統合が困難である。分析は多くの注文とともに始まり、協調的な外見はすぐにその浅薄さを露にする。患者の報告は曖昧で、はっきり述べるように求めると新聞記事的となり、出来事の回想ではなく出来事の説明を回想する。彼らにとって分析者は個人ではなく精神分析という制度－施設の代表であり、面接室は拷問や快楽・慰安のための特殊な部屋と見なされる。そのような投影を解釈しても無効である。患者にとって親密さと依存の感情は程遠いために、転移解釈は、分析者が教条的か、一人で一日部屋の中でくすぶり、お金を受け取ることを慰めとしていると理解される。患者が分析者に示すのは自分のパーソナリティではなく、単に自分が持っている自分自身の棲む閉所恐怖的世界に適応するための技術である。

　彼らの分析は、分析者が彼らの中に、家からさまよい、かつては自分の親しんでいたそこがどんなところだったかももはや忘れてしまった子供が幽閉され、生活不可能な状況の中で生存を賭けて苦闘しているのを認めたときに可能となる。それは当面、正規の精神分析過程に則ったものではなく、閉所の周辺を解説付きで患者に案内する旅行ガイドのようなものである。その作業は、作話による自己理想化や他者とりわけ分析者に対する冷笑的な態度、怠惰さの快楽、エリート主義、色情狂、抵抗の英雄等々のインチキさをはっきりさせることを狙いとしている。それを通じて患者は閉所恐怖を意識化し、自分がそこから逃れられないでいることに気づくようになる。彼の分析者に対する見方は徐々に閉所の住人から訪問者へと変化し、患者の生活は退屈さ・契約上のもの・世間体の安全網等々を超えた実質を持つようになる。そこに達するまでに、分析者は試練に曝されるが、Meltzer が描写した世界を想像することによって、患者の秘密主義・不誠実さ・密かな侮蔑に対抗する確固とした自分の位置を、患者の世界の外に見出すことができる。

このような把握の仕方は、ひとえにその説得力の如何に掛かっている。本書の骨子をもう少し普通に、すなわち具象的でなく概念的水準で言えば、パーソナリティの或る部分において母親との関係が特定の部分対象との関係によって置き換えられ（侵入的同一化）、そこに捕らえられ（閉所恐怖）、本来の目的を逸れた使用をなされ（混乱と倒錯）、病理的な防衛として機能している（万能感と自己愛組織）、ということになるが、細部の描写および部分対象解釈にこそ意義があるのだろう。この理解は、患者のすべての連想を3つの区画との関係に還元することにつながれば、形骸化する可能性がある。解剖学用語は常套句に堕して、治療者と共有する隠語という別な意味を帯びやすい。それでも理解が正確なとき、それはやはり正しい。

　乳幼児を見ていると、母親および自分自身の身体との関係が生活のほとんどを占めていることが分かる。乳幼児が心的現実ではあらゆることをその延長で経験している、と理解するのは困難ではない。Freud の小児性愛論は、子供の身体、特に対象と交流する入口（口・肛門・性器）との関係を欲動の観点から論じ、精神－性発達および退行・固着という通時的な枠組を設定した。Winnicott を中心とした対象関係論では、母子関係においても特に依存に関心が集中し、この主題自体の影が薄くなった。それに対して Meltzer は、部分対象（母親の頭／乳房・直腸・性器）との乳幼児的経験を、地理的次元という共時的な枠組を用いてパーソナリティの中に、ひいては分析理論の中に入れ直した——それは『精神分析過程』までの仕事である。それに対して、もう1つの特殊な地理上の領域を見出して報告したのが、本書『閉所』である（『閉所』は創元社より邦訳刊行予定）。

[第3部] **精神医療と精神分析**

第1章
行動化について
「変形理論」(Bion)の観点から

　本章では、精神科医でもあった Bion の思考を、精神科臨床で遭遇する患者の理解に役立てようとしている。精神病症状を明確に呈していない患者についても、衝動性・破壊性・変化への抵抗性などから、そのパーソナリティに「精神病的部分」を想定して関わることには、一定の意味があると思われる。この症例では、従来型の「葛藤」という捉え方をしがちだったために、患者に対して圧倒的に迫る力を十分に理解できていなかったことについて論述している。

　たださらに今になって思うと、それは半面であって、この患者の変化への困難や恐怖は、自閉症水準の心的機能として理解した方が、より適切な部分もあったのではないかという疑念を自分で抱いている。Bion はそう書いてはいないのだが、逆にそう読む方が、Bion の著述とも生産的に関われる可能性があると感じる。

1 はじめに

　「行動化（acting out）」は、一見脈絡がなくて唐突な患者の行動を精神内界へとつなげる、優れて精神分析的な臨床概念である。それは、常識的には不可解な行動を、むしろ患者の隠れていた無意識の一面を理解するために役立てる方法でもある。その分、そこに関連性があったとしても患者の意識からは遠く、また治療者にも死角になっていることが多いので、その行動の意味は慎重に吟味される必要がある。現実には、患者の行動を過剰に行動化として評価することよりも、その側面に気づかないことの方が多いと思われるが、より問題となるのは、発現に至るまでの治療者側の寄与を見落とすことである。また行動化は、患者の病理が重ければ重いほど、或る意味で必然的に生じる。というのは、患者の適応力が限られているうえに、内的な変化の

ためには硬直した構造の組み替えが必要だからである。それでも、行動化は時に暴力的で患者にとって有害であり、治療に対して破壊的に作用しうるので、推奨されるものではない。だが患者にとって行動化は制御の範囲外にあるので、治療者が設定と介入の方法を工夫して対応していくことが求められる。以下では、本概念の概要とそれが指す事象の特徴を素描したうえで、特にBion▼1,2の捉え方を踏まえて、行動化の発現に先立つ治療関係の変質について論じたい。

2　行動化の概要と基本特徴

「行動化」の概念は、Freudがそれを提起した頃からすでに、定義を緩く広げて用いられる傾向にあった。最初の出典は、転移が言語ではなく行動を通じて表現され、治療の中断に至った「症例ドーラ」▼4である。この症例では、行動化は治療関係の中で生まれた問題として論じられているのが特徴的である。一方、Freudは当初から、無意識が行動的次元に現れることに注目して、さまざまな失錯行為を論じていた。そこでの派生物を象徴として解読する方法は、或る程度まで行動化の理解と共通している。だが行動化は、少なくとも2つの点でそれと区別される。第1に、それは失錯行為と違って、あくまで転移の文脈の中で理解されるべき事柄である。Freudは、「日常生活の精神病理」▼3に現れるような行動は"handeln"で表して、ドーラ症例における治療中断のような行動化（agieren）と区別した。第2に、象徴を解読できる下地には、神経症的な葛藤の妥協形成というモデルがあるが、行動化は、患者が象徴化できなかったからこそ行動に訴えた結果である。だから前者の行動がヒステリーの転換症状と等価であるのに対して、後者の行動の中核には心身症の身体症状のように、容易に意味に還元できない執拗なものがあるということである。

ではFreudが、「ドーラは種々の記憶と空想を治療の中で再生させる代わりに、その本質的な部分を行動化した」と述べたとき、彼は記憶・空想といっ

た心的内容と行動を、2つの選択肢として列挙していないのだろうか。確かに遅刻やキャンセルといった行動化は、抑圧された陰性感情を、〈行く〉－〈行かない〉という行動上の葛藤を介して表現していると捉えられる。しかしながらこの行動は、意味が明らかな象徴的次元ですでに分節化されて、輪郭が与えられている。つまり、行動の意図は抑圧されていても、行動と意図のつながりは保たれている。だから失錯行為の類は、一度の解釈によってもともとの意味を回復することが可能である。

それに対して、Freudが「想起、反復、反芻処理（ワークスルー）▼5」において、「患者は自分が忘れ抑圧したものを何も想起（erinnern, remember）せず、行動化する（agieren, act out）。彼はそれを記憶としてではなく、行動として再現する。そしてもちろん、自分が反復している（wiederholen, repeat）ことを知ることなく、それを反復する」と定式化するとき、彼は「非常に幼い時期の、当時は理解されず、後から理解され解釈された経験」を念頭に置いている。それは失念のようなものと違って、経験自体が抑圧されているばかりでなく、それに対応する意味が付与されていないか、別の文脈に絡み取られて見失われているのである。だから解釈つまり言語的意味の付与には、時間とワークスルー（durcharbeiten, work through）を要する（Freudによれば、そのような経験に関して精神分析によって得られるのは、記憶の回復ではなくて、別の種類の確信である。ただし、彼はそれについても他と同列に「抵抗」とその克服を論じ、「禁欲原則」をそれに対処するものとして挙げており、「行動」が有する言語以前・言語未満の性格についてどこまで意識していたかは不明確である。「禁欲原則」は意識的な努力の範囲にあるもので、行動化をそれとして認識しやすくはしても、解消するものではない。また彼は論証として、夢を通じて幼児期の原光景を再構成できるとした「狼男」の症例を挙げている。そこには「系統発生論」と同じく困惑させる思弁が含まれており、ここではさらに詳しく立ち入らない）。

このように確認すると、行動化で一番問題となるのは、現代の用語で言えばその象徴水準にあるように見えるが、面接の中で経験されるべきことが面接の枠外で発散されるという基本的な特徴は、依然として重要である。だが

そうした振る舞いは、パーソナリティ構造が原始的あるいは不安定な患者に付き物であるため、患者が自分の中で経験・処理する容量／能力（capacity）も考慮に入れなければならない。さらに、自殺企図を典型として、行動化が患者の自己を圧倒する力によって為されている場合も同列に考えるのは、不適切かもしれない。以上を踏まえて、その特徴を改めて考えてみよう。

　行動化は、陰性転移・性愛化転移の文脈において現れる現象である。それは転移と同じく、単に抵抗として取り除くことはできない。言葉の定義の問題になるが、「行動化」はミクロな過程について用いて、行動的に反応しがちな基本傾向についてはそう呼ばない方が混乱を招かない。どちらの場合にしても、患者の行動化は、治療が進展していないか適切に設定されていないことを示唆する。

　また、行動化は衝動的で一次過程的であり、それほど暴力的に見えなくても、十分な現実吟味すなわち二次過程を欠いている。思考や感情という二次過程が欠けるのは、苦痛回避の短絡反応つまり退行したモードによる場合もあれば、そもそも患者にとって、苦痛に耐えて意味を感受するまで持ち堪えることが困難な場合もある。例えば、患者が治療者の休暇に反応して休暇を先取りする例には、神経症的な合理化の層の基底に、自分で抱えていられない体験を治療者に投げ渡す投影同一化の機制がありうる。そうした行動化が治療にとってどの程度破壊的になるかは、それが恐慌状態における拒絶に近いのか、狙い定めた攻撃なのかに応じて、さまざまな程度がありうる。行動化の意味は、かなりの部分が投影同一化の種々の用法や意義に重なる。そこには、自分から排除したいものの排泄から、分離不安を否認したり相手を支配・攻撃したりする意図や、自分では対処できないものを抱えてくれる対象の希求まで、幅が存在しうる。そこにどこまでコミュニケーションを読み取ることができるかは、投影同一化に諸種類があることと一致する。象徴性に関しては、概して限定的である。つまり、何かを示してはいても、そこに伝達の意図があるかどうかは不明である。それをメッセージと解するのは、受け取る側の理解力、すなわち「夢想」に左右されるところが大きい。

　このように、行動化のもう1つの特徴は、枠の内から外に溢れ出ることで

ある。それは考えや気持ちを心の内に抱えておけずに行動に移すことにも、治療構造を物理的に逸脱することにも共通している。ここで容量の比喩は適切だが、事態は或る程度まで相対的である。もともと器の小さい患者に、守ることに努力を要する治療設定をすることは、行動化の誘発につながるかもしれない。逆に、患者の不安を受け止める治療構造の容量が大きければ、それが治療効果につながるかどうかは別として、行動化を減少させ対処しやすいものにする可能性が高まる。大きな行動化が起きていなくても、それが問題に取り組むことよりも患者への迎合によって維持されているならば、非治療的な、例えば倒錯的な関係が実演されている可能性がある。だから、治療関係の質への注目は絶えず必要である。

ただ、このような見方を推し進めていくと、どのセッションにもどこかの場面のやりとりには行動化の側面が含まれていることになり、それに意味があったとしても、大掴みに「行動化」として捉える観点の意義は失われかねない。また、行動化の重症度・慢性度・固定度に応じて、さまざまなスケールやタイプを考えることができる。しかしそれをすべて心的機能の問題（例えば"夢の見損ない"）として定式化すると、パーソナリティ構造固有の問題と治療関係における反応の区別を薄めることに通じる。ここでは転移関係における衝動性の発現という基本特徴は維持して、論を進めていくことにする。

行動化は言語化の対極にあるように見えるので、そこでは無意識的な空想の余地は乏しいと思われるかもしれない。それでも行動化と空想の関与には、2つの場合がありうる。第1は、思考が欠けているがゆえに特定の行動を実行に移すもので、裏を返せば、回避したい事態が患者にとって体験し難いものとして存在している。「現実への逃避」や「健康への逃避」と呼ばれる類の「行動化」では、半面はその名称通りだが、隠れた半面は、思考したくないほどの、破滅や地獄を再体験する不安が喚起されている可能性がある。だからこの行動化は正確には、患者にとって安全な現実への逃避である。この半面を見落とすと、単に行動化を止めようとしても、患者にとって意味がないか脅威の押し付けとなる。

第2は、特定の空想に支配された、"最終解決"策として有無の余地なく

選択された結果の行動化である。それは精神病水準の空想であり、確信に満ちて意識されるときには「妄想」と呼ばれるものである。それに対していわゆる無意識的空想は、その確信度と支配性を見れば妄想と等価でも、意識化されることで限定され、相対化される。その点、妄想は絶対的で無際限なものである。爆発的な行動化には、そうした精神病的なエレメントの反映が認められる。現実化し巻き込むその力によって、治療者もまた性急に、行動的に対処することを事態が進めば進むほど求められる。治療契約による限界設定は、治療構造と設定を守るための手段だが、言葉による約束で始まっても、判断する局面では治療者も行動に移行する。それが反射的なのか考慮に基づく行動なのかによって、患者の行動化を抱え直すことになるのかどうかが分かれるところである。

　こうした諸問題に対して、Bion の「変形 (transformations)」[2]の理論は包括的な見取図を提供していると考えられる。それは、(1) 神経症的な機制 (「硬直運動変形」) および (2) 原始的諸防衛機制 (「投影性変形」) ばかりでなく、(3) 「幻覚心性における変形」という謎めいた概念を含んでいる。2番目の概念には「精神病的機制」という別名称もあるが、そこにあるのは、パーソナリティの精神病的部分の活動とはいっても、実際にはパーソナリティ障害によく現れる機制である。だから問題は、Bion の言うアルファ機能の未発達と重なることが多い。それに対して第3の概念は、本当に精神病的な行動を理解する試みと見られる。次に、その見取図を確認しよう。

3　「変形」論 (Bion) から見た「行動化」

　Bion は「変形 (transformations)」という概念の下に、「転移 (transference)」を遙かに拡大した心的な表出機能を、さらには心的な変化の意味を捉えようとした。ここでその構想全体について述べる余裕はないので、「行動化」に関わる或る一面のみを取り上げる。

　彼が提起する基本的な構図は、言語的・非言語的表出を一連の変形作用 (T)

とその産物（Tβ）と見なすことである。その目的は、まずは変形の様式を調べて「元の事実あるいは状態」（O）に迫ることにある。変形の前後で何が「不変物」（invariants）かは、それが自然現象の認識なのか、芸術表現なのか、といった文脈（彼の言う「頂点（vertex）」）によって異なる。精神分析の面接場面で生じること、すなわち分析者と患者の言語的・非言語的表出もまた、変形として捉えることができる。面接中の出来事（O）は、分析者にとっての場合（Oa）と患者にとっての場合（Op）とで必ずしも一致しないが、二人が守秘性の条件で同じ場所・時間枠で会っていることは、面接状況を構成する一定の特性となる。

　このような理解が何をもたらすのか、Bion が「破局的変化」と呼ぶ一場面で見てみよう。この暴力的な変形を前後して状況は一変し、情動的混乱が引き起こされる。

　前－破局段階では、患者の状態からは情動が窺われず、変化に乏しく目立つのは心気症状ばかりである。この表れは、Klein による投影同一化と内的対象・外的対象の理論によって解釈できるように見える。暴力すなわち行動化はあくまで理論的な可能性である。それに対して破局は、面接室内に抱えられていた経験が溢れ出して他の人々を巻き込む事態である。そのとき、物事の秩序や体系は転覆され、災厄に襲われた衝撃が突出し、暴力が顕在化する。破局後は、そのように暴力が明白なものとなる代わりに、それ以前にはっきりしていた対応関係は見失われる。そのとき「変形」という観点を導入することによって、この変形の不変物を探そうと試みることができる。するとこの状況で生じた外的出来事は、患者の心気痛や内的対象が外界に素材を得て、迫害的対象と化したと見なされる。変形の観点を維持することで、分析状況への家族の介入・訴訟・精神科病院への転入院といった出来事を単に外的事象としてではなく、内的世界との関連性から理解する見込みが立つようになる。

　こうした見方は、今やかなり常識化したと言えるだろう。破綻が分析的な関与の下で生じる限りで、行動化とそこに潜伏していた情動を見直すことができる可能性がある。Bion は写像論と射影幾何学から想を得て、変形をさ

らに 3 群に整理した。

1 – 硬直運動変形 (RIGID MOTION TRANSFORMATION)

　数学モデルでは、直行座標系が保持された、回転・移動の操作に相当する。ユークリッド幾何学において図形を構成する諸点の相互位置関係（距離・角度）が不変であるように、神経症的な症状形成および感情転移では、概念の歪曲なく「移動」「置き換え」が行なわれる。それを言語的に逆変換することは比較的容易である。エディプス・コンプレックスの理論は、患者のOを異性の親への欲望、同性の親への敵意、去勢不安などと表現している。抑圧されたOpに迫ることには、古典的な意味での「抵抗」が伴う。

2 – 投影性変形 (PROJECTIVE TRANSFORMATION)

　幾何学では、合同性は失われるが相似性が保持される変形である。二者関係の病理すなわち自己・対象像の歪曲とその区別の一時的混乱、パーソナリティの分裂、投影同一化がその例となる。それは、二者が投影される–投影する関係、つまり「容器」－「内容」（♀♂）の関係にあるときに成り立つ。硬直運動変形で不変物とされるものが、投影変形では大きな意味を持つ。言語は、意味内容よりも表現する行為に意味がある。そしてOは象徴化されずに排出される。この変形のOpを推測するには、Kleinの諸理論の他に、Bionのアルファ機能論、原始的機能における暴力の理論を参照する必要がある。Oに向かうことは、「責任がある」「貧欲である」「加虐的である」といった主体のあり方に直面化する過程である。

　ここまでの記述は、要を得た整理ではあっても新しさはない。それに対して次の項は、Freudの「幻覚的充足」概念を下地として、Bionの精神病者との臨床経験を反映したものである。

3 − 幻覚心性における変形 (TRANSFORMATIONS IN HALLUCINOSIS)

　Bion は幻覚心性における変形の産物（Tβ）に、いわゆる陽性症状の「幻覚」ばかりでなく、潜在過程としての「束の間の幻覚」「見えない幻覚」が存在すると想定する。そしてそれを、「ベータ要素」（β element）と呼ぶ。幻覚は表象様式の問題ではなく存在様式の問題である。この変形は、自ら創り出したベータ要素すなわち「非－実在」(non-existence) によって"現実"が満されているかのように扱う。それは対象不在がもたらす苦痛を避けるためである。では、対象の不在という現実を否認し欲求不満を回避するために、表象を活用しないのはなぜだろうか。それは前述した Bion の「変形」理論の(1)に該当する手段であり、そのために十分なアルファ要素の資源を欠くのであろう。(1) 〜 (3) は、象徴機能の水準も表している。(2) が用いられないのは、おそらくこの (3) で、そうした投影が成立しない事態が想定されているからである。心的装置がまだ未熟な乳児の心は、Bion が明示したように、経験を咀嚼していくのに母親の機能を容器として必要とする。パーソナリティの非精神病的部分は無限である心すなわち O を、思考 (thoughts) によって表象する。それは物の不在 (no "thing") に耐えて、そこに一定の接合 (constant conjunction)（"nothing" を表すアルファ要素）を見出し、それを思考の端緒として意味の探求へと進む。他方、精神病的部分はそれを、快・不快をもたらすものとして経験する。幻覚心性の O は、その圧倒する事態を母親に託すことができず、本来母親の夢想が提供するはずの容器を持ちえなかったという原初的な破局であり、それへの対処である。すなわち幻覚は独立を示す方法でもあり、精神病的部分は自分がベータ要素によって満たされた世界を創造したと感じている。

　Bion は「幻覚」の概念を拡張して「ベータ要素」と呼び、一般には意識にも行為にも現れないこの変形作用が、あらゆる人間に存在すると考える。ベータ要素は元来の定義では、物自体、変形されていない感覚印象・情動経験であり、心的世界の内部に位置づけられないものである。それを精神医学の記述現象学が言う幻覚を包含するものと見なす背景には、次のようなモデ

ルがある。精神病的部分には、幻覚妄想が顕在化する以前から時間・空間表象に特有な歪みがあると考えられる。「今－ではない」(not-now)「ここ－ではない」(not-here)は、喪失としての空虚が象徴過程を通じて概念化される代わりに、「今」の充満(now-is-here)に変形される。さらに貧欲さ・羨望が増すと、容器に収まることができなかった情動は無限に拡散する。再び破綻が始まれば、精神病的な過程は一気に進む。容器が投影同一化を受け入れないと情動は拡散して、名づけようのない恐怖(nameless dread)が溢れ出る。

4 – 行動化と"O"

とすると、暴力的な行動化はそれを断ち切る試みではないだろうか。代替の容器が(1)や(2)の手法によって見出されるならば事態は収束し、(3)を進行させなくても済む。大半の行動化は、精神病的な表出を欠き、ただ衝動性だけが突出して残る。

しかし受け止められる容器が不在のとき、増大した恐怖や破局を回避するには、それを経験する心的装置を、そして対象との結合を破壊するしかなくなる。感覚器官は、逆流によってベータ要素の放出経路として体験される。排出物にはベータ要素に、断片化された自己の超自我・自我成分が入り混る。それらは迫害的な「奇怪な対象」(bizarre object)を形成し、精神病者を包囲することになる。では原初的な破綻が災厄を再び迎えるまで露呈を免れてきたのは、どのような過程によってだろうか。Bionは羨望を幻覚心性の主要因子として挙げているが、母親による原初の包容不全(containment failure)を外傷と等価なものして捉えるならば、破局は心的外傷一般のように、擬似適応による原初の外傷への対処と、反復だが初めてに見える後の破綻という2段階に重ねて理解できるだろう。

2つの相反する態度がここに認められる。それは、Oという自己の真実への態度に関してである。上記の3項は、O→Kと展開した「Kにおける変形」であり、Oを反映してはいるが、「Oになること」を妨げてもいる。その度合いが最も大きいのは、幻覚心性における変形である。Bionの一節を

引用しよう。「O"であること（being）"とOとの競争の間には、大きな差異がある。後者は、羨望・憎悪・愛情・誇大妄想そして分析者に行動化として知られる状態によって特徴づけられている。行動化（acting out）は、行為化（acting）とはっきり区別されなければならない。後者は、O"であること"の特性である」▼2。「Oであること」あるいは「Oになること」は、何を指しているだろうか。さらに別の表現にすること（例えばBionは、パーソナリティの変化や成長・洞察を意味すると述べている）は比較的容易でも、それで理解が深まったとしてよいかどうかは不明である。対比されている「Oとの競争」が自己愛的で、現実を適切に評価し受容していないことは分かるだろう。言い換えれば、対象との基本的信頼の関係が成立していない事態である。

　このようにBionは、幻覚心性に「ベータ要素」とのつながりを認め、それをパーソナリティの「精神病的部分」の活動と結びつけているように思える。しかし或る意味でもっと短絡的な、パニック反応に由来する行動化もあるだろう。そしてそれはベータ要素＝感覚印象とのつながりにおいて、心の自閉的機能様式（変形）と関わりがあるように思われる。Bion自身は一切自閉圏の問題を直接論じることはないが、今後最も興味深い主題のひとつである。

　理論の素描はここまでとして、実例で変形と行動化の関連性を見ることにしよう。

4　臨床素材と考察

　摂食障害で3回目の入院中の患者A。Aは子供のときから兄弟の陰に隠れがちで、母親の好みに合わせてきた。父親は温厚だが追従的で、Aにせがまれると病院が禁止している食べ物を買い与えた。だがAたちが生まれるときには、父親は新たな子育てを面倒がって中絶を求めた。そのため母親は、出産から育児まで、自分で抱え込まなければならなかった。Aは大学で知り合った、極めて束縛するボーイフレンドの食事量に合わせて、急激に体重を

落とした。過食嘔吐が始まり、ボーイフレンドと別れてからも止まなかった。Aは大学に適応できず、家でも荒れて自室をボロボロにした。Aは行き場がなく、家出をしてもさまよって翌朝戻ってきた。過食嘔吐は続き、Aは進退行き詰まって、秋の或る雨の夜、毛布にくるまってベランダに寝転がり「これが自分にふさわしい」と言った。翌日、AはB病院に入院となった。その後Aは、復学を目指して退院するものの学校に適応できず、すぐに過食嘔吐と家族への暴言が悪化して再入院することを繰り返した。治療担当チームは、発症後5年間精神療法的なアプローチがなされていなかったので、治療者にコンサルテーションを依頼した。

コンサルテーションでAは、動物が好きで獣医になりたかったことを語り、鳥が好きで自分が飛んでいる夢をよく見ると話した。しかしAの飛び方は不安定で、大空ではなく家の周りを3mくらいの高さでフラフラと飛んでいた。治療者がそれをAの不安定なあり方や家で居場所がない感じに結びつけると、Aはそれに関心を示した。鳥は母親と共通の興味の対象でもあった。Aにとって鳥であることは、母親に好かれ世話を受け続けるという含意があった。Aには対象希求と自分の問題の否認が認められた。治療者はAに週4回の精神分析面接を提案し、Aも求めた。その治療過程で現れた行動化が考察の素材である。なお精神科入院治療全般は、主治医によって継続された。

1 - 理想化から現実の脅威へ——精神病的部分の活動の浮上

このように好奇心と希望から始まった治療は、母親との関係が現実に問題になり始めると、すぐに様相を変えた。母親はAの長期化した入院に疲れて、Aの面会や差し入れの要求に即応できなくなっていた。しかし、Aが拒絶を感じて怒りを向ければ家族はそれに折れ、Aが無気力になれば心配し要求以上の世話をするなど、もつれた繋がりを続けていた。Aは母親を一番頼りにしていたが、それが相手を支配する依存だと知ると、どう接すればよいのか分からなくなった。第10回にはAは、面接で自分の分かっていなかった自分を見せられて、治療者と話すのが段々恐くなってきたと言った。自分でも

このままではいけないと思ってはいることでも、改めて知ることで、母親から離れろ、と自分にできないことを言われているように感じた。Aにとって安心は母親以外からは得られなかった。

　それでもAは少し余裕があるときには、「自分は母親の代わりに誰か自分の価値を認めてくれる人が欲しいのかもしれない、でも自分から行く気も度胸もなくて、一人で勝手に不安になっているのかもしれない」と内省した。それを治療者への気持ちに結びつけて解釈しても、母親との関係に比して意義は限られていた。母親は、時には「自信がない、母親である資格がない」と言って自責的となってAを苛立たせ、時には「わがままばかり言わないで」と突き放してAを落ち込ませた。Aは、食べ物がそこで万能的にコントロールできる対象として登場することを、図式的には理解した。だがそれは現実的に無力な認識だった。また、Aが自分なりに努力しても、実際に退院して自宅生活を送るための自律性がすぐに戻る見込みはなかった。Aは過敏に失望を繰り返して疲弊していた。期待外のことが起きると、Aの心はそれについての消化しきれない思いで占められて、他のことは何も考えられなくなった。入院治療はAの自由を奪うものとなり、その分母親の価値がさらに高まって、Aの望みはただ家に帰ることに縮まり、そこに凝り固まった。

　退院にのみ意識が集中したAは、明らかに非現実的なことを述べた。そこでAの意に沿うことは、彼女の家族と同じくAの現実否認をただ是認することになり、関与を保留すれば、治療者はAにとって母親ではない無関係な存在として締め出された状態となった。そこには、自分が母親を独占できなければ締め出されたと感じるAの怒りや虚しさが投影されているようだったが、治療者には意味のある立場を見出すのは極めて困難だった。同じことを細々と話し続けるAへの苛立ちは治療者にとって咀嚼し難く、Aに目を現実に向けさせることになりがちだった。それは、Aが時折見せる現実への対応力に基づいてはいた。だが現実状況とAの欲求不満を取り上げることは、Aの被害感を強め、治療者がAの現実判断や思考の機能を肩代わりし、A自身は被虐的になることに通じた。面接はAにとって、母親への独占欲の強さを抑える訓練の場という意味を帯びた。

この問題は、Aの不安と圧倒してくる衝動の強さが、一見葛藤関係にあるかのように表されるところにもあった。Aは自分を振り返って、「痩せたい気持ちが強い」「淋しいから過食したくなる」「母親と言い合いをして過食してしまった」と表現した。こうした表現では、Aの食を巡る衝動があたかも神経症的葛藤として理解できるかのように装われていた。しかし実際には、食べたい／食べたくない、あるいは、吐きたい／吐きたくないという対比が成立しているのは、ほんの表面においてだった。その奥では、Aを圧倒する正体不明の（nameless）脅威、破壊的なものが蠢いていた。それに対してAができることは、「レース編みをして過ごす」という文字通り穴だらけの限られたことだった。

2 ─ 治療者＝対象の投影性変形

　Aは「退院したい」という願望から、管理医に尋ねると、とりあえず外泊したときに過食しないで過ごす工夫をするように言われた。Aは、「それはできない……」と落ち込み、今度は拒食となって体重を落とすことを恐れた。Aは或るとき運転免許の更新に行ったことをきっかけに、拒食症発症の頃に交通事故を起こして以来運転していないことを話した。自分はさして怪我せず、相手を骨折させたのだった。この挿話は、Aが衝動のコントロールに問題があり、その暴走を恐れているという葛藤の表現のようにも見えた。だがその一方で、Aは現実にできないと言いながら、繰り返し退院を希望した。そして「外泊で過食しない方法は薬剤師さんが考えてくれる。退院が近いと思う」と言った。Aの中では、どの不安も願望も思考も互いにつながっていなかった。治療者はAの非常に強い焦燥感と要求に押され、それに対する反動としてAの要求の意味を考えるというより、現実的に実現性がないと考える方向に動かされがちだった。その結果、治療者はAにとって迫害的となり、現実否認と理想的な対応は薬剤師に投影され、Aの中の孤立無援の部分はますます孤立していった。ただしこれらは後から得た理解で、葛藤を扱う装いの下に、その場では気づかれずに進行した。

映画『千と千尋の神隠し』を巡る解釈と実態のずれは、その良い例だった。Aはこの作品を親と観に行き、主人公から勇気とエネルギーを分けてもらった、と述べた。そして、「私も弱音を吐かずにもっと頑張らないといけないのかなと思った。主人公はAに似ているところもある。千尋は初め泣いてばかり、弱虫でグズと皆に言われている。しかし、豚に変えられている親を元に戻そうとして一生懸命働く。私も簡単に過食しないで、抑えて頑張った方がいいかも。今回もしてしまったが……」と言った。この映画は、思春期に入ったばかりの少女千尋を主人公とした、成長の物語である。転居先に向かう途中、一家は物の怪たちとの境界を踏み越えてしまう。両親は無人レストランで飽食を貪って豚に変わる。難を逃れた千尋は、ハクや仲間となる者たちの助けを借りて、湯屋の掃除女として働き始め、やがてさまざまな危機を乗り越えて解決する。治療者はAがこの物語に言及したことから、Aの現段階は泣き虫で、豚のように過食してしまう部分をどうしたらいいか分からないでいると理解した。これはAが言っている通りのことで、常識的文脈にも適ってはいた。だがAは同時に「映画館はガラガラだった、潰れなければいいが」とも言い、「家でのんびりしたい」気持ちしか持っていなかった。

「豚」を過食行動と結びつけるのはたやすく、カオナシという飢えた怪物が登場する話の流れから、確かにそういう解釈も不可能ではなかった。そうした解釈は、「移動」と「置き換え」を中心機制として見ていることになり、前述のBionの「変形」理論における（1）「硬直運動変形」に該当する。だが、この物語との対応をよく見ると、人間界と魔界の境界の踏み越え、すなわち破局的変化は、両親の方が欲に駆られて飽食したことによって始まっている。Aに由来したかもしれないにしても欲望に抗することができず、ありえない美食＝達成不可能な治療的目標を求めた治療者が、豚と化していた可能性がある。つまり患者の行動化に先立って、投影性変形により治療者の役割が変質していたと考えられる。映画館＝面接という表象の舞台には、瓦解が忍び寄っていた。

Aは管理医との押し問答の末、自分の病状と問題を否認して任意入院から退院した。しかし家庭内での生活はAの想像したほど楽しいものではなく、

そもそも病院内にいて母親と家から引き離されている苦痛から逃れようとした退院だったので、今度は同胞たちが母親と接するのを目の当たりにして羨望を刺激されて、Aは一日どうやって過ごしてよいか分からなくなった。Aは退院後数週間で過食嘔吐を再開した。居場所がないまま、Aの生活は崩れていった。Aはネットショッピングを母親に咎められたのを直接のきっかけに、退院後約2カ月で多量服薬した。Aは救急入院先で治療機関の変更を希望したが、結局元の治療に戻ることにして再入院した。

3 – 破綻と行動化の諸因子

　Aの行動化に至る過程を振り返ってみると、この破綻にはいくつかの複合的な因子があったと考えられる。1つには、包容（containment）の問題である。Aの衝動性が病院という物理的かつ人間環境的構造抜きには極めて包容＝収容（contain）困難であるという認識は、十分ではなかった。戻った家庭はAに適切な枠を提供できなかった。母親はAに服従していても、他の子供たちと同時に抱える余裕はなかった。また、行動の制限がないため、Aは自分を律して取捨選択するという課題に直面することとなった。それに対して入院環境では、生活の秩序と行動枠が与えられていた。Aは他の患者たちに一種の同胞葛藤を経験したにせよ、周囲の看護師たちはAの際限ない不安を吸収し、再保証を与えていた。また、病院環境は象徴機能も提供していた。治療者との面接の後にもAは、聞いたことが難しければ看護師に咀嚼してもらっていたのだった。治療者はAがそのように母親代理を見つけてその機能を借用していたのを、A自身の機能として見誤っていたところがあった。実際には、Aは面接後にはつねに母親に電話をし、必ず母親を通して治療者に言われたことの意味を確認していたので、Aはいわば母乳しか受け付けていなかった。Aの脆弱な自我の根底には、具象的で限定された対象すなわち母親との強い融合欲求があった。それが満たされないAの無力感と被害的不安は、母子の二者関係から締め出された者としての治療者に投影されたが、それを受け止めて返すことは困難だった。

もう１つには、Ａの機能水準の見立ての問題である。変形の観点から言えば、その主モードが（1）「硬直運動変形」のとき、葛藤を解釈することには意味があるだろう。だがＡのパーソナリティ構造には精神病的部分が潜伏していて、否認・分裂・保護的な対象への投影同一化など、（2）「投影性変形」の機制によって、パーソナリティ組織の均衡を保っていた。だがそれに対して治療的介入が行なわれたことで、Ａの欲求と羨望は刺激されて、Ａにとって制御し難いものとなった。対象の分裂と歪曲が強まっていく中で、パーソナリティの精神病的部分は勢いを増していったと思われる。逆に言えば、精神医学的に陽性症状がなくても、著しい現実否認と自家製の"現実"への固執・万能感と孤立は、その一角の表れとして留意されるべきだったと思われる。投影性変形の進行は、破綻の予兆だった。
　第３の因子は、精神病的部分の活動である。Ａの投影をそのままに治療者が引き取らない、すなわち変容させる容器としてはもちろん受け皿としても機能しないことで、Ａの均衡は分裂機制によっても維持しがたくなり、結合への攻撃に移行したと考えられる。この行動化に治療への精神病的な攻撃という意味があったことは、救急入院先での処置を直ちに理想化したことからも窺われる。精神病的部分のＡにとっての脅威を理解しようとして、再入院後すぐの面接でＡが衝動に圧倒されがちなことを治療者が取り上げると、Ａはおずおずと、ナイフで喉を突く空想を伝えた。そうすれば話す必要性がなくなって、食べることもしなくてよくなるからだった。それは、通常は服従していることで懐柔している衝動的＝精神病的部分に対する、自己破壊的で精神病的な解決法であるとともに、それ自体が精神病的な、結合への攻撃であると思われた。
　Ａは面接を継続するか迷っていたが、本当のところ考えたくはない、しかし黙っていればやはり欲求不満が溜って爆発する、と面接を続けることを希望した。その後の治療は、Ａの咀嚼力とＡを脅かす精神病的部分を考慮に入れたものとなったが、その中で、変化と現実接触を厭い、Ａを慢性的な自己破壊に導くパーソナリティ構造が徐々に明らかとなっていった。

5 おわりに

「行動化」の諸特徴について概説し、特に Bion の「変形」の理論を、行動化についての考察と見る観点から論じた。行動化の底流には、現実との関わりを拒否する「幻覚心性」(「変形」の理論 (3)) があると考えられる。それは理解を容易に受け付けないが、精神病的空想から知られることがある。治療者が投影に動かされていることに気づかないとき、破綻に移行しうる。逆に、行動化が防げないにしても意味あるものとなるかどうかは、この点を取り上げて背後にある精神病水準の不安や衝動・その脅威を扱えるかどうかに掛かっている。行動化は、破局的変化が分析状況に留まって適切に扱われれば、解体再構築の機会となり、成長につながりうる。しかしそこにはなお、象徴化＝意味による理解を拒むものがある。

▶ 文献

(1) Bion, W.R.（1962/1984）*Learning from Experience*. London : Karnac Books.（福本 修＝訳（1999）精神分析の方法 I──セブン・サーヴァンツ．法政大学出版局）
(2) Bion, W.R.（1965）*Transformations*. London : Karnac Books.（福本 修・平井正三＝訳（2002）精神分析の方法 II──セブン・サーヴァンツ．法政大学出版局）
(3) Freud, S.（1901）The psychopathology of everyday life. In : *S.E. VI*.
(4) Freud, S.（1905）Fragment of an analysis of a case of hysteria. In : *S.E. VII*.
(5) Freud, S.（1914）Remembering, repeating and working-through. In : *S.E. XII*.

第2章
境界性パーソナリティ障害の臨床

　本章では、クライン派精神分析およびイギリス精神分析には乏しい、精神医療との関わりを論じている。治療設定の工夫や長期経過については、アメリカの力動的精神医学の知見が有用である。しかし医療環境は各国で異なっており、日本での臨床例を挙げているが、そこでも時代の変化に対応していくことが求められているだろう。

1　はじめに

　境界性パーソナリティ障害（以下 BPD）の治療は、従来からさまざまな形で取り上げられてきたが、その理解は時を経るにつれて変わってきた。
　例えば筆者らが訳した治療マニュアル『境界例の精神力動的精神療法』[3]は、この設定と契約に乗ることができる患者には、今でも通用する内容と思われる。しかし、精神分析的精神療法は、BPD の標準的な治療としては、Kernberg の工夫をもってしても適用できる対象範囲が極めて限られていた。面接のみが彼らとの治療的な接点となって日中を有意義に過ごす場の選択や提供に関与しないでいると、かなり社会適応の良い群以外は、家族との膠着した関係を続けるか、衝動行為のたびに入院せざるをえないことになりがちだった。すでに当時から Gunderson[1] は、入院を含めた対応と日常生活の構造化のためのデイケアやナイトホスピタルの使用を推奨していたが、現実にはハード面でも運用のソフト面でも、BPD に適した中間施設は例外的にしか日本に存在しなかった。
　精神分析的アプローチ中心の時代以後の変化は、BPD の臨床的な実態についての知見が増したことに並行している。長期経過の実証研究は[1]、BPD

が慢性的に障害の続く疾患であり、その社会的機能の低下は統合失調症に匹敵することを示した。自殺による死亡率は 10%、一般人口の 50 倍とされる。

その一方で、BPD 診断が烙印のように固定したものではなく、追跡調査を続けるほど診断が該当しなくなっていくことも示された。これは、同じく BPD 症状を呈していても、その背景には素因の強いものから、一時的な退行状態と見なせるもの、未成熟あるいは未発達に由来するもの、別の病理を有するものなど、さまざまな可能性が混じり合っていると考えられることを意味する。幼少期からの累積的な心的外傷は、後年に BPD 類似の問題を引き起こすことがあるのも分かった。しかしそれもすべてを説明する原因ではない。また別の病理として、種々の症状の基底に発達障害があるという「重ね着症候群」▼4 が話題となっている。発達障害の可能性という視点を持たずに、症状から BPD と判断して治療しようとすると、焦点の外れた対応によって問題を遷延させることになりかねない。その他、気分変調症や双極性 II 型障害でも類似の自傷行為や怒りや衝動性が見られるので注意を要する。

では BPD の本態は何なのだろうか。

Torgersen らの BPD 発症率の双子による一致率の研究▼5 は、二卵性では 7%、一卵性では 35％と、BPD の生物学的規定性・遺伝性を実証した。これは BPD が、標準的な発達と同質ではない特異な一群であることを明らかにしている。総じて BPD の研究は、神経症でも精神病でもない〈状態〉の理解から、発達論と結びついた〈パーソナリティ構造〉の把握を経て、それを各種機能に障害のある〈疾患〉として規定することに落ち着きつつある。認知行動的なアプローチと患者・家族への心理教育が重視されるようになったのは、患者の衝動性および洞察の困難ばかりに由来するのではなく、そのように外在化すると扱いやすく、疾患として対象化することが妥当だからである。

一方、そうした規定性の強さは、個人面接の必要性と意義とは次元が異なる。そもそも狭い意味での医学的診断が当てはまるかどうかは、簡単に或る一場面での行動や状態から判断できることではない。或る人の問題が BPD の中核群に相当すると言えるのは、医療が必要になって或る程度経過してからである。その間、さまざまな形で相談機関と接触することだろう。その人

の資質に応じて、一時期の相談でしばらくは済む場合もあれば、より早期からの継続的な関わりが適当であっても本人や家族が拒否する場合もある。話が複雑になるが、疾患としての特徴を有していたとしても、個人との接触を欲し、かつ必要としている群も少なくはない。それが予想外の効果を生む場合もあれば、対象と時期によっては非生産的な関わりが遷延するばかりの場合もある。結局 BPD の治療は、本人の実態と治療資源の現実的な限界を加味して行なわれることになるだろう。

　それでも、或る程度の見通しを持つことは可能であり、関わりや治療の段階に応じて妥当な選択がある。以下ではそれを簡単に確認しておこう。

2　一般的な注意と見取図

　ひとつは、非医療機関で関わる場合である。BPD がその昔恐れられていたのは、慢性的で難治だからというより、相手を巻き込み衝動的な行動がエスカレートしがちな点にあったかと思われる。近年では外来クリニックや相談室の増加によって対応の窓口が増え、患者を引き受けすぎて悪性の退行を引き起こすことは減ったようである。それにしても、各機関の機能と目的に沿った関わりに限定することが適切だろう。

　例えば、教育機関付属の相談室では、関わりの期間や目的が自ずと限定されている。器の範囲を超えると、そのつもりがないまま病の治療を引き受けることになる。かつてよく見られた留年休学を繰り返すアパシー学生や未熟な学生への関わりには、修学ばかりでなく成長の援助に通じるところがあった。BPD の問題を持つ人にとっても、成長のための機会は重要である。しかし、学業や資格取得に関して本人にどれだけ現実的な準備ができているかは、別の問題である。もっとも、現状は BPD よりも発達障害に関連した問題の方が大きな比重を占めるに至っている。

　小中学校時代からさまざまな形でケアを受けてきた人たちはかえって、進路について無理のない現実的な考えを持っているかもしれない。だが多くの

BPD患者は周囲とのギャップを唐突に意識し始め、一度破綻すると地滑りのように適応が崩れて、夢と現実の溝を埋められずに苦しみがちである。発症前までの社会適応は、柔軟性を欠いた擬似的なもので、挫折してから再適応の道を自分で見出せるほど内的資源を有していないことが多い。自分自身への期待と想定を大幅に変更して、それが空想的で万能的な解決だったと受け入れることは、対象喪失の過程として通常でも時間を要する。BPD患者にとって、それはかなり困難なことである。精神分析的精神療法よりももっと基本的な、援助と指導を含む統合的なアプローチが必要であると考えられるようになったのは、そのためである。

逆に、本人の話を受容的に聞いていても、一面的でこちらには事情が不明なまま本人には期待外れですぐ中断するか、内省の機会ではなくいたずらに刺激している場合もある。面接の設定は、治療構造としてそれ自体が一種の第三者性を持つが、いずれにしても或る程度本人について把握するまで一対一の関わりに没入しない方が好ましいし、BPDが疑われるのなら、第三者機関との連携も視野に入れておいた方が良いだろう。専門機関の可能性を伝えたうえで話す方が、相談としても生産的である。

では、医療機関ならば直ちに治療を濃厚に提供するかというと、そうすることにならない方が普通である。それは、治療としてデイケアを活用し、個人精神療法の他に集団療法、各種のスキルトレーニング、家族ミーティングなどをパッケージで装備している機関が今でも乏しいこともあるが、本人のニーズと問題意識の熟成が必要だからである。それがないままで漫然と精神科薬の処方を続けても自傷の道具になりかねないし、そこにカウンセリングを付け加えても、不適応の起因を本人の問題として取り上げ話し合っていくことができなければ、治療は軌道に乗らない。患者は漠然とした不全感や行き詰まった感じを長く抱いてきていると思われるが、それだけでは安定した治療動機につながらない。

アメリカ精神医学会はBPDの治療ガイドラインとして、BPDの症状行動を次のように挙げている。(1) 情緒の調節障害（すなわち気分の易変、拒絶に対する過敏さ、不適切な強い怒り、ひどい落ち込み、癇癪の爆発など）、(2)

衝動的行動の統制障害（衝動的な攻撃性、自己損傷、乱交、薬物乱用、浪費など）、(3) 認知的知覚的困難（猜疑性の強さ、関係づけ、被害的観念、錯覚、非現実感、離人感、幻覚様体験）。こうした表われのどれかでも、本人が自分の傾向として認めて改善したい点とするならば、具体的に相談を始めることができる。

　従来から治療の第1段階として、〈試し（testing）〉の時期があることが言われてきた。それは対人関係の揺れやすさ、特に、現実離れした期待、理想化と幻滅、不信感の交代が治療関係に表われたものである。その解決は信頼感の醸成によって、中長期的にもたらされる。しかしそうした内面的で関係性に関わることは、変化が起こりにくいのはもちろん、いわゆる「同盟」を結ぶことも困難である。行動に関わることの方が、約束は容易である。とはいえ症状行動にしても、表面的な約束で変わるものではないし、たとえ本人が改める気になっても、本当に止むのはやはりかなり後のことである。自我親和的な症状行動には独特の意味づけが与えられていることがあり、治療者が不用意に中止させようとすると、無理解を露呈することになる。また、自我親和的に見えても、例えば過食嘔吐のように本人のコントロールが十分に及ばない衝動行為について、直ちに自制を求めても非現実的である。そこで患者の気持ちを汲んで十分に話し合うことができる必要があるが、また信頼が問われることになる。結局、本人の意思を伴う治療が始まるまで、その周辺やとば口を出入りすることがありうる。治療が対症療法を越えるには、BPDという診断を何らかの形で告知する必要がある。それを受けて本人が多少腰を据えるまでに、"ドクターショッピング"をしつつ逸脱行動を続けている期間がつきものである。そうした時期は治療への準備期であり、できることは限られている。その長さは人によって異なるだろうが、入院を要するような破綻によって区切り目を迎えることも少なくない。

　精神科病院への入院は、救急受診や他科入院を繰り返していた患者にとっても、大きな転機でありうる。患者の病理を支える立場にいざるをえなかった病院にとっても、そうしたシステムを再考する機会となりうる。入院治療は、患者および関係者の安全を守ることを初めとして、日々の生活に要する

対処能力を身に付ける機会を提供することによって、患者が自分の内外にある問題を理解するのを助けようとする。だがその機会も、使い方次第ではある。

筆者はその形態と内実に即して便宜的に、(a) 緊急避難〜緊急退院型、(b) 救急医療〜早期退院型、(c) 医療保護入院から任意入院への移行型、(d) 危機管理型、(e) 休養入院型、と分類したことがある。入院によって治療が実質的に進むのは、(c) のタイプである。

そこで述べるように、この入院には保護、休養、問題の棚上げという意味合いから、症状の改善、患者の機能の再評価、問題背景の見直しと解決の模索、さらには入院環境での新たな経験を通じた何らかの習得、そして今後の継続的な治療の用意が含まれる。精神科医は、患者の現在の危機と状態の基底にある問題（露呈していなかった適応不全や機能の欠損）について評価し、患者と家族がどう理解しているかを確認しつつ、患者の重症度を判定して当面の治療方針を立てる。そして可能ならば入院の見通しと、問題の受容と変化のための、退院後も含めた大まかなタイムスパンを伝える。社会的機能の欠落が大きければ大きいほど、患者は生活のやり直しを要する。

入院中は、活動療法やデイケアを始める良い機会である。心理士による面接もここで始めると、具体的な対人関係や出来事を視野に入れつつ話ができるうえに、頻度を多めに設定することも可能である。心理検査は、施行の時間的余裕があれば役に立つ。しかし、患者が本当に何を求めているのか、患者の人となり、つまりはパーソナリティ機能を含む内的世界を知るには、精神分析的なアセスメントが最も適切である。

ただしそこまでしても、本格的な治療は、(c1) 短〜中期間の反復入院を経てからでなければ始まらないかもしれない。もう1つのパターンとして、(c2) 入院の長期化・遷延化ということもありうる。自殺や自傷の恐れが強かったり他害の危険が明らかだったりすれば、それは衝動性への対処としてやむをえない選択かもしれないが、入院の環境は退行をもたらしがちで、経済的にも長期間は認められない傾向にある。入院の長期化は患者の社会性にも影響するので、半年ないし1年を越えるならば診断を含めて十分に見直した方が良いかもしれない。

入院はまた、家族からの話を初めてゆっくり聞くことができる機会かもしれない。家族との関わりについて少し付け加えておくと、BPD 理解の変化に応じて、家族へのアプローチも変わってきている。患者を IP（identified patient）と呼び、それを生み出した家族の病理を扱おうとする態度は、障害を疾患の表われとして理解を進めていく心理教育に取って代わられている。家族は治療対象や病因ではなく、治療の協力者、つまり BPD への対処を強いられているものとして位置づけられる。この変化は、精神分析やそれに対抗する治療を行なおうとする治療者側の理念的な構えが、より現実的で柔軟なものとなったためだろう。家族に弱さや問題があったとしても、協調することが先決である。
　それよりも家族の影響は、患者の内的な世界の中でよく吟味される必要がある。その根幹は、自己の形成への影響である。例えば、本人の限定された能力は、落ち着きのなさ、攻撃性の強さ、統合力の弱さなどの器質的な素因によるかもしれないが、親の混乱した世界の取り入れによっても生じうる。これまで〈疾患〉としての側面を強調してきたのと矛盾するようでも、長期予後の良いタイプでは、実際に自己の成長が認められる。それによって、自己感を保持しながら適切な分離と依存の関係を他者と結ぶことができるようになる。個人精神療法も、最初の〈治療の開始〉段階を過ぎると、拒絶に過敏で支配されるのを恐れる〈陰性転移優位〉の段階を経て、適切に依存できるようになる〈分離と自己同一性の獲得〉の段階へと進んでいく。
　以上、治療の導入期を中心にして述べ、実際に自己感が育ち自律性を持ち始める時期以降に関しては、ほとんど触れなかった。それは、その段階に至れば BPD の特徴が薄れているからである。ただし、それは彼らが BPD を完治するという意味ではない。Gunderson は書いている。「治療のうまくいった BPD 患者は健康ではないし、典型的な精神神経症にもならない。彼らは前より社会的に適応しているが、しかし依然として傷つきやすい人間である」。

3 事例と治療の実際

　以下では、プライバシー保護のために実例ではなく、臨床で経験される展開を事例の形で模式的に示すことにする。事例の記述は、庄司剛精神科医師による。

●事例——女性／20代後半
　Aは繰り返す自殺企図を主訴に入院した。父親は実業家で、成功と失敗の起伏が激しかった。事業に没頭して、Aとの関わりは希薄だった。女性関係も複雑だったが、最終的にAの母親と再婚した。母親はAを預けて働き、物質的にのみ満たしていた。幼少時についてわずかにAが覚えているのは、父親が事業に失敗して借金取りに追われ、日本各地を転々としたことである。父親は再び事業に成功したので家は裕福になったが、Aは家を出て芸能界を目指した。10代で妊娠が分かり、結婚。しかし相手の度重なる浮気が判明して、Aは子供を連れて離婚した。その後現夫と知り合って再婚、実家近くに所帯を持ち、普通に就職して暮らそうとした。しかし、子育て、フルタイムの仕事、家族との葛藤に疲れて、抑鬱的となり希死念慮を抱くようになった。クリニックを紹介されたが、Aの抑鬱感は慢性化し、リストカット・過量服薬などの自殺企図を繰り返した。クリニックでは外来で暴言を吐き、持て余されがちだった。Aは或る機会に過量服薬し、救急入院を経てB病院に連れられてきた。Aはこのまま自宅で生活するのは耐えられないと訴えて、任意入院となった。
　入院後もAは、怒りを抑えられずに行動に移すことが少なくなかった。しかし元来人なつっこい雰囲気があったためか、周囲やスタッフに陰性感情を持たれることはなかった。Aの怒りには何か義憤に駆られているときもあることが見えてきたので、主治医は看護師と協力して、本人の気持ちに共感を示しつつ、破壊的にならずに対処する方法（一呼吸置く、頓服薬をもらいに来るなど）を具体的に指導することに主眼を置いた。行動化に

対しては振り返りをし、Aの情緒・思考のパターンを確認した。その中で、Aには他患に対しても家族に対しても強い期待があり、それが裏切られると爆発することが、Aと共有されていった。

　本人の治療への動機づけや内省の深まりを評価して、主治医は急性期症状への対応が不要となったのを機に、心理面接を導入した。だが退院が近づくと、Aは幼い頃から暴力と喧嘩が絶えず身勝手で横暴な両親や、自分のことを理解してくれない夫とは暮らせない、と主張した。家族は反対したものの、Aの激しい怒りの前になす術がなかった。医療側はAの案に現実味があるとは判断しなかったが、判断は家族とAの話し合いに委ねた。Aは勢いで、子どもを両親に預けて自活すると決めた。心理面接は終了となり、Aとの接触は外来診療のみとなった。

　仕事先でのトラブルもあって、ほどなくAは実家に戻った。しかしながら夫はAを受け入れなかったので、Aは悔いて毎日泣いて過ごした。主治医は、Aが怒りで爆発せずに悲しめるようになったことを評価して伝えた。するとAは「これは病気ではない、性格ではないか」と言い始め、退院後中断していた心理面接を再開した。Aは前のクリニックのことは批判したが、B病院のことは高く買っていた。夫も実家の家族もAの変化を徐々に認めるようになり、関係を修復していった。Aは夫に甘えたい気持ちが高まって焦れつつも、心理士と話しながらこらえて、最終的に夫との同居を再開するようになった。Aは何とか家事と子どもの世話をこなそうとし、相当な無理をした。Aは内面的に混沌としたものを抱えていたままで、それを整理し距離を持って関わることができる前に、「普通」を押し通そうとしているようだった。心理面接でAは自分の荒れていた時期を少し振り返ったが、部分的なものに留まった。少しのことをきっかけに怒りが爆発しそうになったり猜疑的になったりするのを、Aは頓服薬を用いて、辛うじてコントロールしていた。数カ月後にはまた、家族との喧嘩をきっかけにしてAは自殺念慮を持つようになった。Aは主治医とそのことを話し合い、踏み止まったかに見えたが、まもなく多量服薬をして救急搬送された。

治療は再度仕切り直しとなり、外来で安全に生活できるようになることを目標にして、Aは任意入院をした。Aが多量服薬した背景には先行きへの不安があったようだが、Aは自覚的にはリセットのつもりでやっていて、不安を否認していた。しかしAの家族との衝突は、以前よりもはっきりと現われた。主治医とケースワーカーは、Aと家族が相互に理解を進める機会を持つように促した。夫の背景も少し明らかとなり、お互いに余裕をなくして擦れ違ったりぶつかり合ったりする事情がよりはっきりと見えてきた。Aを支える体制の構築は、未だに十分ではなかったが、入院期間の現実的な制約がある中で、それぞれがむしろ不安を意識している形で退院となった。

　Aはその後も外来受診と心理面接を継続し、自分の怒りやすさや喜怒哀楽の激しさ、対人関係で過敏になりやすい傾向を受け入れていった。また、Aの混乱した十代が多少語られた。それは親の混乱と関連しているようだったが、そうした再構成の作業は副次的なもので、現実に社会資源をどう利用するか、といった相談が主だった。Aは子どもとの関わりについても主治医と心理面接舎の援助を受けながら、両者を一種の両親対象として、"しつけ"も含めた自分の育て直しをしていった。

　Waldinger▼6は、BPDへの精神療法に共通する治療原則として、(1)治療の安定した枠組み、(2)治療者の積極性、(3)患者の憎悪に耐えること、(4)患者の自己破壊行動を自我違和化すること、(5)現在の患者の行動と感情を結びつけること、(6)行動化の阻止、(7)治療での明確化・解釈は'here and now'に限ること、(8)逆転移感情に留意すること、という8つを挙げている。これらは確かに重要で、有効な介入にはそれらが認められる。だがそれも、歩調が全体として整った治療の上に成り立つことである。

4 おわりに

　本章では、BPD観が昨今どのように変化してきたかを踏まえて、その臨床的な特徴と治療経過を概観した。"境界例"の登場時には社会的に、「怒れる若者たち」の新たな形態のように受け取られていたところがあったかもしれない。BPDは今や先鋭的な意味を失って、機能の失調や欠損を伴う障害のひとつとなっている。しかしやはりその怒りと空虚感には、人生における意味をいつか個人の中で問い直す価値がある。そのとき疾患としてのBPDは本人にとって、注意すべきだが克服しつつあるものとなっていることだろう。

▶ 文献

(1) Gunderson, J.G.（2001）*Borderline Personality Disorder : A Clinical Guide*. Washington D.C. : American Psychiatric Press.（黒田章史＝訳（2006）境界性パーソナリティ障害──クリニカル・ガイド．金剛出版）
(2) 福本 修（2004）境界性人格障害の治療技法──入院治療（チームでの対応）．精神科治療学 19-7.
(3) Kernberg, O. et al.（1989）*Psychodynamic Psychotherapy of Borderline Patients*. New York : Basic Books.（松浪克文・福本 修＝訳（1993）境界例の精神力動的精神療法．金剛出版）
(4) 衣笠隆幸（2004）境界性パーソナリティ障害と発達障害：「重ね着症候群」について──治療的アプローチの違い．精神科治療学 19-6；693-699.
(5) Torgersen, S., Kringlen, E. & Cramer, V.（2001）The prevalence of personality disorders in a community sample. *Arch Gen Psychiatry* 58-6；590-596.
(6) Waldinger, R.J.（1987）Intensive psychodynamic therapy with borderline patients : An overview. *Am J Psychiatry* 144-3；267-274.

第3章
パーソナリティ障害と精神分析的精神療法

　最後に、精神分析的アプローチによるさまざまなパーソナリティ特性の研究を、クライン派に限らずに取り上げた。症例研究から心の機能のより一般的な仮説へと移行するには、一貫した観察と関与の方法が必要であり、精神分析的なアプローチの価値が失われることはないだろう。ただ、そこで得られる心のモデルは、治療者自身の特性とも不可分のようである。その意味で、Balint がどのような人だったかについてさほど詳しくないため、説明が残念ながら言葉の言い換えに終わっているところがある。その他の人たちについては、また別の機会に論じることにしたい。

1 はじめに

　今日、「パーソナリティ障害の精神分析的精神療法」は、保留抜きには論じられない主題となっている。パーソナリティ障害は、基本的に精神医学の概念であるのに対して、精神分析的精神療法は一定の治療構造を持つ継続的な面接であって、特定疾患の治療法ではない。この基本特徴のために、それは行動化・反思考の傾向が強いパーソナリティ障害のうちごく限られた患者にしか適用されない。境界性パーソナリティ障害（以下 BPD）の治療に関する限り、この療法の出番はあまりないか、あるとしてもかなり軽症の場合か軽症化した後のことである。

　1970 年代に盛んだった Kernberg[11] の境界パーソナリティ構造論は、自我心理学と精神分析的な発達論にクライン派の原始的諸防衛機制論を統合した包括的な理論として、パーソナリティ障害のすべてをカバーし、それらに治療的な見通しを提供するかのようだったが、早期発達論をなぞるような展開は、

治療の軌道に乗らず不適応から脱出できない多くの患者には起こらなかった。実際の臨床経験から知られてきた（Gunderson）▼9のは、BPDでは長期予後の悪い群がいることと、その治療は洞察や情動的な自己理解ではなく認知・行動的な約束事から始めるのが現実的なことである。その後登場した、例えばLinehanの弁証法的行動療法（Dialectical Behavior Therapy：DBT）は、"気づき"のみならず症状行動への各種の対処スキルの習得を目指したプログラムを有している。また、BatemannやFonagyのメンタライゼーションに基づく治療（Mentalization-Based Treatment：MBT）は、精神分析的な発達論と心的機能の理解に親和性があるが、実際の治療場面では精神分析的精神療法よりも遥かに対話的である。ただ、どの精神療法的なアプローチに関しても見落としてはならない点は、面接に十分な一定時間を定期的に確保していることである。そのような関わりを忌避する患者には、こうした工夫をもってしても届き難い（逆に、そうした設定抜きに変化を期待するのは難しい）。

　また、精神療法の側からの現実的な対応とは別に、生物学的精神医学が進展し、また実際に自閉症スペクトラム圏の患者が激増したことにより、より器質的な基盤を求めて診断上の混同を排除したうえで、個別の治療的アプローチを行なうことが現在では適切とされるようになっている。例えば、摂食障害のパーソナリティ構造として従来、その衝動性や白黒の極端な思考からBPDの合併が想定されることが少なくなかったが、その具象性と強迫性および変化への恐れは、むしろ自閉症スペクトラムとの関連性から理解した方が適切な場合もある。

　では、今日における精神分析的アプローチの意義はどこにあるだろうか。1つには、それは海図と羅針盤および航行技術のようなものと捉えることができる。それらを知っていることで、非現実的に達成目標を高めたり治療期間を短縮したりはできないが、知らなければ患者の状態や能力と合わない不適切な介入を通じて、病状の悪化や治療状況の混乱を招く。また、個々の介入のインパクトや交流の意味は、治療構造（面接の設定）があって初めて吟味することができる。患者が〈心〉という次元に触れることができるのも、このような対人交流の機会を通じてである。もう1つには、精神分析的アプ

ローチの発見的な価値である。従来からそれは、発達過程と言語的・非言語的交流を考慮することで、パーソナリティ構造の諸側面について鋭敏な理解を提供してきた。そこで見出された諸現象は、特定の精神病理というよりは心的機能や構造の一側面だったが、そうした多様性と普遍性は、密にして持続的な関わりの中でこそ明らかにされる。今日、パーソナリティ障害の研究は BPD に集中している。そこには多数の BPD 患者が現実に存在するという医療上の理由や、操作的な診断基準の採用によって研究対象の統一性を保ちやすいなどの理由があるにしても、元から多数例を扱わない精神分析的アプローチをそこで比較しても、意義を見出しにくい。後者の価値は別のところに、つまり個別的な例から〈心〉についての理解を深めるところにある。本章では、BPD に関して若干述べた後で、それと異なる発想の対象関係論的モデルを取り上げることにする。

2 BPD の治療的な見取図の現在

　パーソナリティ病理の精神分析的なモデルは、2 つに大別できる。1 つは、衝動統制が悪く行動化傾向の強いタイプに対するもので、大まかには Kernberg を中心にアメリカで発展してきた。それは、(1) 自我の一応の持続性、(2) 原始的な防衛機制と対象関係、(3) 現実検討力の一時的喪失と原始的反応、(4) 性格学的類型化を特徴とし、DSM-IV の第 II 軸の記述と重なるところが少なくない。Kernberg らはこれらを踏まえて、精神分析に由来するが独自の系統的な治療技法を持つ、「転移焦点型療法（Transference-Focused Therapy : TFT）」を BPD 向けに開発した。

　Gabbard は、2008 年 6 月の「重篤な障害の精神分析的治療」についての国際学会で、BPD の精神分析的精神療法における治療作用について論じて、治療機序が不明であることを率直に認めつつ現在の知見を総説した。BPD の精神療法に関しては、以下の 5 種の治療、MBT、DBT、TFT、スキーマ療法（Schema-Focused Therapy）、支持的療法（Supportive Psychotherapy : ST）

について、RCT（ランダム化比較試験）を用いた有効性の統計学的な研究がなされている。Cornell-Westchester での研究は、1 年間 TFT か DBT か ST を受けた患者を効果判定して、TFT が衝動性・暴言・暴力などを改善し、TFT および DBT では自殺関連行動の減少が ST より効果的だったこと、TFT では愛着パターンの不安定型から安定型への修正およびメンタライゼーションの機能の向上もあったことを認めた。精神分析的な治療の主な特徴と見なされる「転移解釈」については、精神分析に由来する MBT と TFT では、対象関係の障害が強い患者ほど転移解釈の恩恵を受けたという解析結果がある。▼10 だが MBT は転移解釈が患者を不安定にしがちと考えて、より広く患者の現在の心的状態と機能を扱うことで自己統御の向上を図るのに対して、TFT は未統合の怒りを中核問題と見なして、分裂排除された怒りと関連表象を転移解釈によって統合することを課題とする。だから TFT はハイリスク／ハイリターン型の治療とも言われる。一般に BPD への解釈は、過去の再構成ではなく 'here and now' の治療関係に焦点があり、そこに実演されるものを見ることで患者の対象関係を扱うことができる。また、解釈を通じた洞察の獲得は、治療成功の絶対要件ではない。治療者が治療構造すなわち対象恒常性を系統的・持続的に提供することが、長期間の精神療法全般に共通する意義である。患者にとって自己表現可能な環境が提供されていることは、それだけで大きな意味を持ちうる。治療作用に関する単一の機制があるとは考えられていないが、精神分析的精神療法と他の治療法には技法の共通性が多く認められる。非機能的信念や行動の直面化（＝認知療法的）、問題解決志向的な介入や不安状況のメンタルリハーサル（＝行動療法的）、「治療者の自己開示」による空想と現実の判別、患者を認めることなどは、精神分析的精神療法が強調していなくてもそこに含まれている。

　もう 1 つのモデルは、精神病的経験や機能様式をパーソナリティ障害の中核に見るもので、大まかにはイギリス対象関係論およびクライン派の理解に対応する。それらは同時に、性格学的な類型化よりも心的世界と機能の多彩なあり方を認めることに関心があり、著者ごとに臨床経験の違いを反映して、実際に BPD とは異なる病理を論じている。以下では、そのいくつかを紹介

したい。

3 さまざまな対象関係論的モデル

　対象関係論は、精神分析の大きな潮流のひとつである。Ferenczi は、同時代の Freud に先駆けて母子関係の重要性を認め、パーソナリティの形成に対する外的環境および二者関係を中心とする内的対象関係の影響を研究した。彼の訓練分析を受けた者の中で、その後 Klein は児童の精神分析から成人の原始的・精神病的な心的世界を論じ、Spitz, Mahler は、より実証的な乳幼児の観察研究を始めた。精神分析の臨床実践と観察研究という2つの流れは、発達・養育・教育・心理などの領野を横断して、パーソナリティ構造の理解に寄与した。以下では、精神分析医たちによる分析的モデルのいくつかを、今日のパーソナリティ障害という観点から概説したい。それらの記述には想像的な（つまりは実証性のない）着想も混在するが、BPD に還元されない多様な病態への考察と、臨床上の工夫を含んでいる。ただし、その多くが中核に精神分析（週5回の面接）を据えており、そうした治療枠のないところにその理解を直ちに転用はできないことには、注意する必要がある。

1 − M. BALINT から見たパーソナリティ障害

　Balint[1,2]（1896-1970）は、基本概念の「基底欠損（basic fault）」を中心に、「境界例」論のひとつを提示している。それは「創造領域」「エディプス領域」と並ぶ心の三領域のひとつで、二人関係における強烈な満足と欲求不満との間の大きな落差、フィット感覚、静穏な幸福感などの経験に関わる。その臨床表現は、対象にしがみつく**オクノフィリア**と、対象に依存せず独力で世界を渡り歩く**フィロバティズム**という、二者関係の二極にある。オクノフィリアにとって世界は、「いくつかの対象と、対象と対象とを隔てる恐ろしい空っぽの空間とでできている」。「対象への要求は絶対」で、相手が満たして当然で相手

への思いやりはない。このしがみつきは、間に合わせであって、本当は「対象によって抱きかかえられること」を求めている。一方、**フィロバティズム**は世界に向かって冒険し征服していく態度で、その基本的世界観は、「友好的な広がりのうえに予見しがたい危険な対象がさまざまな密度で点在する世界」だが、視覚と安全な距離によって構造化されている。フィロバット（フィロバティズム傾向優位な者）は、自分が危険を回避できると「楽観的、自信過剰、軽信的」であり、それを快楽の源泉とする。この両者は、主体の不安定さや欠損を補償する部分対象関係である。それに対してBalintが健康な成長に通じる二者関係の基盤として想定するのは、「授乳することと授乳されること、懐に抱くことと懐に抱かれること」のように、役割は能動-受動に分かれても相互に満足する関係で、それを彼は「一次愛」と呼ぶ。

　以上はごく簡略して述べたに過ぎないが、Balintの立論も、三領域の分類が静的で、対象の性質や第三の対象の位置づけが記述されていないなどの不明点がある。しかし以下のような点は臨床的に興味深い。1つには、早期の原始的関係を口愛的と限定せずに、味覚・嗅覚・触覚的なものを含めたことである。つまり授乳のみが母子関係の焦点ではなく、抱っこのような全身的な近接感覚的接触も基本的である。その関係性は"primitive harmonious interpenetrating mix-up"と表現されている。この用語は、「最原始的＝調和的＝相互滲透的渾然体」という訳を与えられたので、何か液体的な環境の中で境界なく渾然一体となった様を指しているかのような印象を醸し出している。骨のない語感のために、硬度があり動的な性格が見失われる可能性があるが、相互貫入形成（interpenetration）はパーソナリティ構造のいわば内骨格を形成させることに関わり、単に外側から輪郭を与えることではない。それでは、内側から個全体を支えるものができあがらず、表層的な模倣や型抜きに近くなる。これは、後に自閉症水準の心性への精神分析的アプローチで見出されたことである。

　もう1つには、治療に関わる理解である。「しがみつき」が優位なとき、単にそれを満たそうとすることは欲求のエスカレーションを招き、悪性の退行に陥りかねない。クライン派ならばそこに対象への不信、投影された攻撃

性などを見るところだが、Balint は「新規蒔き直し（new beginning）」の機会となる健康的な退行、すなわち自分自身に到達でき自分が認められるようになる退行が、ここで成立する条件を考察している。そこで彼が強調するのは、「分析関係をその細部の細部に至るまでできるだけ患者の側から一方的に作り出せるように」することである。つまり、相互関係を形成する前に、世界の手応えを自分で感じ試行錯誤しつつ対象を見出す機会がなければならない。そのことが、患者が自分の本来的な水準を見出すことに通じる——しかしながら、これを純粋な形でできるのは、精神分析が適した患者の場合と思われる。欠損を抱えた多くの患者は、より適応的な生き方をしたくとも空想と性急な行動化に陥り、「自分なり」のところに落ち着くのに相当な時間を要する。Balint の着想は、治療者が患者に対して侵襲も過大な期待もせずに、「あたかも大地や水が己の体重を安んじてあずける者を支え返してくれるように、患者を受容し支え担うことを引き受ける」ところに活かされる可能性がある。

2 – D.W. Winnicott から見たパーソナリティ障害

　Balint が "new beginning" という概念で述べたことは、Winnicott（1896-1971）の発達論では「対象の創造と使用」に該当する。Winnicott には個人的固有表現が多く独特の発達論があるので、それを踏まえて彼の語彙の中にない「パーソナリティ障害」を位置づけなければならない。彼自身は精神科疾患を以下の 3 種に分類している——（1）精神神経症、（2）初期養育の失敗／環境の機能不全、（3）母性愛の剝奪。（1）のタイプの人々は、「実在感を持つことに問題がない人」であり、古典的・正統的な精神分析ができて有意味である。（3）のタイプの問題は発達を歪めて、非行や反社会的傾向を助長する。Winnicott は Bowlby らの愛着理論と並んで、従来「性格障害」と扱われていた者たちについて、「反社会的傾向の起源が乳児期と早期幼児期における或特定の愛情剝奪にたどられること」を指摘した。こうした環境因の直接的な関与は、それまでの分析の世界では強調されていなかった Winnicott の常識的な独創性である。彼は問題行動が現れることを、対処が可能になる「希

望のサイン」として捉え、マネジメント（適切な理解に基づく環境の調整）が有効であることを説いた。

　疾患としての（2）は、（3）と大差ないように見えるが、彼が意味しているのは「偽りの自己（false self）」に包まれた精神病的な病態をさまざまな程度で抱える人々の持つ問題である。彼らに対する治療的なアプローチは、ソーシャルワーク、世話と抱えること、退行の機会の提供が中心とされる。そうしたパーソナリティには精神病的な核がある。その表われは、落ちていく、解体する、離人状態になる、方向性を失うなどとして体験される「考えられない不安（unthinkable anxiety）[16]」である。この核の形成過程に関連して、"environmental failure" は「環境の失敗」と訳されてきた[17]。Winnicott自身、幼少時に上記の不安が情緒的に適切に抱えられなかった例を挙げている。しかし環境すなわち親が「失敗」したから統合失調症を罹患するわけではなく、単純な心因論に陥らないために、「自己」にとっての環境には遺伝子情報も含まれると考えれば、"failure" は「心不全（heart failure）」と同じく因果関係を含まない「機能不全」をも指す、と捉える必要がある。

　ここで精神分析的アプローチは諸刃の剣である。そこに触れない限り、分析は相手を分析者に替えた、服従の新たな繰り返しとなる。それは破綻を避けて患者を生き延びさせるのには役立つが、分析的に意味のある作業、つまりは本当に生きることには通じない。しかし、「狂気」に到達すればそれが解決されるという保証はない。だからここには実際、2群が含まれる。一方は、「本物（リアル）と感じられる見込みが全くなく、本物と感じられるのは爆弾でも落ちるような稀な瞬間だということは知っているが、それ以上には何も知らない」[18]、精神病への防衛組織が硬化していて「真の自己」の余地が殆どない人々で、もう一方は、それと（1）の中間の、「何とか個人としての実在を確立しようと一生苦闘する人たち」である。後者を「パーソナリティ障害」から見るなら、自己が分裂したスキゾイド・パーソナリティが該当する。

　ただし、2群の境界は、つねにあらかじめ分かるほど明瞭ではない。Winnicottは、彼の意味する「境界例」について、「患者の障害の中核は精神病的ではあるが、その中心にある精神病的不安が未加工の形で突出する恐れ

のあるときに、つねに神経症的または心身症的症状を呈することができるほどの神経症的機制を持っている症例」[19]と述べている。しかし、治療的設定の中で精神病性の破綻が経験されることも、さらには、侵襲に対して反応的に形成された「偽り」が妄想的転移を扱う中で解消することも、保証されてはいない。また、治療者が「失敗」を引き起こした環境と見なされ、そう非難されるのを引き受けることで或る種の「新規蒔き直し」の機会とするという彼の見取図は、器質因の精神疾患を治療したというより、そのように再演される外傷状況が認知し取り上げたことを意味すると思われる。

3 ── W.R. Bion のパーソナリティの精神病的部分・非精神病的部分

　Balint と Winnicott は、イギリス対象関係論の独立学派を代表する2名である。環境因子を重視し内因的破壊性を認めない彼らに対して、クライン派は無意識的空想と破壊的な欲動を重視した別のパーソナリティモデルを提唱した。その代表例は、Bion（1897-1979）[3,4]によるものである。彼は統合失調症と診断された患者との精神分析の経験に基づいて、精神病患者であってもそのパーソナリティに、単に疎通や現実検討が可能か不可能かというだけでなく固有の機能様式を持つ、「非精神病的部分」と「精神病的部分」を認めた。独立学派のモデルが精神病的な核を受動的な無秩序のように想定しているのに対して、Bion はもっと動的・積極的なマグマのようなものとして描いた。

　彼によれば、精神病的部分は内的・外的現実を知ることを憎悪しており、知るための心の装置を破壊しようとする。精神病状態の患者が経験する迫害的対象（「奇怪な対象」）は、破壊され排出された心的装置の断片が対象に投影同一化し、それ自身が攻撃性を持ち迫害するものになったと理解される。彼はこのように顕在的な精神病状態における攻撃を、「結合への攻撃」として一般化した。彼は同時に、早期の健康な発達ラインを生成論的に再構成して、それが正常な投影同一化による早期母子交流に基づくと主張した。

　パーソナリティの非精神病的部分は、言語水準の象徴的コミュニケーションを行ない、抑圧中心の無意識的な内的世界を有するという神経症の構造と

機能を備えている。その発達には、乳幼児と母親の交流が大きな役割を果たす。Bion のモデルでは、最初は言語水準の心的表象を持たずそのための心的装置もない乳児は、母親の心を自分の一部のように用いて、自我の受け入れ難い一部を分裂させて母親に引き受けさせようとする。母親は乳児が投影する、心的世界の一部になる以前の強い情動や恐怖(「言いようのない不安(nameless dread)」)、感覚印象(Bion の用語では「ベータ要素」)を受け止め、咀嚼して消化でき貯えられる形(Bion の用語では「アルファ要素」)にして返す(「包容(containing)」)。その経過で乳児自身の中に徐々にその機能が育っていく。他方、乳児が生得的な素因として欲求不満に耐えられず、また養育環境が乳児の情動を包み緩和して返すことができない場合は心的装置の発達は阻害され、排出的な投影同一化によって処理する精神病的部分が発展する。

このようなモデルにはさまざまな含みがあるが、以下は特に重要な点と思われる。(1) 未消化の情動と心的世界の構成成分との区別の導入によって、二次過程を介さずに行動化・身体化に移行する原始的な心性全般が理解されるようになったこと。(2) それに応じて、あらゆる精神療法に通底する心的機能が注目されるようになったこと。治療技法としては全く異なるが、メンタライゼーションは同類の機能を指している。(3) 結果として、統合失調症との関連性は薄れたが、精神病という診断とは別次元で、精神病的部分が非精神病的部分に覆われて存在するというモデルが成り立つようになったこと。精神病的部分は、パーソナリティ全体に容易に統合されずに活動する部分があると想定しているところに、臨床的リアリティがある。

4 ─ H. Rosenfeld の「破壊的自己愛」／J. Steiner の「病理的組織化」

Rosenfeld (1910-1986) は、Klein の投影同一化概念とポジション論を出発点として、統合失調症や躁鬱病・精神病状態の患者の分析治療に取り組み、独自の貢献をしてきたが、重篤な自己愛の障害を持つ患者たちを次第に対象とするようになった。Rosenfeld は、Bion によるモデルと比較して、両部分が支配・迎合・共謀などの複雑な関係を持つ、病理的なパーソナリティ組織

を描出した。「破壊的自己愛組織」では、自己および対象の破壊的な部分が理想化されて、全く苦痛のない自由な世界を提供できるかのような喧伝と誘惑をするので、自己の一部は麻痺・嗜癖状態に置かれる。しかし、それが自立しようとし始めると略奪と恐怖支配の本性を現わすので、彼は組織暴力(マフィア・暴力団)に喩えた。つまり、非精神病的部分には、成長可能性を持った健康な自己の依存的な部分、誘惑に屈し嗜癖に陥る部分、日和見的で迎合的な部分といった、さまざまな特徴が認められることになる。過酷な超自我に囚われた状態は、自分の本来の人生を持てない捕虜のように空虚感・疎隔感・無力感と被害感・自責感が混ざった、抑鬱パーソナリティのモデルともなる。Steinerは、「病理的組織化」概念を提唱することによって、種々のパーソナリティ障害に共通する構造を論じている。このように、特異な症例と思われるものから出発して、共通構造を見出すことができれば、理論として一段落する。精神分析的アプローチはそこで再び多様な症例に触れ、その症例に固有のものを見出して、個別の臨床研究に戻っていく。

4 おわりに

パーソナリティ障害についての議論がBPDに集中しがちな今日、精神分析療法が個人との密な面接から想を得てきたモデルについて、代表的ないくつかを概説した。ここで取り上げなかったが、ほかにもFairbairnの古典的対象関係論は、Mastersonによる境界例論の骨格となった。またGreenは"central phobic position"という概念を提唱して、非神経症的な構造を捉えようとしている。このように、精神分析的な研究はパーソナリティの障害に関しても多くの直観的な理解を含んでおり、今後ともリサーチおよびモデル提供としての価値が認められるだろう。

▶ 文献

(1) Balint, M.（1959）*Thrills and Regressions.* London : Tavistock Publications.（中井久夫・滝野 功・森 茂起＝訳（1991）スリルと退行．岩崎学術出版社）
(2) Balint, M.（1968）*Basic Fault : Therapeutic Aspects of Regression.* London : Tavistock Publications.（中井久夫＝訳（1978）治療論からみた退行——基底欠損の精神分析）
(3) Bion, W.R.（1957）Differenciation of the psychotic from the non-psychotic personalities. *Int. J. Psycho-Anal. 38.* Reprinted in *Second Thoughts.* London : Heinemann.（松木邦裕＝監訳（2007）再考——精神病の精神分析論．金剛出版）
(4) Bion, W.R.（1959）Attacks on linking. *Int. J. Psycho-Anal. 40.*
(5) Bion, W.R.（1962）*Learning from Experience.* London : Heinemann.（福本 修＝訳（1999）精神分析の方法 I——セブン・サーヴァンツ．法政大学出版局）
(6) Foel, Sch.P.A. and Kernberg, O.（1998）Transference-focused psychotherapy for borderline personality disorders. *Psychotherapy in Practice 4-2*；67-90.
(7) Gabbard, G.O.（2009）The therapeutic action in psychoanalytic psychotherapy of borderline disorder. In : Williams, P.（Ed）*The Psychoanalytic Therapy of Severe Disturbance.* London : Karnac Books, pp.1-19.
(8) Green, A.（2000）The central phobic position : A new formulation of the free association method. *Int. J. Psycho-Anal. 81*；429-451.
(9) Gunderson, J.G.（2001）*Borderline Personality Disorder : A Clinical Guide.* Washington D.C. : American Psychiatric Press.（黒田章史＝訳（2006）境界性パーソナリティ障害——クリニカル・ガイド．金剛出版）
(10) Høglend, P., Amlo, S. and Marble, A. et al.（2006）Analysis of the patient-therapist relationship in dynamic psychotherapy : An experimental study of transference interpretations. *Am. J. Psychiatry 163*；1739-1746.
(11) Kernberg, O.（1975）*Borderline Conditions and Pathological Narcissism.* New York : Jason Aronson.
(12) Lucas, R.（2009）*Psychotic Wavelength.* London : Routledge.
(13) Rosenfeld, H.（1963）Notes on the psychopathology and psychoanalytic treatment of depression and manic-depressive patients. Psychiatr. *Res. Rep. Am. Psychiatr. Assoc. 17*；73-83.
(14) Rosenfeld, H.（1971）A clinical approach to the psychoanalytic theory of the life and death instincts : An investigation into the aggressive aspects of narcissism. *Int. J. Psycho-Anal. 52*；169-178.
(15) Steiner, J.（1993）*Psychic Retreats : Pathological Organizations in Psychotic, Neurotic and Borderline Patients.* London : Routledge.（衣笠隆幸＝監訳（1997）こころの退避——精神病・神経症・境界例患者の病理的組織化．岩崎学術出版社）
(16) Winnicott, D.W.（1965）A clinical study of the effect of a failure of the average expectable environment on a child's mental functioning. *Int. J. Psycho-Anal. 46*；81-87.
(17) Winnicott, D.W.（1989）The concept of trauma in relation to the development of the individual within the family. In : C. Winnicott, R. Shephered and M. Davis.（Eds.）*Psycho-Analytic Explorations.* Cambridge : Harvard University Press, pp.130-148.
(18) Winnicott, D.W.（1989）Michael Balint. In : C. Winnicott, R. Shephered and M. Davis.（Eds.）*Psycho-Analytic Explorations.* Cambridge : Harvard University Press, pp.433-437.
(19) Winnicott, D.W.（1971）*Playing and Reality.* London : Tavistock Publications.

後書

　ロンドンを中心に進展してきた現代クライン派は、さまざまな流派に関心が多様化した現在では一時ほどではないかもしれないけれども、精神分析の核心の何かを担っているグループの活動として、強いインパクトと魅惑の源であり続けている。本書は、題名の通り、特にクライン派の現代的特徴を跡づけて、その深さと広がりを捉えようとしている。筆者は外的にも内的にもクライン派の著者たちの現場に近いところでの経験から、自然な想像と直観の働きとともに、彼らとの対話を試みた。それは、彼らの表現を通してその奥にある〈現場〉での出来事に触れようとすることであり、従来から知られている臨床素材であっても、改めてセッションの中で起きていることを読み解こうとしている。

　第1部では、現代クライン派の臨床を中心に、精神分析が成り立つ内なる拠りどころを把握しようとした。第2部では、各臨床主題は文献の紹介としてよりも、現代クライン派精神分析を体験的に理解する報告として取り上げた。第3部では、そうして理解し咀嚼したものを臨床場面と結びつけようとしている。本書が現代クライン派ひいては精神分析に関心のある読者にとって、刺激にも理解の助けにもなればさいわいである。

　各章の主題と狙いについてはすでに「序」で述べたので、ここでは本書全体に関連して考えたことを述べたい。振り返ってみると、本書を再構成する作業は、私の以前からの疑問と躊躇に対処できる方法を考案して、新たな意味を見出す良い機会となったと思う。

　疑問とは、ありていに言ってしまうと、すでに発表した論文を改めて集めて1つにすることに、どういう意味があるのかということである。もちろん、初めてあるいはまとめてお読みいただく方々がおいでならばありがたいこと

であり、何十本かの論文の中から相互に関連するものを選択して、全体として１つの図柄が浮かび上がるように構成上の配慮をした。また、それぞれを執筆した時には、盛り込むべきと思ったことを、はみ出すほど書いている。だがそれをそのまま提示するのは、個人的には、何か使用済みの切手をもう一度貼るような出涸らし感が否めないできた。

　また、本書の元となった各論文は、それぞれ別の時期に、個々で異なる文脈で書いている。第２部は、講座の一章や企画の一篇としての依頼に応じた寄稿からなる。そこには一定の規格と方針があり、基本的には与えられた大枠の中で行なった論考である。そのように出発点が受動的なので、それぞれに主張があるというよりは、主として一種の注釈であり、方向性の示唆に留まっている。

　その点では、第１部は基本的に自分から投稿したものであり、論文としての一定の様式は、特に制約になっていない。今回、同じ症例に関していくつかの角度から書いたものを収め、必要な加筆修正を加えることで、現場での交流をさまざまな側面から考えようとした。しかしここには、別の不全感の源があった。それは、治療的コミットメントが短くならざるをえなかったことである。250 回程度の面接は、精神分析で想定される期間に比べると、開始期ではないが初期の段階で終結したことになる。実際に、日本に戻ってからの精神分析の臨床では、数年間つまり面接が 1,000 回を超える実践は例外ではない。そうした面接での接触の厚みと時間的な幅の中でこそ、交流を通じた心の変化は起こりうる。

　訓練という点では、イギリスの考え方として、一定以上の期間の治療経験を通じて精神分析的アプローチを身につけたと判断されて、タヴィストック・クリニックでの課程を修了することができた。だがそれは精神分析的精神療法の最低限のものなので、南極の極地点どころか南極の大陸に届かずその手前の氷原で戻ることになったような気がどこかして、「序」の中で語ったように、白瀬矗を引き合いに出したのだろう。

　自分では、そのことを長く気にしていたという思いはない。ロンドン滞在中にできることはしたと感じてきたし、主にクライン派分析者たちとのその

時のつながりによって、その後も不足に感じる点を補うことができた。ただ、いくつかのことについては、取っ掛かりのところで引き返したのは事実だった。

しかし今回改めて当時の臨床の仕事に基づく論考をまとめるに当たって、躊躇の少なくとも一部は、行っていないところを行っていないと十分に認めていないから生じているのではないかと思い至った。と同時に、行ったところ、行かなかったところ、行けなかったところが、そのようになった必然性を理解するならば、それで十分に意味があるのではないか、というふうにも感じられてきた。精神分析の過程は、平坦な地形と思われていたところに突如現れるクレバスのような途中の難所があることを考えると、極地の探検に似ていなくもない。ただ、極地点のように誰も住まない最果てを目標地とするのはあくまで冒険の場合である。本当は、発見は途上の何処にでもあったことだろう。元の臨床素材に考察する価値が一定程度以上なければ、論文として成り立たないが、まとめることは形よく整理することに傾きがちだ。しかしそれをすることで、実は価値が乏しくなってしまう。古い面接記録、以前の論文も読み直すと、書かれなかった余白に海図があり、行くに値すると思われるところが垣間見えてくる。中途に終わっているものについても、何の半ばなのかが分かることに意味があるだろう。

実際の編集作業をしていると、また別の意味と方法も見出された。今回、第1部の特に 'here & now' を巡る考察を加筆した他に、残りの章には、現時点で考えるところを冒頭に追記している。この単純な、よく見かける形式には、今の考えを日誌風に加えられるので気兼ねする必要がさらに薄れるという効果があり、比較的最近読み返した論文を素材に第1章を書き足して一区切りとすることができた。この経過報告方式だと、進行中の作業を取り込むことを遠慮しなくてよいので、これからいくつかの腹案を具体化していけることを自分で期待している。

再び白瀬矗についての余談を。彼の物語は、綱淵謙錠＝著『極──白瀬中尉南極探検記』（新潮社［1990］）で詳しく読むことができる。そこには、経済的な苦労から多くの喪失や事故、挫折まで、痛ましいことが書かれている。しかし、驚いたのは、彼の子供の頃からの「坊ちゃん」顔負けの多動ぶりで

ある。また、11歳で探検家を志し、以来、酒煙草はおろか茶も湯も飲まず、火に当たらないことを実行したというので、随分と気質の違いを感じる。東大分院時代にお世話になった故安永浩先生に、「中心気質」の一人でしょう？とお尋ねしたら、賛成されたかもしれない。私から見るとADHDとも無関係だと思えないので、その点もお伺いしたことだろう。

　安永先生のお名前を出したのは、今の今、急に思い出したからだ。それと現代クライン派についての論考と何の関係があるのか、と問われれば、私が思い出したという以上のつながりはないと思う。私自身がどのような立場なのかというと、特にクライン派という固定的な志向があるわけではなくて、本質をきちんと踏まえて、あとはその時その時で、というつもりでいる。その基礎を踏まえることに、随分と時間が掛かっている。

　最後に、タヴィストック・クリニックへの留学を御支援いただいた元静岡大学保健管理センター所長・鈴木修二先生をはじめ、多くの先生方、同クリニックでのシニアスタッフと同僚、帰国後お世話になった方々、特に、クライン派講読セミナーの継続を支えていただいている小寺記念精神分析研究財団理事長・狩野力八郎先生そしてセミナー参加者の皆様に厚くお礼を申し上げます。金剛出版編集部・藤井裕二氏には、形が定まるのをお待ちいただき、隅々まで目を通して読みやすいように助言をいただいたことに深謝します。

福本 修

2013年10月

索引

人名

Abraham, Karl... 018, 129, 155, 157, 158, 174, 181, 218, 231, 232, 240
Ainsworth, Mary 123, 135
Alvarez, Anne 119
Balint, Michael 278, 282-284, 286, 289
Bick, Esther 210, 221, 239
Bion, Wilfred 006, 027, 028, 049-051, 068, 069, 070, 079, 081, 086, 091, 094, 122, 129, 130, 135, 137, 138, 140, 147, 154, 159, 160, 173, 174, 208, 210, 211, 213, 218-225, 228, 230, 238, 239, 249, 250, 254-259, 263, 266, 286, 287, 289
Bollas, Christopher 090, 091, 115
Bowlby, John 122, 123, 135, 284
Breuer, Joseph 044, 048, 050, 119
Britton, Ronald 006, 030, 032, 038, 046, 047, 049, 050
Caper, Robert 049, 050, 115, 134, 135, 174
Emde, Robert 122, 135
Etchegoyen, Horacio 051, 068, 212, 228
Ferenczi, Sándor 094, 282
Freud, Sigmund 006, 018, 050-052, 069, 070, 079, 085, 090, 092, 093, 115, 119-121, 124, 125, 127-130, 134, 140, 142, 147, 155, 157, 158, 160, 174, 180, 181, 199, 203, 207, 218, 223, 224, 226, 230, 231, 233, 238-240, 245, 250, 251, 256, 266, 282
Gabbard, Glen 280, 289

Glasser, Mervin 198, 200-203, 207
Grosskurth, Phyllis 020
Heimann, Paula 028
Jackson, Murray 137, 138, 148, 149, 154, 161-163, 166, 170, 171, 173, 174
Jaques, Elliott 232
Joseph, Betty 023, 027, 028, 053, 068, 093-099, 115, 135, 198, 203, 207, 214, 229
Kernberg, Otto ... 001, 008, 024-026, 095, 177, 181, 182, 196, 197, 267, 277, 278, 280, 289
Klein, Melanie 017-029, 031, 050, 069, 070, 086, 087, 094, 096, 115, 129, 133, 140, 147, 155, 157-159, 174, 175, 182, 202, 208-211, 217, 218, 220, 224, 227, 228, 230-232, 238-240, 255, 256, 282, 287
Kraepelin, Emil 176, 178
Kretschmer, Ernst 176, 178, 180
Lacan, Jacques 019, 021, 092
Mahler, Margaret 001, 121, 122, 135, 282
Main, Mary 123, 135
Meltzer, Donald 006, 028, 062, 068, 070, 086, 119, 171, 173, 175, 191, 198, 203, 204, 207-215, 218-242, 244, 245
Murray, Lynne 122, 136
O'Shaughnessy, Edna 091, 099-101, 106, 115, 204, 235
Pribram, Karl 124, 136
Rosenfeld, Herbert 027, 052, 068, 129, 137, 138, 140, 145, 147, 155, 156, 159-161, 171, 173, 175, 191, 202, 204, 235, 287, 289

Schore, Allan 124, 136
Segal, Hanna 006, 022-029, 095, 097, 098, 129, 137, 138, 147, 154, 159, 175, 202, 208, 239
Spillius, Elizabeth 026-028, 115, 210, 229
Spitz, Rene 121, 122, 136, 282
Steiner........ 050, 052, 064, 068, 173, 175, 204, 235, 287-289
Trevarthern, Colwyn 122, 136
Waldinger, Robert 276, 277
Wallerstein, Robert............................. 127, 134, 136
Williams, Paul 137
Winnicott, Donald.... 122, 136, 225, 227, 229, 245, 284-286, 289
衣笠隆幸 068, 086, 172, 174, 175, 277, 289

A-Z

AAI .... [▶成人愛着面接]
CBT .... [▶認知行動療法]
DBT .... [▶弁証法的行動療法]
DSM-IV 176, 178-180, 280
'here and now' 004, 006, 023, 028, 030, 087, 088, 090-097, 101, 102, 104, 106, 114, 129, 133, 145, 182, 213, 276, 281
IPT .... [▶対人関係療法]
MBT .... [▶メンタライゼーションに基づく治療]
O 258, 259
strange situation 123
'there and then' 091-093

あ行

愛着理論.. 122, 284
アセスメント...002-005, 007, 025, 029, 030, 032, 033, 055, 071, 102, 140, 143, 149, 154, 162, 164, 165, 176, 177, 184-188, 190-195, 198, 272
アナ・O（症例）.. 044, 048
アルファ機能 069, 079, 084, 219, 221, 223, 224, 254, 256
　　──の逆転................................... 221, 223, 239
アルファ要素.....079, 081, 219, 223, 227, 257, 287
　　［▶ベータ要素］

アンビバレンス.. 157
一次愛.. 283
偽りの自己.. 206, 227, 285
エディプス・コンプレックス........ 019, 093, 127, 128, 199, 201, 204, 217, 230, 234, 256
オクノフィリア.............. 282 ［▶フィロバティズム］

か行

解釈の足場....................... 054, 063, 064, 070, 078
核コンプレックス................................... 200, 201
重ね着症候群... 268
カタルシス... 094, 128
岩盤.. 119
擬成熟... 233
寄生的対象関係... 206
基礎仮定集団.......................221-223, 239, 243
気分障害................... 006, 155, 156, 172, 179, 180
基本的反復性不適応情動構造（FRAMES）..... 125
逆転移....... 006, 027, 028, 030-032, 048, 051, 064, 070, 084, 085, 087, 094, 095, 098, 129, 132-134, 160, 276
境界性パーソナリティ障害...........001, 007, 156, 172, 179, 180, 267-271, 273, 276-282, 288, 289
　　──症状行動................................... 270
　　──長期経過................................... 267
共通基盤... 134
禁欲原則... 251
クライン派 ....006, 007, 015, 019, 022-030, 051-053, 062, 064, 068, 077, 083, 088, 089, 095, 120, 130, 134, 137, 148, 156, 159, 177, 198, 202, 204, 208-213, 231, 232, 235, 238-240, 267, 278, 281, 283, 286 ［▶現代クライン派］
ケースワーカー.. 139, 276
幻覚 129, 137, 145, 159, 163, 165, 168, 221, 223, 239, 256-258, 271
幻覚心性................... 221, 223, 254, 257-259, 266
幻覚妄想状態.. 149, 150
原始心的... 219-221
現代クライン派....... 004, 006, 015, 016, 026, 029, 054, 087, 094, 145, 209, 218, 239, 242 ［▶クライン派］
口唇期... 121, 157

——固着................................ 157
行動化............................ 004, 006, 027,
　073, 083, 091, 129, 131, 144, 165, 166, 168,
　170, 195, 202, 206, 214, 235, 249-255, 258-260,
　263-266, 274, 276, 278, 280, 284, 287
肛門期................................ 121, 157
肛門自慰.............................. 214, 216
心の「次元性」........................... 119
『子供の心的発達』...................019 [▶Klein]

さ行

罪悪感........ 023, 026, 077, 142, 143, 159, 160, 167
再演................. 051, 061, 067, 087, 090-092, 286
サディズム........................ 018, 157, 202, 243
自己愛性パーソナリティ........................ 025, 173
自己愛組織...... 171, 204, 234, 235, 241, 245, 288
事後性（Nachträglichkeit / après-coup）.......088-090, 092,
　093, 101, 102, 106, 114
質問表....................... 004, 184, 187, 190, 192
『児童の精神分析』.................020, 086 [▶Klein]
自閉症...... 018, 021, 209, 219, 226, 227, 236, 239,
　249, 283
自閉症スペクトラム...................... 001, 119, 279
自閉的部分.................................... 119
嗜癖.......... 063, 076, 171, 198, 203, 204, 223, 235,
　237, 288
集団療法....................... 003, 005, 149, 270
授乳乳房........................ 216 [▶便器乳房]
シュレーバー（症例）........................... 180
象徴機能の失敗............................... 079
象徴形成能力........................ 069, 081, 159
情動的接触（emotional contact）....... 004, 028, 030,
　052-054, 056, 058, 059, 068, 098, 145, 164
心身症.................... 221, 223, 243, 250, 286
心的外傷........... 079, 088, 124, 148, 258, 268
心的次元論............................. 219, 226
心的平衡..................................... 078
スーパーヴィジョン....... 003, 015, 016, 033, 037,
　038, 047, 053, 068, 084, 102, 191, 209, 218
成人愛着面接（Adult Attachment Interview : AAI）... 123
精神医学............ 119, 120, 122, 132, 133, 143, 149,
　155-157, 176-178, 194, 196, 207, 257, 265, 267,
　278, 279
精神－性発達論.............. 121, 181, 200, 224, 231
精神病的不安............................ 181, 285
精神分析過程... 092, 098, 128, 211-213, 218, 238,
　241, 244
　地理的混乱............. 212, 214, 215, 217, 241
　転移の収集....................... 212-214
　抑鬱ポジションの閾.......... 046, 075, 211, 212,
　　216, 217, 227
　離乳過程................... 212, 217, 241
　領域の混乱............. 212, 215, 216, 234, 241
精神分析的アプローチ... 001-003, 007, 015, 023,
　137, 155, 184, 267, 278-280, 283, 285
精神分析的精神療法....... 001-003, 006, 030, 032,
　071, 120, 128, 138, 143, 145, 146, 148, 149,
　156, 160-162, 164, 172, 174, 177, 183-185, 194,
　205, 219, 267, 270, 278-281
性欲動........................ 018, 157, 199, 230
セクシュアリティ
　倒錯的....................... 204, 231, 233, 235
　多形的....................... 204, 233, 234
摂食障害........ 007, 140, 191, 194, 259, 279
躁鬱病.137, 155-157, 159-161, 163, 172, 180, 287
早期エディプス論..................... 052, 053
早期母子関係............... 070, 123, 140, 158, 160
相互形成的貫入（inter-penetration）..... 053, 054, 062
躁的防衛............... 033, 071, 086, 097, 159, 195

た行

第三の位置............. 030, 032, 038, 039, 046-049
第三の対象..................... 046, 048, 076, 283
対象の創造と使用............................ 284
対人関係療法（Interpersonal Psychotherapy : IPT）... 002
タヴィストック・クリニック........ 001-003, 007,
　008, 015, 119, 198, 208
中核葛藤関係主題（CCRT）....................... 125
超自我 026, 052, 144, 158-161, 170, 172, 173,
　181, 200, 201, 204, 211, 223, 233, 234, 258, 288
償い..................... 018, 078, 159, 167, 172, 216
抵抗.... 006, 051-055, 057, 060-062, 064, 067, 068,

088, 089, 097, 123, 125, 165, 173, 183, 204, 235, 244, 249, 251, 252, 256
ディック（症例）..................017-022, 028 ［▶Klein］
転移関係 069, 070, 080, 084, 086, 093, 095, 128, 253
転移焦点型療法 280
投影同一化............................... 004, 025, 027, 028, 047, 048, 052, 053, 062, 064, 079, 091, 094, 127, 159, 169, 173, 181, 186, 204, 208, 210-216, 218, 219, 222, 226, 227, 232, 234, 238, 240, 241, 252, 255, 256, 258, 265, 286, 287
　　大量──.. 055, 214, 215
統合失調症........ 018, 119, 129, 140, 141, 144, 146, 148, 149, 159, 167, 176, 179, 180, 196, 218, 219, 268, 285-287
倒錯........006, 007, 076, 078, 094, 097, 161, 198-207, 222, 230, 231, 234-238, 241, 243, 245, 253
　　──的対象関係................... 161, 200, 203, 231
ドーラ（症例）..................................... 069, 089, 250

な行

内的資源... 270
内的対象 036, 052, 058, 061, 067, 069, 078, 091, 092, 157, 158, 160, 161, 171, 173, 204, 210, 211, 213, 214, 218, 232, 233, 240, 241, 255, 282
乳児観察........... 053, 130, 131, 133, 210, 225, 228
乳児的部分 083, 129-131, 212, 214-216, 218, 223, 243
認知行動療法（Cognitive Bahavior Therapy：CBT）.... 001, 002, 155
認知療法.. 156, 281

は行

パーソナリティ
　　──の精神病的部分..........007, 028, 134, 152, 159, 177, 254, 265, 286
　　──の乳児的部分....... 130, 131, 212, 214, 243
　　──の非精神病的部分............... 140, 257, 286
パーソナリティ構造

境界──.. 181, 182, 278
神経症──... 181, 182
精神病──... 181, 182
パーソナリティ障害.............. 001, 006, 120, 121, 123, 137, 140, 156, 161, 172, 176, 177, 179-183, 186, 194, 196, 207, 236, 239, 254, 278, 280-282, 284, 285, 288
破壊的自己愛.......... 053, 161, 171, 173, 287, 288
破局的変化...................... 219, 221, 255, 263, 266
迫害的不安... 018, 031
発達科学... 121
反復強迫... 230
『ヒステリー研究』....... 089, 119 ［▶Breuer, Freud］
美的葛藤.. 208, 224-228
皮膚.. 221, 239, 241
平等に漂う注意.. 130
病理の組織化 005, 053, 064, 067, 078, 156, 173, 287, 288
フィロバティズム......282, 283 ［▶オクノフィリア］
部分対象関係 052, 079, 123, 129, 159, 173, 181, 200, 215, 217, 238, 241, 283
フラッシュバック.. 079
フリッツ（症例）................019, 020 ［▶Klein］
分析的な交わり（analytic intercourse）........004, 053, 098
分裂..........026, 031, 036, 052, 062, 123, 143, 158, 168, 171, 173, 181, 182, 186, 195, 199, 208, 215-218, 222, 223, 231, 232, 234, 235, 256, 265, 281, 285, 287
閉所..240-242, 244, 245
『閉所』.......006, 209, 210, 215, 222, 236, 237, 245 ［▶Meltzer］
ベータ要素 ....079, 081, 219, 223, 257-259, 287 ［▶アルファ要素］
便器乳房....................... 191, 215, 216 ［▶授乳乳房］
変形 006, 079, 080, 220, 254-259, 263, 265, 266
　　幻覚心性における──................ 254, 257, 258
　　硬直運動──....................... 254, 256, 263, 265
　　投影性──..................... 254, 256, 262, 263, 265
弁証法的行動療法（Dialectical Behavior Therapy：DBT）..279-281

包容（containing / containment）..... 053, 061, 062, 066, 079, 081, 083, 097, 114, 140, 159, 160, 171, 184, 195, 213, 219, 258, 264, 287 [▶容器]
母親の――.................................... 047, 049, 171
暴力 133, 150, 162, 165, 171, 198, 200-202, 241, 255, 256, 275, 281, 288
ポートマン・クリニック 003, 198, 200

ま行

マゾキズム.................................... 074, 075, 203
慢性抑鬱状態.. 156, 172
無意識的空想 023, 024, 027, 028, 052, 062, 070, 086, 088, 095-097, 130, 131, 140, 159, 195, 206, 210-216, 232, 239, 254, 286
夢想 048, 049, 062, 081, 083, 085, 100, 160, 222, 225, 252, 257
名状し難い（nameless）情動 083
メランコリー状態....................................050, 076
メランコリー者.. 157
メンタライゼーションに基づく治療（Mentalization-Based Treatment : MBT）........................ 279-281
喪 033, 050, 073, 155, 157-159, 211
妄想性パーソナリティ障害....176-183, 186, 196
妄想分裂ポジション....... 031, 052, 062, 078, 096, 133, 158, 159, 177, 178, 182, 211, 220, 225, 227, 232 [▶抑鬱ポジション]

や行

誘惑理論.. 088, 092
夢 069-086
夢現実の地盤................................ 070, 072, 080
容器（container）................. 053, 094, 131, 145, 146, 215, 219, 220, 226, 238, 239, 241, 256-258, 265 [▶包容]
抑圧 052, 069, 088, 128, 142, 157, 181, 182, 199, 231, 251, 256, 286
抑鬱ポジション ......046, 075, 077, 078, 158-161, 182, 211, 220, 225, 232, 241[▶妄想分裂ポジション]

ら行

理想化...... 036, 052, 071, 072, 105, 129, 142, 160, 171, 173, 181, 182, 191, 195, 202, 206, 215, 216, 222, 232, 240, 244, 260, 265, 271, 288
リチャード（症例）........................... 020 [▶Klein]

わ行

ワークスルー................................... 030, 031, 251

● 初出一覧

序－書き下ろし

- 第1部
  - 第1章－書き下ろし
  - 第2章－Experiencing a way of working through the countertransference. *Psychoanalytic Psychotherapy 15-2*; 153-167（2001）
  - 第3章－クライン派から見た「抵抗」概念と治療．精神分析研究 51-3；269-278（2007）
  - 第4章－夢の機能と夢解釈の技法──躁的防衛が破綻した中年女性症例の夢を素材に．精神分析研究 50-2；119-130（2006）
  - 第5章－精神分析における理解のための時間──Here & Now と après-coup（Nachträglichkeit）．精神分析研究 55-2；129-137（2011）［改題・改稿］

- 第2部
  - 第1章－Ⅴ．精神分析学の動向──A．英米圏．In：融 道男・南光進一郎＝編（1999）臨床精神医学講座 第24巻──精神医学研究方法．中山書店
  - 第2章－重度の病態を有する患者の精神療法．*Schizophrenia Frontier 3-2*；86-90（2002）メディカルレビュー社
  - 第3章－精神分析医の立場から見た統合失調症の心理療法過程．臨床心理学 5-6；798-805（2005）［一部採録・改題］
  - 第4章－各種治療法 5．精神分析療法．In：神庭重信＝編（2004）新世紀の精神科治療 第2巻──気分障害の診療学．中山書店
  - 第5章－第13章 妄想性人格障害．In：馬場禮子・福島 章・水島恵一＝編（2000）臨床心理学大系 第19巻──人格障害の心理臨床．金子書房
  - 第6章－精神療法と倒錯の問題．In：笠原 嘉・鈴木國文＝編（2001）精神医学レビュー No.40──臨床精神病理学の現在．ライフ・サイエンス
  - 第7章－メルツァー総説．In：小此木啓吾・妙木浩之＝編（1999）現代のエスプリ別冊──精神分析の現在．至文堂
  - 第8章－『心の性的状態』解説．In：福本 修・斎藤 環＝編（2003）精神医学の名著50．平凡社
  - 第9章－母親の秘密の小部屋の住人たち──D. Meltzer: *The Claustrum*．imago 5-9（1994）青土社

- 第3部
  - 第1章－行動化について──「変形理論」（Bion）の観点から．精神分析研究 52-4；385-393（2008）
  - 第2章－境界性パーソナリティ障害の臨床．In：福島 章＝編（2008）パーソナリティ障害．日本評論社．
  - 第3章－パーソナリティ障害と精神分析的精神療法．精神神経学雑誌 113-2；206-213（2011）

後書－書き下ろし

著者略歴

福本 修 Osamu FUKUMOTO

1982 年東京大学医学部医学科卒業、1990 年静岡大学保健管理センター助教授、1993 年 The Tavistock Clinic（London）留学。Inter-disciplinary Training in Adult Psychotherapy for Professional Workers in Health and Social Services（M1）, Programme Associate、1995 年 M1 Course Associate、2000 年同修了、2000 年恵泉女学園大学人文学部教授、現 同大学人間社会学部教授。2006 年代官山心理・分析オフィス（個人オフィス）開設。医学博士、精神保健指定医。Tavistock Qualification for Psychoanalytic Psychotherapist（British Confede-ration of Psychotherapists registered）。日本精神分析協会正会員・訓練分析家。

主要著書

『臨床心理学体系第 19 巻——人格障害の心理療法』（共著・金子書房［2000］）、『精神医学の名著 50』（共編著・平凡社［2003］）、『新世紀の精神科治療 第 7 巻——語りと聴取』（共著・中山書店［2003］）、『新世紀の精神科治療 第 2 巻——気分障害の診療学』（共著・中山書店［2004］）、『埋葬と亡霊——トラウマ概念の再吟味』（共著・人文書院［2005］）、『パーソナリティ障害』（こころの科学セレクション）（共著・日本評論社［2008］）、『現代フロイト読本 1』（共編著・みすず書房［2008］）、『現代フロイト読本 2』（共編著・みすず書房［2008］）

主要訳書

R・ヒンシェルウッド『クリニカル・クライン』（共訳・誠信書房［1998］）、W・R・ビオン『精神分析の方法 I』（法政大学出版局［1999］）、W・R・ビオン『精神分析の方法 II』（共訳・法政大学出版局［2002］）、D・メルツァー『夢生活』（共訳・金剛出版［2004］）、R・シェーファー＝編『現代クライン派の展開』（誠信書房［2004］）、C・ブロンスタイン＝編『現代クライン派入門』（共監訳・岩崎学術出版社［2005］）、J・ストレイチー『フロイト全著作解説』（共訳・人文書院［2005］）、J・デリダ『アーカイヴの病』（法政大学出版局［2010］）

現代クライン派精神分析の臨床
その基礎と展開の探究

印　刷	2013年11月20日
発　行	2013年11月30日
著　者	福本　修
発行者	立石正信
発行所	株式会社 金剛出版（〒112-0005 東京都文京区水道1-5-16）電話03-3815-6661　振替00120-6-34848
装　幀	岩瀬　聡
印刷・製本	新津印刷

ISBN978-4-7724-1343-5　C3011　©2013　Printed in Japan

† 好評既刊 †

精神分析過程
（著）D・メルツァー （監訳）松木邦裕 （訳）飛谷渉

フロイトを解釈し、クラインを継承し、ビオンと対話しながら編まれた、精神分析家必読のドナルド・メルツァーの第一著作にして最重要作。

三八〇〇円（＋税）

こころの性愛状態
（著）D・メルツァー （監訳）松木邦裕

クラインとビオンを中継しフロイトの「性欲論三篇」を深化させ、人間本質としての性愛に迫るクライン派精神分析の極北にしてメルツァーの第二主著。

四八〇〇円（＋税）

夢生活
精神分析理論と技法の再検討
（著）D・メルツァー （監訳）古賀靖彦 （訳）福本修ほか

乳児観察・自閉症児や精神病者の分析から、患者の内的世界を伝える夢の解釈を精神分析の根幹としたメルツァーの理論のエッセンスが凝縮された重要著作。

三八〇〇円（＋税）

新装版 再考
精神病の精神分析論
（著）W・R・ビオン （監訳）松木邦裕 （訳）中川慎一郎

ビオン自身がケースを提示しながら精神分析と精神病理論を論じた八本の論文に、ビオン自らが再び思索を深めて詳しく解説を加えた必読文献。

四二〇〇円（＋税）

ビオンの臨床セミナー
（著）W・R・ビオン （訳）松木邦裕 （訳）祖父江典人

自由で直観的な思索を広げていった晩年のビオンのエッセンスが凝縮しており、彼が面接室で見せていた解釈や考えの実際を目のあたりにできる好著。

三八〇〇円（＋税）

私説 対象関係論的心理療法入門
精神分析的アプローチのすすめ
（著）松木邦裕

面接室をつくること、見立て、治療契約、転移／逆転移、終結、終結後のクライエントとの関係にいたるまでを詳述した、実践的精神分析入門。

二八〇〇円（＋税）